BARBARA
WARNING

KINDHEIT
IN TRÜMMERN

BARBARA
WARNING

KINDHEIT
IN TRÜMMERN

Ravensburger Buchverlag

Inhalt

»Wir sind die Letzten. Fragt uns aus.«
Vorwort von Barbara Warning

Vor 70 Jahren endete der Zweite Weltkrieg in Europa. Der von den Deutschen begonnene Krieg hinterließ 55 Millionen Tote weltweit, sechs Millionen ermordete Juden, Millionen verwundete und traumatisierte Menschen, Millionen Heimatlose sowie einen Kontinent in Trümmern. 70 Jahre sind eine lange Zeit. In Deutschland wird inzwischen die dritte Generation nach dem Krieg geboren, für die ein freier, freundschaftlicher Umgang mit ihren europäischen Nachbarn selbstverständlich ist. Ein Krieg mit ihnen ist für sie unvorstellbar. Warum also sollen junge Deutsche sich mit dem längst vergangenen Krieg beschäftigen?

Weil Frieden nicht selbstverständlich ist, sondern harter Arbeit gegen Vorurteile und Abgrenzungen bedarf. Weil nur im Wissen, wie furchtbar ein Krieg ist, vermieden werden kann, den Frieden aufs Spiel zu setzen. Weil unsere Gegenwart bestimmt wird durch unsere Vergangenheit.

Es ist die Generation der Großeltern, denen der Krieg eine schwer belastete Kindheit und Jugend bescherte. Wir müssen sie befragen, solange sie von diesen Erlebnissen noch berichten können. Denn die Schilderung eines einzelnen Schicksals ist eindrucksvoller, als es eine wissenschaftliche Abhandlung über die Nachkriegszeit je sein könnte.

Das Wort Hunger ist abstrakt. Was besagen schon Lebensmittelmarken und eine Zuteilung von 1000 Kalorien am Tag? Was Hunger wirklich bedeutet, veranschaulicht eine Erinnerung meines Vaters. Er hatte als kleiner Junge 1946 nur einen Geburtstagswunsch: ein Brot ganz für sich allein. Meine Großmutter konnte ihm diesen Wunsch nicht erfüllen. Es gab nicht genug, er musste teilen.

Die Deutschen haben den Krieg begonnen und entsetzliche Verbrechen begangen. Sie traf der Fluch der bösen Tat. So bekamen sie die Rache der Sieger zu spüren für die im deutschen Namen zuvor ausgeübte Unterdrückung und Zerstörung.

Denn Kriege führen immer zu einer Verrohung und Abstumpfung gegen Gewalt bei allen Beteiligten. Ein Menschenleben zählt dann kaum etwas. Aber gegenseitige Schuldzuweisungen und Aufrechnen von Leiden und Opferzahlen sind nicht sinnvoll. Sie führen nur zu neuen Vorwürfen und Ungerechtigkeiten.

Dabei sind die Auswirkungen auf jeden Einzelnen furchtbar. Die Schrecken des Krieges und der mühsame Neubeginn in der Nachkriegszeit dürfen deshalb nicht vergessen werden. Mit jedem Menschen, der schweigt, der nicht gefragt wird, geht ein Stück Vergangenheit verloren.

Darum berichten die Zeitzeugen in diesem Buch über ihre Erlebnisse als Kinder und Jugendliche in der Zeit zwischen 1939 und 1955. Jeder von ihnen hat sein ganz persönliches Schicksal und steht doch für Millionen, denen Ähnliches widerfuhr. Ein Anspruch auf Vollständigkeit wäre vermessen, aber die 21 Zeitzeugen bieten ein breites Panorama dieser Zeit. Wichtige Orte und Momente der Kriegs- und Nachkriegszeit sind vertreten. Denn um die Zustände unmittelbar nach Kriegsende zu verstehen, muss man wissen, was diese Kinder während des Krieges erlebten.

Kinder sind immer die Opfer von Kriegen. Sie haben unter den Folgen zu leiden, ohne dass sie eine persönliche Schuld trifft. Millionen Kinder erfuhren in den Jahren des Krieges und der unmittelbaren Nachkriegszeit massive Gewalt an sich und in ihrer Umgebung. Aber über ihre traumatischen Erfahrungen wurde damals kaum gesprochen. Es galt, ein zerstörtes Land wieder aufzubauen, ein neues Leben zu beginnen. Erinnerungen an die Vergangenheit störten nur. Wenn überhaupt erinnert wurde, standen das eigene Leiden und der Verlust der Heimat im Vordergrund.

Die Verbrechen der Nazi-Zeit wurden verdrängt. Über die Verfolgung und Ermordung von als minderwertig geltenden Menschen, waren es nun Juden, Slawen oder Behinderte, wurde nicht gesprochen. Die Konzentrationslager, in denen Juden, Sinti und Roma, Slawen, Homosexuelle, politische Gegner, Zeugen Jehovas und viele andere gelitten hatten, waren kein Thema. Und wenn, dann war das alles ganz weit weg im Osten geschehen, davon hatte angeblich keiner etwas gewusst. Aber dem war nicht so. Es geschah überall. Denn das System der KZs hatte sich wie ein Spinnennetz über das gesamte Deutsche Reich gelegt.

Aber die Schrecken der Vergangenheit sind nicht so leicht zu unterdrücken. Bei manchen äußerten sie sich in körperlichen Beschwerden, die unmittelbar nach dem Krieg begannen. Andere, wie mein Vater, konnten mit ihren Kriegserlebnissen lange gut umgehen. Familie und Karriere standen im Vordergrund. Erst im Alter kamen die Ängste aus der Kindheit bei ihm wieder zum Vorschein. Plötzlich hatte er entsetzliche Albträume vom Krieg, deren Bilder ihn auch tagsüber verfolgten.

Die erlittenen Traumata dieser Generation machen sich aber auch im Alltag bemerkbar. Kaum jemand, der in seiner Kindheit gehungert hat, kann Lebensmittel wegwerfen. Bei uns zu Hause wurde die Käserinde hauchdünn abgeschnitten, damit ja nichts Essbares im Abfall landete.

Die Mutter einer Freundin ist eine hervorragende Köchin. Nie würde sie ihrer Familie Fertiggerichte vorsetzen. Aber in ihrer Speisekammer stapeln sich Dosen. Sie will sie nicht essen, sie braucht sie zu ihrer Beruhigung. Sollte der Notfall noch einmal eintreten, hat sie einen Vorrat und muss nicht hungern.

Meine Mutter musste ihre Hausaufgaben auf Zeitungspapierränder schreiben. Wenn ich ein Papier wegwarf, das nicht vollständig auf beiden Seiten beschrieben war, fischte sie es aus dem Papierkorb und rief: »Das ist reine Verschwendung. Als ich in deinem Alter war, wäre ich dafür dankbar gewesen.« Als ein Freund vor Kurzem einen kaputten Toaster wegwarf, meinte seine Mutter, den solle er lieber aufheben, vielleicht könne er ein Ersatzteil noch verwenden. Das entrang ihm den Stoßseufzer: »Mama, der Krieg ist vorbei.«

Ja, der Krieg ist seit 70 Jahren vorbei, aber diese Zeit muss in Erinnerung bleiben für die Generationen, die das Glück haben, nie einen Krieg erlebt und durchlitten zu haben.

Wir sind die Letzten.
Fragt uns aus.
Wir sind zuständig.
Wir tragen den Zettelkasten
mit den Steckbriefen unserer Freunde
wie einen Bauchladen vor uns her.
Forschungsinstitute bewerben sich
um Wäscherechnungen Verschollener,
Museen bewahren die Stichworte unserer Agonie
wie Reliquien unter Glas auf.
Wir, die wir unsere Zeit vertrödelten,
aus begreiflichen Gründen,
sind zu Trödlern des Unbegreiflichen geworden.
Unser Schicksal steht unter Denkmalschutz.
Unser bester Kunde ist das
schlechte Gewissen der Nachwelt.
Greift zu, bedient euch.
Wir sind die Letzten.
Fragt uns aus.
Wir sind zuständig.

HANS SAHL

Die Schilderungen der Zeitzeugen in diesem Buch sind Erinnerung und Mahnung zugleich: Kriege müssen verhindert werden. Leider kann es überall geschehen und es passiert immer wieder. Denn wenn die Zeiten hart sind, schlägt die Stunde derer, die einfache Antworten auf schwierige Fragen geben, die Schuld bei anderen suchen, Fremde oder vermeintlich Fremde ausgrenzen und diskriminieren. Schon bei den ersten Anzeichen muss man dagegen angehen. Denn, und auch das ist eine Lehre aus der Nazi-Zeit, wenn ein Terrorregime erst einmal etabliert ist, braucht es Heldenmut, um Widerstand zu leisten. Den aber haben nur die wenigsten. Deshalb muss gelten:

»Wehret den Anfängen. Nie wieder Krieg.«

Geschichtlicher Überblick

27. Januar 1945	Befreiung des Konzentrationslagers Auschwitz durch sowjetische Truppen
30. Januar 1945	Die »Wilhelm Gustloff« versinkt nach Torpedotreffer, rund 9000 Menschen sterben in der größten Schiffskatastrophe der Menschheit.
4. bis 11. Februar 1945	Konferenz von Jalta: Die Alliierten beraten über die Ordnung im Nachkriegseuropa.
13. bis 15. Februar 1945	Bombardierung Dresdens
15. April 1945	Befreiung des Konzentrationslagers Bergen-Belsen durch britische Truppen
30. April 1945	Adolf Hitler begeht im Bunker der Reichskanzlei Selbstmord.
2. Mai 1945	Die Reichshauptstadt Berlin kapituliert.
7. Mai 1945	Bedingungslose Kapitulation der deutschen Wehrmacht im amerikanischen Hauptquartier
9. Mai 1945	Gesamt-Kapitulation der Wehrmacht im sowjetischen Hauptquartier, Kriegsende in Europa

Die Nachkriegsjahre

5. Juni 1945	Die vier alliierten Siegermächte übernehmen die Regierungsgewalt in Deutschland.
17. Juli bis 2. August 1945	Konferenz von Potsdam: Die Siegermächte teilen das Deutsche Reich in vier Besatzungszonen auf, Berlin wird in vier Sektoren unterteilt.
20. November 1945	Beginn der Nürnberger Prozesse gegen 24 Hauptkriegsverbrecher
5. Juni 1947	US-Außenminister Marshall schlägt den nach ihm benannten Plan zum Wiederaufbau der Wirtschaft in Westeuropa vor.
20. Juni 1948	Währungsreform mit der Einführung der D-Mark in den westlichen Zonen
24. Juni 1948 bis 12. Mai 1949	Blockade der Berliner Westsektoren durch die Sowjetunion
26. Juni 1948 bis 27. August 1949	Briten und Amerikaner versorgen Westberlin über eine Luftbrücke mit Lebensmitteln und Heizmaterial.
23. Mai 1949	Das Grundgesetz tritt in Kraft, damit Gründung der Bundesrepublik Deutschland auf dem Gebiet der drei Westzonen.
7. Oktober 1949	Gründung der Deutschen Demokratischen Republik auf dem Gebiet der sowjetischen Besatzungszone
8. bis 14. September 1955	Bundeskanzler Konrad Adenauer reist nach Moskau und erreicht die Freilassung der letzten 10 000 deutschen Kriegsgefangenen.
13. August 1961	Bau der Berliner Mauer als Zeichen der deutschen Teilung
9. November 1989	Fall der Berliner Mauer
3. Oktober 1990	Deutschland ist wiedervereinigt, damit endet die Nachkriegsgeschichte der zwei deutschen Staaten.

Flucht und Vertreibung aus der Heimat

Der Rassenwahn der Nationalsozialisten, der vom Deutschen Reich begonnene Zweite Weltkrieg und die Neuordnung Europas nach dem Krieg hinterließen nicht nur einen Kontinent in Trümmern, Millionen Tote, verwundete und traumatisierte Menschen, sondern führten auch zur größten Völkerwanderung in der europäischen Geschichte. Sie erfasste viele Völker und Bevölkerungsgruppen.

Auf der Konferenz von Teheran trafen sich im Winter 1943 zum ersten Mal die drei verbündeten Hauptgegner im Kampf gegen Hitler: der amerikanische Präsident Franklin D. Roosevelt, der britische Premierminister Winston Churchill und der sowjetische Staatschef Josef Stalin. Als Wiedergutmachung für die Zerstörungen in seinem Land forderte Stalin die östlichen Gebiete Polens. Mit dieser Expansion der Sowjetunion waren seine Verbündeten einverstanden. Zum Ausgleich für die an die Sowjetunion verlorenen Gebiete sollte Polen die deutschen Ostgebiete erhalten. Die neue Grenze zwischen Deutschland und Polen sollte entlang der Flüsse Oder und Neiße verlaufen. Dies stellte eine »Verschiebung« Polens nach Westen dar. Churchill zeigte mit drei Streichhölzern, wie er sich die neuen Grenzen vorstellte, und meinte: Wenn Polen dabei einigen Deutschen auf die Zehen trete, so müsse man sich damit abfinden. Denn die Deutschen mussten ihre östlichen Provinzen verlassen, damit sich dort die aus Ostpolen Vertriebenen ansiedeln konnten. So wurde an einem Wintertag in Teheran ein ganzes Land verschoben und über das Schicksal von Millionen Menschen entschieden, die ihre Heimat verlieren sollten.

Die drei Siegermächte beschlossen auf ihrer Konferenz in Potsdam im Sommer 1945, dass die deutsche Bevölkerung die Gebiete im Osten »in geordneten und humanen Transfers« verlassen sollte. Die Realität sah anders aus. Das massenhafte Morden der SS und des Sicherheitsdienstes in den besetzten Ländern Osteuropas sowie die Grausamkeiten des Vernichtungskrieges der Wehrmacht fanden nun eine Antwort in Massakern, millionenfacher Vergewaltigung und brutaler Vertreibung der deutschen Zivilbevölkerung. Darunter zu leiden hatten nicht die Nazi-Oberen, die sich, wie Gauleiter Erich Koch in Ostpreußen, rechtzeitig absetzten und die Bevölkerung ihrem Schicksal überließen. Leidtragende waren vor allem Frauen und Kinder.

Über zwölf Millionen Deutsche mussten ihre Heimat und ihren Besitz verlassen. Sie konnten nur mitnehmen, was in ein paar Taschen und Koffer, auf einen Leiterwagen oder einen Bollerwagen passte. Vielen wurde unterwegs auch noch dies wenige gestohlen. Wer den Westen unverletzt erreichte, war froh, das nackte Leben gerettet zu haben. Die Millionen Flüchtlinge und Vertriebene kamen in ein vom Krieg völlig zerstörtes Land, in dem es weder genug Wohnraum noch genügend Nahrung für alle gab. Sie wurden in Auffanglagern in Baracken untergebracht und von dort auf die Dörfer verteilt. Denn dort konnten sie eher versorgt werden als in den zerbombten Städten. Aber die einheimische Bevölkerung war nicht erfreut, ihre Vorräte mit den zwangseinquartierten Flüchtlingen teilen zu müssen. Vertriebene Ostpreußen, Schlesier und Pommern wurden vielerorts ausgegrenzt und als »Polacken« beschimpft. Die Flüchtlinge und Vertriebenen konnten sich kaum selbst versorgen, denn die Arbeitslosigkeit war in den ersten Jahren nach dem Krieg hoch. Wer keine Arbeit fand, lebte jahrelang in Notunterkünften.

Die Lage der Vertriebenen und Flüchtlinge besserte sich erst, als zu Beginn der 1950er-Jahre der wirtschaftliche Aufschwung in Deutschland einsetzte. Dass ihre Integration letztendlich gelang, ist eine der großen Leistungen der Nachkriegszeit.

Flüchtlingstreck, 1945

1934	Geburt in Grundensee (Ostpreußen)
1945	Flucht aus Ostpreußen
1949	Schulabschluss Volksschule
1950	Hauswirtschaftslehre
1951–1954	Lehrstelle Amtsverwaltung Seedorf
1954–1960	Verwaltungsangestellte
1963–1978	Heimarbeit als Schreibkraft
1978–1997	Angestellte in einem Ingenieurbüro

Ilse Tamm   Flucht über die Ostsee

»Anderen Flüchtlingen aus Ostpreußen ist Furchtbares widerfahren. Sie wurden von russischen Panzern überrollt, ermordet, vergewaltigt, verschleppt, erfroren auf dem Treck oder ertranken in der Ostsee. Das ist uns alles erspart geblieben. Wir sind immer knapp vor der Front marschiert und wurden von den russischen Truppen nicht eingeholt, weil meine Mutter immer weiterdrängte.«

Ilse Tamm war zehn Jahre alt, ihre ältere Schwester Elli war 13 und die jüngere Schwester Toni neun Jahre, als sie nach ihrer drei Monate dauernden Flucht aus Ostpreußen unbeschadet Holstein erreichten. Dies verdankten sie vor allem der Entschlossenheit ihrer Mutter. Sie trieb ihre Töchter unerbittlich vorwärts. »Weiter!« Auch wenn die Kinder erbärmlich froren in der eisigen Kälte. »Weiter!« Auch wenn ihnen die Füße vom stundenlangen Marschieren so wehtaten, dass sie kaum mehr laufen konnten. »Weiter!« Auch wenn es eine Möglichkeit zum Ausruhen gab.

Denn die Mutter wusste, dass die russische Armee unaufhaltsam vorrückte. Jede Verzögerung bei der Flucht vergrößerte die Gefahr, doch noch von der Front überrollt zu werden. Denn die sowjetischen Truppen rückten in großem Tempo vor, dem die deutsche Wehrmacht gegen Ende des Kriegs erschöpft und ausgelaugt kaum etwas entgegenzusetzen hatte.

Um so schnell wie möglich vorwärts zu kommen, zögerte sie nicht, allen Besitz aufzugeben. Den vollgepackten, schweren Treckwagen ließ sie gleich am Anfang der Flucht in Ostpreußen stehen. Nun ging die Familie zu Fuß weiter oder fuhr mit dem Zug. So waren sie schneller und beweglicher als mit Pferd und Wagen. Sogar als ihr einziger Koffer mit den letzten Habseligkeiten in Swinemünde verloren ging, verschwendete sie keine Minute mit der Suche, sondern hastete mit ihren Töchtern zum Bahnhof, um den vielleicht letzten Zug Richtung Westen zu bekommen.

Frühe Evakuierung

Ilse Tamm wuchs auf dem Bauernhof ihrer Eltern in Grundensee im Osten Masurens auf, nicht weit entfernt von der russischen Grenze. Erst im August 1944 erreichte der Krieg diese idyllische Gegend.

»Damals zogen die ersten deutschen Flüchtlinge durch unser Dorf. Sie stammten aus dem heutigen Weißrussland und kamen auf der Flucht vor der heranrückenden sowjetischen Armee mit Treckwagen und ihren Kuhherden bei uns durch. Aber wir Kinder haben uns nichts dabei gedacht.«

Erst im November 1944 erhielten die Dorfbewohner den Befehl zur Evakuierung, da sowjetische Truppen sich auf ihrem Vormarsch der Grenze näherten. Die Mutter packte in aller Hast den Leiterwagen und spannte zwei Pferde an. Das restliche Vieh wurde losgebunden und sich selbst überlassen. »Das wurde angeordnet. Ich erinnere, dass die Kühe im Dorf vor Schmerzen schrien, weil sie nicht mehr gemolken wurden.«

Die Mutter fuhr auf dem Treckwagen mit dem verwitweten Schwiegervater und den drei Töchtern nach Kronau, einem weiter im Westen gelegenen Ort. Dort wurde ihnen ein kleines Zimmer zugewiesen, das nicht genug Platz für fünf Menschen bot. Deshalb blieb der Großvater allein in Kronau. Die Mutter fuhr mit ihren Töchtern zu ihrer Schwester Ida, die ein paar Dörfer weiter auf ihrem Bauernhof lebte. Die Familie lebte dort, bis Erich Koch, der Gauleiter in Ostpreußen, Ende Januar 1945 viel zu spät den Räumungsbefehl für Ostpreußen erteilte, getreu Hitlers Befehl, bis zum letzten Moment zu kämpfen und dem Feind freiwillig keinen Boden zu überlassen. Dies bedeutete den Tod für Tausende Menschen. Denn sowjetische Truppen hatten bereits mit der Eroberung Ostpreußens begonnen. Verbände der Roten Armee waren außerdem südlich an Ostpreußen vorbeigezogen und marschierten auf Berlin vor. Ostpreußen war damit auf dem Landweg abgeschnitten. Eine Weiterfahrt

Der Vater und Elli bei der Stroheinfuhr in Ostpreußen

mit dem Zug oder über die Landstraßen war nicht mehr möglich. Für die eingeschlossenen Bewohner Ostpreußens blieb nur ein Ausweg: die Flucht über die Ostsee.

Aber vor der rettenden Ostsee lag ein gewaltiges Hindernis: das Frische Haff. Dieses Binnenmeer liegt zwischen der Küste Ostpreußens und der Frischen Nehrung, einer vorgelagerten schmalen Landzunge. Schiffe fuhren nur von den Ostseehäfen auf der Nehrung. Die Flüchtlinge mussten deshalb das Haff überqueren, um ein Schiff zu erreichen.

Flucht durch Schnee und Eis

»Der Räumungsbefehl kam am 20. Januar. Mein Vater hatte meiner Mutter geschrieben, sie solle alles stehen und liegen lassen und so schnell wie möglich nach Nauen bei Berlin kommen, wo er als Soldat stationiert war. Er wusste schon, dass Deutschland nicht mehr zu retten war.«

Die Mutter fuhr mit den drei Töchtern zurück nach Kronau, aber der 80-jährige Großvater wollte nicht mit auf den Treck. Er sprach Russisch und meinte, dass ihm nichts geschehen würde. Die Mutter überließ ihm den Wagen und die Pferde. Sie wollte nicht warten, bis sich ein Treck formierte, sondern so schnell wie möglich weg. Die Mädchen füllten ihre Ranzen mit etwas Proviant und Wäsche. Die Mutter packte das Nötigste in einen Rucksack und zwei Taschen, und dann zogen sie los zur nächstgelegenen Bahnstation.

»Wir sind zu Fuß durch Eis und Schnee. Es war minus 25 Grad kalt. Wir hatten dicke Strümpfe und hohe Schnürschuhe an. Trotzdem haben wir gefroren und vor allem Angst gehabt. Es wurde früh dunkel und die ganze Zeit hörten wir den Kanonendonner. Die Front war ja nicht weit weg.«

Am Abend des 22. Januar konnte die Familie einen Güterzug besteigen. Er war bereits mit Flüchtlingen überfüllt. »Es lag kein Stroh in dem

---

Exkurs: Die Panik vor den Russen

Am 21. Oktober 1944 besetzte die sowjetische Armee das ostpreußische Nemmersdorf als einen der ersten Orte auf deutschem Gebiet. Als die Wehrmacht das Dorf zurückeroberte, fand sie alle Frauen und Kinder grausam ermordet vor. Die nationalsozialistische Propaganda nutzte dies Verbrechen, um die Angst vor den Russen zu schüren. Die Bevölkerung versuchte in Panik vor den vorrückenden sowjetischen Truppen zu fliehen. Der russische Schriftsteller Ilja Ehrenburg hatte zuvor in einem Aufruf an sowjetische Soldaten geschrieben: *Wenn du einen Deutschen getötet hast, bring den nächsten um – es gibt nichts Schöneres, als deutsche Leichen.* Bei der Eroberung des deutschen Ostens durch die Rote Armee kam es zu Massenvergewaltigungen und Massakern. Tausende wurden zur Zwangsarbeit in die Sowjetunion verschleppt.

Diese Verbrechen an der deutschen Zivilbevölkerung hatten allerdings eine Vorgeschichte: Am 22. Juni 1941 begann der deutsche Angriff auf die Sowjetunion. Der Feldzug war ein Vernichtungskrieg gegen die von den Nationalsozialisten sogenannten »slawischen Untermenschen«. Hunderttausende russische Kriegsgefangene wurden dem Hungertod preisgegeben und in Konzentrationslagern ermordet. Während der Belagerung Leningrads verhungerte und erfror ein Drittel der Bevölkerung. Wenn vermutet wurde, dass ein Dorf Partisanen unterstützte, wurden die Dorfbewohner in eine Scheune oder die Kirche getrieben und diese dann angezündet. Von den insgesamt 55 Millionen Toten des Zweiten Weltkrieges sind über 20 Millionen Russen, davon sieben Millionen Zivilisten.

Waggon. Dicht gedrängt hockte jeder auf einem Köfferchen oder einer Tasche. Mit uns war eine Frau mit Baby im Zug. Das Baby hat die ganze Nacht über geschrien. Mir war die Fahrt in dem dunklen Zug furchtbar unheimlich.«

Am frühen Morgen blieb der Zug stehen. Die Flüchtlinge mussten aussteigen. Sie sollten in das nächste Dorf gehen. »Ich sehe noch die Bahnstrecke, das große Schneefeld und im Hintergrund die Häuser. Wir marschierten los. Unterwegs haben die Leute ein kleines Feuerchen gemacht und Dokumente verbrannt. Meine Mutter auch. Ausweise und andere Papiere, auf denen ein Hakenkreuz war. Denn wir mussten ja annehmen, dass der Zug nicht mehr fährt, weil gleich die Russen kommen. Da hatten die Leute Angst, dass sie wegen der Papiere Schwierigkeiten bekommen. Plötzlich hörten wir einen lauten Knall. Wir haben erschrocken geguckt: Der Zug wurde gesprengt. Holz und Metallteile flogen durch die Luft. Wir sind dann weitermarschiert in das Dorf. Dort haben wir etwas zu trinken bekommen und sind dann gleich weitergezogen.

Wir Schwestern waren ja schon ein bisschen größer. Wir konnten laufen, auch wenn die Beine wehtaten. Unter den Flüchtlingen waren aber auch fünf- und sechsjährige Kinder und noch kleinere. Die konnten nicht weit laufen oder mussten getragen werden.«

Im Treck auf der Landstraße

Nach stundenlangem Marsch in eisiger Kälte erreichten sie abends Heilsberg. Die Stadt war verdunkelt. Sie lag bereits unter Beschuss der russischen Artillerie. Dröhnend laut wurden die Geschosse abgefeuert und flogen über die Köpfe der Flüchtenden. Der Nachthimmel wurde immer wieder erleuchtet, wenn ein Haus getroffen war. Die Mädchen liefen eng bei der Mutter. »Mami, was ist los? Mami, wir können nicht mehr!«

Aber die Mutter hielt nicht an. Sie wollte die Stadt so schnell wie möglich hinter sich lassen.

Die Schwestern Ilse, Toni und Elli (v. l.)

Irgendwann fanden sie eine Übernachtungsmöglichkeit in einer Schule. Soldaten und Flüchtlinge lagen dicht gedrängt auf den nackten Fußböden. »Wir haben uns so, wie wir waren, dazwischengelegt. Da bekamen wir auch mal einen Tritt ab, wenn sich jemand im Schlaf umgedreht hat.«

Am nächsten Morgen zogen sie weiter. Lange Wagenkolonnen zogen Richtung Westen. Tausende Frauen, Kinder und alte Leute flohen auf schwer beladenen Pferdefuhrwerken aus ihrer Heimat. Dazwischen viele Frauen, die mühsam Kinder- und Bollerwagen durch die verschneiten Straßen zogen. Viele der überladenen Fuhrwerke blieben im Schnee stecken. »Es war schwer durchzukommen. Wir haben uns an der Seite vorbeigeschlängelt. Unsere Mutter ging immer vorneweg und hat den Weg gebahnt. Wir drei Mädchen sind hinterher gegangen, immer sehr eng an ihr dran. An dieses Durcheinander, die eisige Kälte und meine Angst erinnere ich mich gut.«

Über das gefrorene Haff

Die Familie hatte Glück im Unglück: Sie konnten auf Militärfahrzeugen eine weite Strecke mitfahren und gelangten fast bis an das Frische Haff. So erreichten sie Anfang Februar nach zwei Wochen Fußmarsch die Küste. Das Binnenmeer war zwar noch zugefroren, allerdings hatte bereits Tauwetter eingesetzt und auf dem Eis stand knöcheltief das Wasser. Würde das Eis halten? Für Ilses Mutter stand die Entscheidung fest: Sie mussten weiter.

In Kolonnen zogen die Flüchtlinge aufs Eis. Menschen schlidderten und fielen hin, Pferde glitten aus. Das Eis knackte laut und machte beängstigende Geräusche. Ängstlich rutschten die Mädchen neben der Mutter über das Eis. Auf der riesigen weißen Fläche gaben sie ein gutes Ziel für Jagdflugzeuge ab. Aber es war ein diesiger Tag, die grauen Wolken hingen tief über dem Meer. So wurden sie von Tieffliegern verschont, die bei dem Wetter keine Sicht hatten. Andere Trecks wurden beschossen, das Eis brach, und Menschen, Pferde und Wagen versanken im eiskalten Wasser. Nach sechs Stunden Marsch über das Eis erreichten sie bei Dunkelheit die Frische Nehrung, die Landzunge im Meer. Sie wanderten in den Wald und machten ein Feuer.

»Unsere Stiefel und Strümpfe, die langen Unterhosen, unsere Röcke und Mäntel, alles war pitsch-nass und vollgesogen mit Wasser. Wir versuchten, unsere eiskalten Füße und Beine am Feuer zu wärmen und die Sachen zu trocknen. Alles dampfte.«

Zum rettenden Hafen

In dieser Nacht im Wald trafen sie Tante Ida mit ihren Kindern. Die Tante war mit ihrem Treckwagen auch zwei Wochen unterwegs gewesen. »Wir sind alle am nächsten Tag weitergezogen. Aber sie war mit dem Wagen langsamer als wir. Die Wagen waren schwer beladen, sanken deshalb mit ihren Holzrädern im Sand ein und kamen nur mühsam voran. Viel später haben wir erst erfahren, dass es die Tante nicht bis in den Westen geschafft hat.«

Auf der Nehrung gab es am Strand einen Sandweg, auf dem die Treckwagen fuhren. Die Fußgänger gingen am Waldrand entlang. »Plötzlich sehe ich einen Soldaten am Waldrand liegen. Als ich hinschaue, merke ich, dass er tot ist. Das war der erste Tote, den ich gesehen habe. Mir klopfte das Herz. Ich bin zu meiner Mutter gerannt, aber vor lauter Angst konnte ich ihr nichts sagen. Deshalb hat sie sich auch gewundert, warum ich nicht mehr am Waldrand langgehen wollte.«

Gelegentlich kamen Soldaten auf Panjewagen. Sie hatten Gummireifen und waren deshalb schneller als die Treckwagen. Alle Fahrzeuge und Fußgänger mussten den Soldaten Platz machen. Die Soldaten hielten aber an und nahmen die Kinder mit. »Wir kauerten uns auf den Wagen, auf dem hinten verwundete Soldaten lagen. Es ruckelte und schaukelte, und wir mussten aufpassen, dass wir nicht die Verwundeten anstießen.«

So erreichten sie nach einigen Tagen Kahlberg. Etwas weiter südlich verlief bereits die Front. Nun ging es zu Fuß nicht mehr weiter. Es blieb nur der Seeweg.

Fahrt mit dem Schiff bis Danzig

Kahlberg war ein kleiner Badeort auf der Nehrung mit einem Hafen. Hier wurden die Flüchtlinge mit Essen und Getränken versorgt. Der Hafen konnte

Treck über das Eis des Frischen Haffs | Februar 1945

»Ich habe auf der Flucht als Kind von zehn Jahren noch nicht viel verstanden von dem, was um mich herum geschah. Aber dass gerade etwas ganz Schlimmes passierte, das habe ich damals sehr wohl begriffen.«

ILSE TAMM | 23. SEPTEMBER 2011

nur von kleinen Schiffen angelaufen werden, die sofort restlos überfüllt waren. Deshalb wurden Passierscheine ausgestellt. Jugendliche und Alleinstehende durften nicht mitfahren, sie wurden für die Betreuung der Flüchtlinge eingeteilt. Zuerst kamen verwundete Soldaten an Bord, dann Frauen mit Kindern.

Die Flüchtlinge drängten sich auf die Schiffe. Sie hatten gehofft, auf den überladenen Schiffen weit in den Westen fahren zu können, aber sie kamen nur bis Neufahrwasser in der Nähe von Danzig. Dort mussten alle aussteigen, denn die Schiffe fuhren zurück nach Kahlberg, wo Tausende verwundete Soldaten und Flüchtlinge auf sie warteten.

Notkonfirmation

Von Neufahrwasser aus nahm die Familie einen Zug, mit dem sie nach Berlin zum Vater fahren wollte. Aber sie kamen nicht weit. In Stolp in Pommern endete die kurze Fahrt. Die weiterführenden Strecken waren gesperrt, weil dort schon die Russen standen. Die Mutter und ihre drei Töchter saßen fest.

In Stolp wurden sie in der Apotheke am Marktplatz einquartiert. »Wir bekamen zu viert das Arbeitszimmer des Apothekers, in dem natürlich keine Betten standen. Deshalb wurde etwas Stroh auf den Boden gestreut, dazu bekamen wir Wolldecken zum Zudecken.«

Das Essen holten sie sich bei einer Verpflegungsstelle am Markt ab. Dort hörte die Mutter zufällig, dass Kinder in Stolp notkonfirmiert werden könnten. Ihre Mutter meldete die älteste Tochter Elli an. Der Pastor gab noch einige Unterrichtsstunden, dann wurde Konfirmation gefeiert. Die Mutter konnte sogar eine Torte auftreiben. Aber die Front rückte immer näher.

»Es war klar, dass es nur noch eine Frage von Tagen war, wann die Stadt eingenommen werden würde. Deshalb öffneten die Läden zum Ausverkauf, bevor die russischen Soldaten plündern kämen. Sonst durfte man nur auf Bezugsschein einkaufen, jetzt konnten wir kaufen, was wir wollten. Wir hatten ja aus Ostpreußen so gut wie nichts mitgenommen. Nun kaufte unsere Mutter für uns Kleidung und für Elli ein hübsches Konfirmationskleid. Da wir kaum Gepäck dabei hatten, musste sie auch noch einen Koffer kaufen, um alles einpacken zu können.«

Der Geschützdonner der nahen Front war in der Stadt immer lauter zu hören. Wegen der Konfirmation hatte sich die Mutter viel länger als geplant in Stolp aufgehalten. Jetzt drängte sie zur Weiterfahrt. Am 5. März, einen Tag nach der Konfirmation, verließ sie die Stadt mit ihren Töchtern. Nur drei Tage später wurde Stolp von der Roten Armee eingenommen.

Es gab keine Möglichkeit mehr, mit dem Zug oder zu Fuß in den Westen oder Süden zu gelangen. Ihnen blieb nur die Flucht über das Meer. So fuhren sie mit einem Bummelzug an die Küste nach Stolpmünde.

Fahrt mit dem Schiff

»Am Hafen wartete eine riesige Menschenmenge, um Schiffskarten zu bekommen, ohne die kam man nicht aufs Schiff. Es wurde Nacht, aber die endlose Schlange bewegte sich nicht. In der Nähe standen kleine Umkleidehäuschen am Strand. Um etwas Schutz in der Nacht zu haben, lief Mami mit uns zu so einem Häuschen. Es war so klein, dass wir gerade hineinpassten. Immer abwechselnd saßen zwei auf dem Koffer, die anderen beiden lehnten stehend an der Wand. Es war bitterkalt. Wir waren erkältet und husteten die ganze Nacht. Am nächsten Morgen waren wir schnell wieder am Hafen.

Flüchtlingsschiff auf der vereisten Ostsee | Januar 1945

Die Wilhelm Gustloff

Sowjetische U-Boote torpedierten 1945 mehrere Flüchtlingsschiffe auf der Ostsee. Die meisten Toten forderte der Untergang der *Wilhelm Gustloff* am 30. Januar mit 9000 Toten, der *Steuben* am 10. Februar mit 3600 Toten, der *Goya* am 16. April mit 6600 Toten. Zum Vergleich: Beim Untergang der *Titanic* 1912 starben 1500 Passagiere.

Dort stand immer noch die Riesenmenge Menschen. Erst wurden Frauen mit kleinen Kindern aufgerufen. Aber wir waren schon groß. Wir durften nicht mit. Dann wurden schwangere Frauen mit Kindern aufgerufen. Da schrie Mami laut: ›Ich bin schwanger und habe drei Kinder!‹ Meine Mutter war schlank, aber sie hatte ein bisschen Bauch. Den streckte sie vor und lief mit uns nach vorn. Wir bekamen die Karten und durften aufs Schiff.

Das Schiff war so groß, dass es nicht in den Hafen einlaufen konnte. Wir mussten deshalb in kleine Boote steigen. Es schaukelte fürchterlich. Dann kamen wir zum Schiff. Von oben hingen Strickleitern. Wir mussten aus dem schwankenden Boot auf die Strickleiter und uns dann nach oben hangeln. So hievte man uns an Bord. Mein Herz klopfte wie wild und ich hatte furchtbare Angst.

Auf dem Schiff kamen wir in einen großen Raum. An den Seiten waren Kojen, immer drei übereinander. Jede Familie bekam eine Koje zugeteilt, aber nur stundenweise, dann wurde gewech- selt, damit alle mal liegen konnten. Nachts ging die Fahrt endlich los.

Vor Kolberg standen schon die Russen. Als wir vorbeifuhren, wurden wir von ihnen beschossen. Die Sirenen gingen, das Schiff wurde verdunkelt und alle Luken dicht gemacht. Dann bekamen wir schlechtes Wetter und hohen Seegang. Wir saßen eingepfercht eng nebeneinander. Die Erwachsenen werden zuerst seekrank. Wir Kinder hielten länger durch, aber dann spuckten wir auch. Allein von dem Gestank wurde einem schlecht. Endlich wurde die See ruhiger. Wir Schwestern bekamen eine Koje und konnten uns ein bisschen ausruhen. Unsere Mutter saß die ganze Zeit auf dem Koffer. Bis Swinemünde sind wir gefahren. Da mussten wir wieder runter vom Schiff und sind in die Stadt gegangen.«

Rettung in letzter Minute

Gegen Abend hieß es: Das Schiff bleibt im Hafen, Kinder können an Bord und dort schlafen. Denn es gab in der mit Flüchtlingen überfüllten Stadt keine Übernachtungsmöglichkeiten. Die drei Schwestern gingen zurück aufs Schiff, während die Mutter mit dem Gepäck in der Stadt blieb. Mitten in der Nacht erfuhr sie, dass doch noch ein Zug käme. Sie ließ alles liegen, rannte zum Schiff, riss ihre Töchter aus dem Schlaf und hastete mit ihnen zurück in die

Stadt. Ihr Gepäck fand sie im Gewühl der vielen Menschen nicht mehr. Aber sie hielt sich nicht mit der Suche auf und lief mit den drei Mädchen zum Bahnhof.

»Der Koffer war weg mit all den schönen neuen Sachen. Aber meine Mutter hat es richtig gemacht. Sie hätte sagen können: ›Ich lasse die Kinder schlafen. Sie sind so erschöpft. Wir nehmen morgen den nächsten Zug.‹ Stattdessen hat sie uns geholt. Damit hat sie uns das Leben gerettet. Denn ich weiß nicht, ob danach noch ein Zug ging. Zwei Tage später wurde Swinemünde bei einem Bombenangriff zerstört. Die Schiffe mit all den Flüchtlingen an Bord wurden versenkt. Da gab es viele Tote und Verletzte. Wir sind diesem Grauen in letzter Minute entkommen.«

Sie bestiegen einen Güterzug, der Richtung Westen fuhr. Sie hatten kaum Platz, aber das war egal. Wichtig war nur, weiterzukommen.

In die neue Heimat

Der Zug fuhr bis Parchim in Mecklenburg. »Wir mussten in eine Entlausungsanstalt. Nach fast zwei Monaten auf der Flucht waren wir total verdreckt. Wir kamen in einen Duschraum, Jung und Alt und viele Kinder. Dann kam das Wasser von oben. Unsere Kleidung kriegten wir desinfiziert wieder.«

Sie bekamen ein Zimmer zugewiesen. Dort feierte Ilse am 15. März ihren elften Geburtstag. Die Mutter buk aus gekochten Kartoffeln, vermischt mit etwas Mehl und einem Ei, sogar eine Geburtstagstorte. »Es war ganz bescheiden, aber wir konnten, wie bei der Konfirmation, ein bisschen feiern.«

Der Aufenthalt war nicht von langer Dauer, denn in Parchim wurde ein großer Flüchtlingstreck erwartet. Für die neuen Flüchtlinge musste Platz geschaffen werden. Ilse und ihre Familie stiegen Ende März in einen Zug nach Hamburg. »Im Nachhinein war es unser großes Glück, dass sie uns weggeschickt haben. Denn nach Mecklenburg kamen zwar erst die Amerikaner, aber die haben das Land später den Russen übergeben. Wir wären

also, nachdem wir so weit geflüchtet waren, doch noch in der sowjetischen Zone gelandet. Dann wäre alles vergebens gewesen. Aber so kamen wir in den Westen.«

Die Zugfahrt endete in Hamburg. »Wir Kinder saßen zitternd vor Angst im zerstörten Hauptbahnhof.« Von Hamburg aus wurden die Flüchtlinge mit Lastwagen in die Dörfer im Umland gebracht und dort verteilt. Ilse Tamm und ihrer Familie wurde bei einem Bauern in Dithmarschen ein Zimmer zugewiesen. »Damit war unsere Odyssee zu Ende.«

Das einzige gerettete Foto der Schwestern mit ihrer Mutter

1929 Geburt in Hannover
1941 Umzug nach Thorn (Westpreußen)
Januar 1945 Flucht nach Nordhausen (Thüringen)
Juni 1945 Flucht nach Wuppertal
1951 Abitur
1951–1952 Höhere Handelsschule
1952–1956 Fremdsprachenstenotypistin

Therese Braband   Allein nach Westen

»Wir waren so blauäugig und so wenig informiert. Wir machten uns in Anbetracht der tatsächlichen Lage absurde Illusionen.«

Obwohl die Front immer näher rückte, glaubte Familie Braband im Januar 1945 nicht, dass der Krieg verloren war und sie für immer ihr Zuhause verlieren würde. In den letzten Wochen des Krieges bereitete sie sogar noch ein Familienfest vor. Sohn Christoph wollte am 20. Januar 1945 in Thorn in Westpreußen heiraten. Da die Mutter bereits im Herbst vieles bei den Großeltern im vermeintlich sicheren Thüringen ausgelagert hatte, fuhren die 15-jährige Therese und ihre zukünftige Schwägerin Waltraud Beck am 17. Januar nach Nordhausen zu den Großeltern, um die Festtagskleider und den Fotoapparat für die Hochzeit zu holen.

Sie kehrten am 19. Januar in eine weitgehend leere Stadt zurück. Viele Einwohner hatten Thorn schon verlassen, obwohl die Evakuierung erst für den 20. Januar vorgesehen war.

»Es war eine unheimliche Atmosphäre, denn Thorn war überhaupt nicht zerstört, es sah völlig friedlich aus. Aber von Ferne war schon der Kanonendonner zu hören. Die Rote Armee rückte so schnell heran. Vor wenigen Tagen, als wir weggefahren waren, war alles noch ruhig gewesen, jetzt standen die Russen kurz vor Thorn.

Es war gespenstisch. Unsere Straße war leer und unser Haus auch. In der Wohnung lag ein Zettel von meiner Mutter, dass sie mit meiner jüngeren Schwester Mathilde auf dem Weg nach Nordhausen war. Das leere Haus war so unheimlich, dass Waltraud und ich bei meiner Geschichtslehrerin übernachtet haben.

An Hochzeit war nicht mehr zu denken. Mein Bruder hat dann auch keinen Fronturlaub bekommen. Am Sonntag wurde der Kanonendonner immer lauter. Es war nur noch eine Frage weniger Tage, bis Thorn erobert wurde. Wir konnten nicht mehr warten, wir drei mussten sofort weg.«

Flucht mit dem Schlitten

Die Frage war nur wohin? Im Osten und Süden stand die Rote Armee, nach Westen ging kein Zug mehr, es blieb nur die Flucht nach Norden Richtung Danzig. Die drei Frauen packten das Nötigste auf einen Schlitten und zogen zu Fuß los. »Wir haben gedacht: In drei Wochen sind wir wieder hier. Die Front ging ja vielfach hin und her. Da dachten wir, das geht noch mal zurück.«

Es war ein klirrend kalter Wintertag mit strahlender Sonne und 20 Grad minus. »Damals gab es leider noch nicht die Thermowäsche wie heute, die wirklich warm hält. Ich trug einen Mantel, an den meine Mutter einen Kragen aus Kaninchenfell genäht hatte, und eine Mütze. Aber meine Hose war aus Baumwolle, die im Schnee sofort nass wurde und dann gefror. Ich hatte immer kalte Füße und habe entsetzlich gefroren.«

Therese Braband trug ein paar Habseligkeiten auf dem Rücken. »Ich hatte von meinem Bruder einen sogenannten *Affen*. Das war ein Lederrucksack mit zwei großen Taschen. Ich hatte Unterwäsche eingepackt, etwas zum Lesen und meine Flöte, die war mir wichtig. Aber an Proviant habe ich überhaupt nicht gedacht. Ich war gerade 15 geworden, in dem Alter denkt man nicht praktisch. Dass ich auf der Flucht etwas zu essen brauchte, kam mir nicht in den Sinn. In der Wohnung waren sogar noch hart gekochte Eier, die habe ich liegen gelassen. Das habe ich bitter bereut, als der Hunger unerträglich wurde.«

Nachdem sie einige Stunden marschiert waren, wurden sie von einem Militärkonvoi eingeholt. »Wir konnten in einem Anhänger mitfahren, der ruckelte fürchterlich, aber es gab einen Kanonenofen, da war es warm. Wir sind 24 Stunden gefahren, in der Nacht in völliger Dunkelheit. Wegen der nahen Front durfte kein Licht eingeschaltet werden. Der erste Trupp Russen hatte zu dem Zeitpunkt schon nördlich von Thorn die Weichsel überquert. Der zweite Trupp kam nach. Wir sind mit dem Konvoi genau zwischen den beiden durch. Die Soldaten haben uns das Leben gerettet. Zu Fuß wären wir viel langsamer gewesen und den russischen Truppen sicher nicht entkommen.«

Allein unterwegs

In Praust südlich von Danzig setzten die Soldaten sie ab. Ein Zug brachte sie nach langem Warten über die noch unzerstörten Weichselbrücken nach Danzig. Dort mussten sich Waltraud und die Geschichtslehrerin zum Arbeitseinsatz melden.

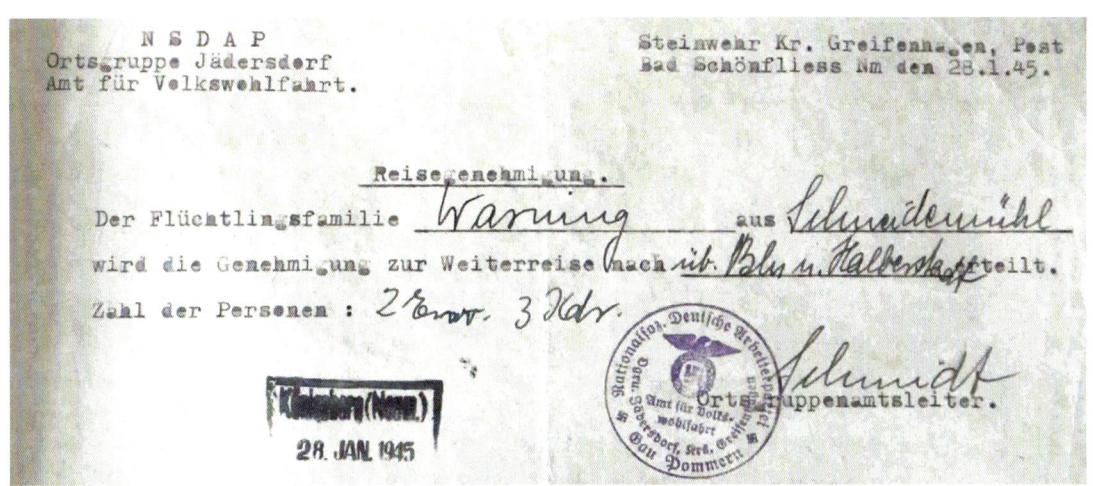

Ohne eine solche Fluchterlaubnis der Gauleitung durfte niemand vor der offiziellen Treckerlaubnis die Ostgebiete verlassen

Theresa mit ihrem Fluchtmantel

Therese musste mit 15 Jahren nicht arbeiten. Sie blieb allein auf dem Bahnhof zurück und wartete auf einen Zug, um nach Nordhausen zu ihrer Mutter zu fahren. Personenzüge nach Westen fuhren nicht mehr. Aber gelegentlich kam ein Güterzug. Die Züge fuhren kurze Strecken, immer wieder unterbrochen von langen Aufenthalten. Dann musste umrangiert werden, eine Lokomotive fiel aus, Wasser oder Kohle musste geladen werden, ein Signal blieb aus. »Man konnte im Wartesaal sitzen, aber ich hatte Angst, einen Zug zu verpassen, deshalb wartete ich lieber in der Kälte direkt auf dem Bahnsteig. Ich nahm den erstbesten Zug, der kam. Hauptsache nach Westen. Immer ein Stückchen weiter und wenn das nur in das nächste kleine Städtchen war.«

•

Hunger und Kälte

Die Güterzüge waren überfüllt mit Flüchtlingen aus Ostpreußen. Frauen und Kinder drängten sich in den ungeheizten Waggons.

»Die Frauen konnten sich mit ihren Kindern auf ihre Ballen mit Bettzeug setzen und vielleicht auch einen Augenblick schlafen. Wer so etwas mithatte, war etwas besser dran. Ich konnte ja nur auf dem *Affen* sitzen. Ich fror eigentlich immer, denn beim Sitzen im Waggon, da kam die Eiseskälte von unten. Ich habe mich eine Viertelstunde hingesetzt, dann war ich völlig durchgefroren. Nach einer Woche hatte ich dick geschwollene Beine. Ich war entsetzlich hungrig. Dabei hatte ich selber schuld, ich hätte ja etwas mitnehmen können.«

Auf manchen Bahnhöfen verteilte die Nationalsozialistische Volkswohlfahrt (NSV) im Wartesaal Muckefuck, einen Ersatzkaffee, oder eine Suppe.

Aber Therese traute sich meist nicht, auch nur für kurze Zeit den Bahnsteig zu verlassen.

Eine Nacht in der U-Bahn

Nach einigen Tagen erreichte sie Stettin. Dort sah sie zum ersten Mal eine von Bomben zerstörte Stadt. Therese Braband fuhr mit dem nächstbesten Zug weiter. »Ich kam nachts am Stettiner Bahnhof in Berlin an. Als ich aus dem Bahnhof kam, sah ich wieder nur Trümmer. Es war entsetzlich. Berlin sah noch viel schlimmer aus als Stettin.« Obwohl die Innenstadt weitgehend zerstört war, fuhr die U-Bahn noch. So erreichte sie den Anhalter Bahnhof, von wo aus Züge nach Thüringen abfuhren. Die Nacht verbrachte sie auf dem Bahnsteig der U-Bahn mit Flüchtlingen und Ausgebombten.

Diesmal konnte sie in einem Personenzug bis Halle fahren. Auch dieser Zug war völlig überfüllt: Mütter mit Kindern saßen in den Abteilen. Alle übrigen drängten sich in den Gängen. Wer einen Klappsitz ergatterte oder auf seinem Koffer sitzen konnte, hatte Glück. Alle anderen mussten stehen.

»Als ich in Halle ankam, bin ich zur NSV gegangen. Ich war so hungrig und müde, mir war alles egal. Obwohl ein Zug nach Thüringen ging, bin ich geblieben, um etwas zu essen und eine Nacht auf einer Liege im Bahnhof zu schlafen.«

Am nächsten Morgen fuhr sie weiter und erreichte schließlich Nordhausen. Ihre Flucht hatte eine Woche gedauert, in der die 15-Jährige die meiste Zeit auf sich allein gestellt war. »Ich war so jung. Für mich war die Fahrt ein Abenteuer. Mit 15 Jahren denkt man doch nicht über Gefahren nach. Ich hatte deshalb auch keine Angst um mich. Angst hatte ich nur um meinen Vater und um meinen geliebten Bruder.«

Tiefflieger und Bomben in Nordhausen

Therese wohnte mit ihrer Mutter und Schwester bei den Großeltern außerhalb von Nordhausen. »Wir waren dort in Sicherheit. Aber die Nachrichten wurden immer schlimmer. Am 6. März fiel die

Festung Graudenz, wo mein Vater stationiert war. Erst viel später erfuhren wir, dass er überlebt hatte und in russischer Gefangenschaft war. Mein Bruder kam im März für seine Hochzeit zu uns. Dann fuhr er weg und wir haben nie wieder von ihm gehört. Er ist in einer Panzerschlacht gefallen.«

Der Schulweg nach Nordhausen war lang. Immer wieder gab es Tieffliegerangriffe. »Ein Flugzeug flog einmal so niedrig, ich konnte den Piloten gut sehen. Ich lag im Straßengraben und habe gedacht: ›Jetzt hast du das Maschinengewehr im Rücken.‹ Doch er hat mich verschont.« Aber als ein Klassenkamerad von Jagdfliegern erschossen wurde, ging sie nicht mehr zur Schule.

Am 3. und 4. April 1945 wurde Nordhausen von britischen Bombern zerstört. »Die schöne alte Fachwerkstadt brannte drei Tage lang. Wir konnten das Feuer sehen. Besonders nachts war der erleuchtete Himmel ein schrecklicher Anblick. Die Stadt lag in Trümmern, auch die Post. So haben wir keinen Brief mehr von meinem Bruder bekommen, obwohl er uns bestimmt jeden Tag bis zu seinem Tod geschrieben hat.«

Raketen aus dem Gipsberg

Nordhausen wurde Mitte April von den amerikanischen Truppen besetzt. Sie befreiten die Gefangenen im nahe gelegenen Konzentrationslager Mittelbau-Dora.

»Meine Tante hatte uns erzählt, dass im Gipsberg ein großes Werk ist, wo Raketen gebaut werden, aber nicht, dass das ein Arbeitslager war. Sie wusste es bestimmt, aber mit uns Kindern hat sie darüber nicht gesprochen. Ich habe die befreiten Gefangenen gesehen, als sie zum Bahnhof geführt wurden. In ihrer Häftlingskleidung sahen sie aus wie Todeskandidaten, völlig abgemagert und grau im Gesicht. Das war ein furchtbarer, unvergesslich schockierender Anblick. Die Amerikaner haben dann das Werk ausgeräumt. Wir wohnten an der Reichsstraße 80 und alle Transporte kamen bei uns vorbei. Da haben wir diese riesigen Raketen gese-

hen. Die wurden nach Westen geschafft und nach Osten transportierten die Amerikaner gigantische Pontons, um die zerstörten Elbbrücken zu ersetzen.«

Flucht auf dem Holztransport

Als die Mutter Mitte Juni erfuhr, dass die Amerikaner Thüringen an die Russen übergeben würden, beschloss sie, nach Wuppertal zu fliehen, der Heimatstadt ihrer Schwiegertochter Waltraud. Die erste Gelegenheit, die sich bot, war ein Güterzug, der Grubenholz geladen hatte.

»Wir haben mit vielen anderen Flüchtlingen oben auf den Holzstämmen gehockt mit unserem Gepäck und Bettzeug. Zum Glück war ja Sommer, da haben wir nicht gefroren.« In wechselnden Güterzügen erreichten sie das Ruhrgebiet. »Alles lag in Trümmern. Es war furchtbar, hier war alles verwüstet.«

Zunächst fanden sie Unterschlupf bei Waltrauds Familie. Dann bekam die Mutter eine Anstellung als Lehrerin. »Wir lebten in der Schule in anderthalb Zimmern unterm Dach. Die hygienischen Verhältnisse waren entsetzlich. Es gab ja nur die Plumpsklos auf dem Schulhof. Meine Mutter erkrankte an Amöbenruhr. Sie wog nur noch 82 Pfund. Im Mai 1949 kam dann mein Vater aus der Gefangenschaft nach Wuppertal. Damit war für uns der Krieg endgültig vorbei und wir konnten endlich ein neues Leben beginnen.«

Mittelbau-Dora

1943 wurde in einem Stollensystem bei Nordhausen das Arbeitslager Mittelbau-Dora errichtet. Es war eine Außenstelle des KZ Buchenwald. Über 60 000 Häftlinge mussten unter unmenschlichen Bedingungen Raketen produzieren, die sogenannten Vergeltungswaffen. Von ihnen starben rund 20 000 Häftlinge.

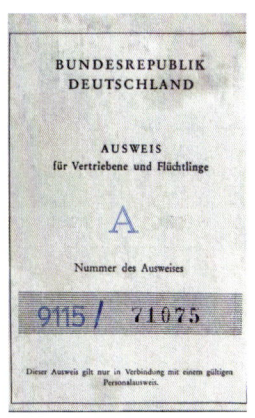

Flüchtlingsausweis

Karl Heinz Ritschel   Vertrieben aus Böhmen

Kniend, mit dem Gesicht zur Wand, die Gewehrmündung im Nacken: Am 8. Mai 1945 war der Krieg in Europa beendet, aber der Morgen brachte Karl Heinz Ritschel keinen Frieden, sondern fast die Exekution durch russische Soldaten.

In den Tagen vor Kriegsende herrschte Unsicherheit in Komotau im böhmischen Teil des Sudetenlandes, ob die Stadt von Russen oder Amerikanern besetzt werden würde. Aber die Amerikaner hielten an der bayerischen Grenze an. »Am Vorabend des Kriegsendes, das war am 7. Mai 1945, hat sich dann herausgestellt, dass es doch die Russen sein werden und nicht die Amerikaner.«

Sudetenland

Das Sudetenland bezeichnete die Grenzgebiete der Tschechoslowakei zu Deutschland und Österreich, in denen überwiegend Deutsche lebten. Hitler forderte das Gebiet für das Deutsche Reich. Am 30. September 1938 stimmten in München die englische und französische Regierung zu, um einen Krieg zu verhindern.

Ein Tscheche als Lebensretter

In den frühen Morgenstunden des 8. Mai ertönte vor der Apotheke der Familie Ritschel in Komotau lautes Geschrei. Schläge donnerten gegen das Tor.

»Bei uns ging es vom Tor über den Hof weiter zum Wohnhaus. Wir hörten die Marschstiefel auf dem Pflaster. Russische Soldaten drangen ins Haus ein. Mein Vater und ich sind auf den Gang gelaufen. Wir haben einen Schlag mit dem Gewehr in die Knie bekommen und mussten uns zum Erschießen an die Wand knien. Dann wurde das Gewehr in meinem Genick angesetzt. Ich hatte in dem Moment keine Angst. Da war einfach nur eine Leere. Ich war wie gelähmt und habe gedacht: Jetzt ist alles aus. Da hörte ich, wie jemand auf die Russen einredete, ein Tscheche.

›Tut denen nichts. Das sind keine Nazis. Herr Ritschel war nicht in der Partei. Er ist Apotheker und hat uns Tschechen geholfen, wenn wir krank waren. Er ist auch in die Lager gegangen und hat den Kriegsgefangenen und Halbjuden Medikamente gebracht.‹ Da war der Druck des Gewehrlaufes plötzlich weg. Und in dem Moment, als ich gemerkt habe, es besteht ein Funke Hoffnung, ist auch das Hirn wieder angesprungen. Wie komme ich hier weg? Noch knieten mein Vater und ich an der Wand. Da hat der Tscheche gesagt: ›Verschwindet!‹ Nachdem auf den Stiegen nach unten die Russen standen, sind wir hinauf auf den Dachboden.«

Der Speicher, auf dem der Vater früher Heilkräuter für Arzneien getrocknet hatte, stellte sich als sicheres Versteck heraus. Denn in der Kriegszeit war die Entrümpelung der Dachböden aus Brandschutzgründen angeordnet worden.

»Das haben die russischen Soldaten schon mitgekriegt, dass auf den Dachböden nichts war. Die zogen zum Plündern in die Keller. Währenddessen war es meiner Mutter, meiner Schwester und meinem kleinen Bruder gelungen, aus dem Haus zu fliehen. Später haben wir erfahren, dass die Russen diese Aktion gestartet hatten, weil vor unserem Haus ein toter Sowjetsoldat lag. Der Tscheche hat uns das Leben gerettet. Dieser Tag war meine zweite Geburt.«

Das Haus von Familie Ritschel wurde geplündert. »Aber es hat sich herausgestellt, dass nicht nur russische Soldaten geplündert haben. Die haben das wenigste gestohlen, denn das waren ja noch die Kampfgruppen, die nicht viel mitnehmen konnten. Es waren vor allem deutsche Zeitgenossen. So wurde uns berichtet, dass ein Nazi-Funktionär etliches weggetragen hat.«

Die russische Besatzungszeit

Die Räume der Apotheke und der Wohnung waren besudelt von Exkrementen. Denn die russischen Soldaten waren in die Apotheke eingedrungen und hatten alles getrunken, was flüssig war. Darunter auch viele Abführmittel.

»Sie sind auch in den folgenden Wochen gekommen, als die Apotheke wieder geöffnet war, haben einfach nach einer Flasche gegriffen, ein bisschen rausgeschüttet und ein Zündholz drangehalten. Wenn es gebrannt hat, war es Alkohol. Dann wurde die Flasche leer getrunken, egal welche Tinktur das war. Worauf mein Vater zur russischen Kommandantur gegangen ist und gesagt hat, er übernähme keine Verantwortung, wenn etwas passiert. Dann kamen in die Apotheke riesige Schilder in russischer Sprache, dass das Betreten verboten sei. Es sind trotzdem immer wieder welche reingekommen, aber mein Vater hat dann nur gesagt: ›Moment, Telefon, Kommandantura!‹ Und schon nahmen sie Reißaus.«

Nach dem Chaos der letzten Kriegstage entstand allmählich wieder eine gewisse Ordnung in der Stadt. »Es hat sich dann eine Stadtverwaltung, ein

Ausweis der sowjetischen Kommandantur, mit dem Karl Heinz Ritschel trotz nächtlicher Ausgangssperre Medikamente austragen durfte

Národní Výbor, gegründet, ein Volksrat, in dem auch die Deutschen Sitz und Stimme hatten. Mein Vater als Apotheker war Stadtrat für Gesundheitswesen.«

Karl Heinz war inzwischen als Hilfskraft in der Apotheke angestellt. Er übernahm einfache Arbeiten und Botengänge. Deshalb erhielt er von der russischen Kommandantur einen Passierschein, der es ihm erlaubte, auch während der Ausgangssperre auf die Straße gehen zu dürfen – *zum Bedarf der Kranken.*

Die Wochen nach dem Einmarsch der Russen empfand die Familie als Zeit der Hoffnung, dass nun ein friedliches Leben beginnen würde. Noch sah sie ihre Zukunft in Komotau. Aber es sollte anders kommen.

»Die Verwaltung fing an zu funktionieren. Bei den Deutschen und den ansässigen Tschechen war der Wille da, zusammenzuarbeiten. Chef des Volks-

rates war ein pensionierter tschechischer Offizier. Dann aber kamen Partisanen aus dem Inneren der Tschechoslowakei und haben diesen Offizier erschossen. Sie haben den Národní Výbor aufgelöst und ein Terror-Regime begonnen, denn ihre Absicht war es, alle Deutschen zu vertreiben.«

Zeuge eines Massakers

In Komotau hingen eines Tages große Plakate mit der Überschrift: *Befehl.* Alle männlichen deutschen Personen im Alter zwischen 13 und 65 Jahren hatten sich am 9. Juni spätestens um 10 Uhr auf dem Sportplatz der Stadt einzufinden. Ein Rucksack mit Verpflegung für drei Tage war mitzubringen. Kinder, Frauen und alte Männer durften die Wohnungen nicht verlassen. Wer dem Befehl nicht folgte, wurde mit Todesstrafe bedroht.

»Mein Vater und ich – mein Bruder war noch nicht ganz 13 – mussten zum Sportplatz gehen. Die

Die Apotheke des Vaters in Komotau

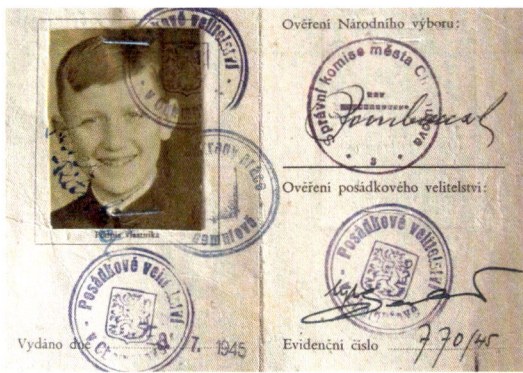

Arbeitsausweis des 15-jährigen Karl Heinz Ritschel

Mutter hat gezittert, die Geschwister geweint, aber man war so viel gewöhnt, dass man das auch ertragen hat. Ich kann mich heute noch dunkel erinnern, dass wir eigentlich ohne ein Wort zu reden zum Turnplatz marschiert sind. Da standen schon Tausende Leute. Wir mussten in Fünferreihen antreten. Mein Vater und ich wurden getrennt, was sich als großes Glück erweisen sollte. Dann plärrten aus Lautsprechern Hassparolen. Der riesige Sportplatz war umstellt von Soldaten der tschechischen Befreiungsarmee *Svoboda*. Wenn jemand ein bisserl so geschaut hat, wie es ihnen nicht gepasst hat, schon hat er mit dem Gewehrkolben einen Stoß bekommen. Unsere Rucksäcke wurden durchwühlt und was gefiel, wurde weggenommen. Dann hieß es, es würden die aufgerufen, die zu Hause bleiben, alle anderen würden an die Grenze gebracht. Es waren mehrere Tische aufgestellt, an jedem saß ein Partisan mit der Namensliste. Plötzlich rief einer: *Karel*, also Karl, *Ritschel, Lékárník*, Apotheker! Mein Vater hat mir mit dem Kopf einen kleinen Wink gegeben. Ich habe sofort kapiert. Da wir nicht nebeneinander standen, kamen wir an zwei verschiedene Tischchen. Mein Vater ist zu dem einen Tisch gegangen und hat gesagt: ›Karel Ritschel, Lékárník.‹ Und ich bin zu einem anderen Tisch gegangen und habe gesagt: ›Karel Ritschel, Lékárník.‹ Der Partisan hat nur seinen Haken gemacht. Der

hat nicht aufgeschaut. Sonst hätte er gesehen, dass ein Bub vor ihm steht. Ich war doch erst 15.

Ich hatte keine Angst, ich wollte nur davonkommen. Das war natürlich ein Glücksspiel. Denn hätten sie mich erwischt, säße ich heute nicht mehr hier. Mein Vater und ich kamen in dieselbe Gruppe. Da standen unter anderem Ärzte und Arbeiter vom Elektrizitätswerk, alle Männer mit Berufen, die man braucht, um eine Stadt aufrechtzuerhalten. Die anderen mussten ihre Oberkörper frei machen. Das Suchen begann, wer eine Tätowierung mit seiner Blutgruppe in der Achsel hatte, denn das war der Beweis, dass er bei der SS gewesen war. Einige wurden gefunden, ich kann heute nicht mehr sagen, wie viele. Die wurden mit Knüppeln und Gewehrkolben an den Rand des Platzes getrieben und dort regelrecht abgeschlachtet.

Die Männer wurden unter lautem Gelächter zu Tode massakriert mit allen möglichen Spielchen. Da musste einer auf allen Vieren krabbeln, ein anderer musste sich oben drauf setzen und musste ihn schlagen. Wenn er nicht richtig fest geschlagen hat, musste er herunter und der andere setzte sich auf ihn. Der hat dann natürlich noch kräftiger geschlagen. Das Blut ist in Strömen geflossen, die Leute haben geschrien. Zum Schluss haben die Partisanen einfach blindwütig in den zuckenden Haufen geschossen.

Wir mussten zuschauen. Wenn jemand kurz nicht geschaut hat, hat er sofort einen Stoß mit dem Gewehrkolben bekommen.

Beneš-Dekrete

Die tschechoslowakische Exilregierung in London während des Krieges und die Nachkriegsregierung in Prag erließen 143 Dekrete, die nach dem ersten tschechoslowakischen Präsidenten Edvard Beneš benannt sind. In ihnen wurde unter anderem die Enteignung und Vertreibung der deutschen Bevölkerung festgelegt sowie Verbrechen an den Deutschen straffrei gestellt. Die Beneš-Dekrete gelten bis heute. Deutschland und die Tschechei bedauerten in einer Erklärung am 21. Januar 1997 das jeweils begangene Unrecht.

Ich habe in dem Moment nichts gedacht, nichts empfunden. Ich war wie gelähmt, völlig traumatisiert. Wir durften zurück in die Stadt. Mein Vater und ich nahmen uns an der Hand und gingen nach Hause. Schweigend, wir konnten beide nicht sprechen. Wir haben auch später nie miteinander über dieses Erlebnis geredet. Zu Hause brachten wir es nicht fertig zu berichten, was wir erlebt hatten.«

Die Enteignung

Ein Zusammenleben von Deutschen und Tschechen war von der neu eingesetzten Regierung der *Nationalen Front* nicht erwünscht. Nachdem von Mai bis Juni 1945 rund 800 000 Deutsche aus Böhmen vertrieben worden waren, bekamen diese ersten sogenannten wilden Vertreibungen mit den Beneš-Dekreten eine gesetzliche Grundlage. Insgesamt wurden rund drei Millionen Volksdeutsche ausgebürgert. Außerdem wurde mit den Beneš-Dekreten 5, 12 und 108 ihre vollständige und entschädigungslose Enteignung angeordnet.

Bei Familie Ritschel tauchte ein tschechischer Apotheker auf, behauptete, er sei der neue Besitzer, verlangte die Schlüssel und verbot Karl Ritschel, die Apotheke noch einmal zu betreten. Der Vater hatte nun keine Arbeit mehr. »Mein Vater war total gebrochen, war fertig, sein Lebenswerk zerstört.

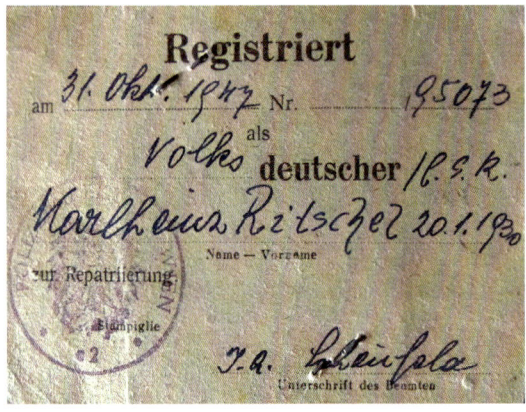

Registrierung von Karl Heinz Ritschel als Volksdeutscher

Meine Mutter ebenso, obwohl sie noch die Tapfere war. Da durfte ich kein Kind mehr sein, ich musste erwachsen sein und den Lebensunterhalt für uns alle verdienen.«

Ernährer der Familie

Für die Deutschen herrschte ab Juni 1945 Arbeitspflicht. Sie galt für Männer ab dem vollendeten 14. bis zum 60. Lebensjahr. Karl Heinz Ritschel war 15 Jahre alt und wurde zunächst zwangsverpflichtet als Kanalarbeiter. Durch die stinkende Kloake watend musste er mit bloßen Händen die Rohre reinigen. »So widerlich es war, es war doch harmlos im Vergleich zum Minenräumkommando. Es ist eben alles relativ im Leben.«

Danach wurde er dienstverpflichtet zur Arbeit in einer Tischlerei. Dort musste er den Ofen für die Lackiererei mit Sägemehl heizen. Das herumfliegende Sägemehl war vermutlich der Auslöser einer Tuberkulose, die später bei ihm ausbrach. In der Tischlerei arbeitete ein deutscher Meister, der die Hilfskräfte schikanierte. Beim Schaufeln fand Karl Heinz Ritschel eines Tages in einem Haufen Sägemehl die Uniform eines Amtsträgers der NSDAP.

»Und was stand in der Kappe? Der Name unseres Meisters! Ich habe ihm die Kappe gezeigt. Da hat er sich erschrocken und ›Gib das her!‹ geschrien. Ich hab später Uniform und Kappe verheizt. Das hat er aber nicht gewusst und verzweifelt gesucht, wo ich sie versteckt haben könnte.«

Eines Tages kam eine Patrouille, die aus Betrieben Leute abziehen sollte, um sie in Bergbaubetriebe im Landesinneren zu transportieren. Der Meister setzte Karl Heinz Ritschels Namen auf die Liste, um diesen gefährlichen Zeugen seiner Nazi-Vergangenheit loszuwerden. Der Junge musste sofort zum Amt, um dort für den Transport eingeteilt zu werden. Aber er stand noch nicht auf einer der Transportlisten. Er streifte unauffällig die weiße Armbinde ab, die Deutsche zur Kennzeichnung tragen mussten, und schlich nach Hause. So entkam der 15-Jährige der Deportation ins Bergwerk.

»Ich werde nie vergessen, wie nach einem Angriff auf dem Bahnhof von Komotau ein Mädchen stand, etwa in meinem Alter, 14 oder 15, die mit einem Flüchtlingszug aus Ostpreußen gekommen war. Sie hatte bei der Bombardierung ihre gesamte Familie verloren. In einem Güterzug gab es Stoffballen. Sie hat Bahnen abgeschnitten und damit ihre toten Eltern und Geschwister zugedeckt. Völlig starr und stumm.«

KARL HEINZ RITSCHEL | 24. AUGUST 2011

»Man gewöhnt sich an die schlimmsten Umstände«

In Komotau wurde das Leben für die Deutschen gefährlich. Eines Tages fand das Fest einer tschechischen Jugendorganisation statt. Karl Heinz Ritschel ging mit seiner weißen Armbinde durch die Stadt, als ihn einige tschechische Jungen entdeckten.

»›Nemec, ein Deutscher!‹, haben sie geschrien und Jagd auf mich gemacht. Mein Vorteil war, dass ich die Stadt wirklich gut kannte. Ich wusste, wo ich bei einer Tür rein konnte, durch den Innenhof laufen und auf der anderen Seite wieder raus. Wenn die mich erwischt hätten, hätten sie mich zusammengeschlagen, vielleicht getötet. In diesem Moment hatte ich große Angst, aber nicht lange. Gegen solche Dinge war man damals nicht gefeit. Es passierte ständig etwas, das hat zum Leben gehört. Man gewöhnt sich an die schlimmsten Umstände.«

Schwarzhandel mit Zigaretten

Karl Heinz Ritschel war später Hilfsarbeiter im Labor eines Zahntechnikers. Neben dem kleinen Gehalt ergab sich dort eine weitere Möglichkeit, um Geld zu verdienen. Denn der Zahntechniker hatte Tabak, den der neue Hilfsarbeiter jeden Morgen schneiden musste, um daraus Zigaretten zu drehen. Dafür durfte er auch etwas für sich behalten. Rauchen half gegen den ständigen Hunger. Vor allem aber drehte Karl Heinz Ritschel Zigaretten, um sie auf dem Schwarzmarkt zu verkaufen. Der Zahntechniker wunderte sich zwar, wie viel der Kleine angeblich rauchte, forschte aber nicht nach.

Karl Heinz Ritschel betrieb einen schwunghaften Handel mit den selbst gedrehten Zigaretten, um Geld für die Familie zu beschaffen. Aber wo sollte er seine Ware sicher lagern? Eine Madonna im Treppenhaus des Hauses, in das die Familie inzwischen eingewiesen worden war, war innen hohl und so füllte er sie mit Zigaretten. Tatsächlich kam einmal eine Patrouille, um das Haus zu durchsuchen. Karl Heinz Ritschel war als Schwarzhändler ins Gerede gekommen. Aber das Innenleben der Madonna untersuchten sie nicht.

Die Vertreibung der Deutschen

Im Mai begann die Vertreibung der Deutschen aus Böhmen. Wer an der Grenze zu Sachsen lebte, wurde in die deutsche Sowjetzone abgeschoben.

So erging es auch Ritschels Großmutter väterlicherseits, die als Volksdeutsche galt, obwohl sie aus Wien stammte und Österreicherin war. »Sie war damals über 70 Jahre alt, aber gesund und kräftig. Sie ist dann in Ostdeutschland verhungert.«

Ritschels Großmutter mütterlicherseits lebte in Ossegg im Erzgebirge. Eines Tages kam ein Wagen vorgefahren, schon voll mit Deutschen, die vertrieben werden sollten. Die alte Dame wurde aufgefordert, ein paar Sachen zu packen und dann auf den Wagen zu steigen. Sie brachte das Bündel zum Wagen und sagte, sie müsse noch mal ins Haus. Als sie nicht wiederkam, sahen die tschechischen Soldaten nach ihr: Sie hatte sich erhängt.

Die Tschechen machten einen Unterschied zwischen Deutschen und Österreichern. Die Deutschen galten als diejenigen, die den Krieg begonnen und brutale Gräueltaten in der Tschechoslowakei begangen hatten. Die Österreicher hatten dagegen in ihren Augen nicht die gleiche Schuld auf sich geladen.

»Diejenigen, die von Anfang an als Österreicher galten, wurden zwar auch bestohlen, aber sie konnten doch einiges behalten. Wir dagegen waren als Volksdeutsche eingestuft worden und so wurde uns alles weggenommen.«

Lieber Österreicher als Deutscher

»Mein Vater hat sich dann aus seiner Lethargie aufgerappelt und versucht, dass wir als Österreicher anerkannt werden. Schließlich war seine Mutter Wienerin. Zunächst reichte ihr Geburtsschein als Dokument aus. Wir wurden als Österreicher eingestuft. Das half, denn ich brauchte nicht mehr die weiße Armbinde tragen und war freier.«

Trotz dieser kleinen Erleichterung war klar, dass die Familie Böhmen verlassen musste. »Mein Vater wollte nicht nach Deutschland. Wenn er schon die Heimat verlassen musste, dann wollte er nach Österreich.«

Aber der Schutz durch den Geburtsschein der Großmutter hielt nicht lange. Da hörte der Vater eines Tages, es gäbe in Österreich kleine Gemeinden, die gegen Bezahlung sogenannte *Heimatscheine* ausstellten.

»Das Ganze war völlig illegal. Irgendein Angestellter hat damit ein privates Geschäft gemacht. Die Scheine haben in Österreich nichts gegolten, aber das wusste niemand in Böhmen und so durften wir offiziell auf die Warteliste für einen Transport nach Österreich. Dort galten wir aber nicht als Österreicher, sondern waren staatenlos und der falsche Heimatschein hatte sogar noch ein gericht-

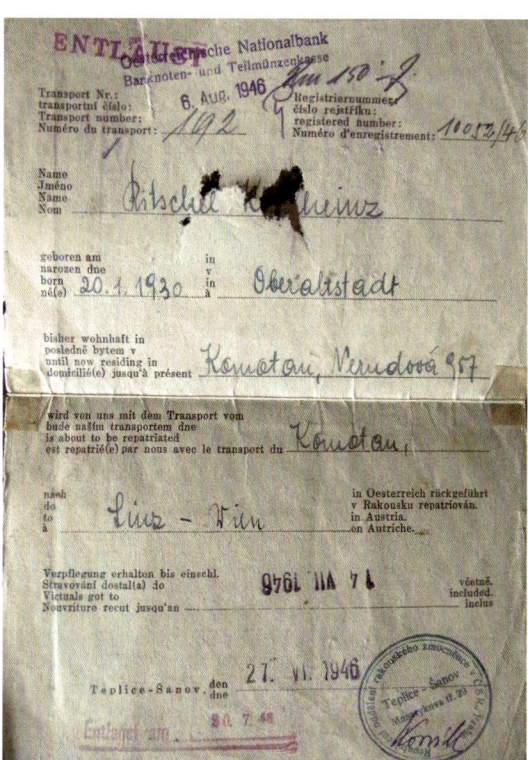

Transportbescheinigung mit Stempel der Entlausung an der Grenze

Aufenthaltserlaubnis in Österreich

liches Nachspiel. Meine Schwester, die den Schein ausgefüllt hatte, wurde verklagt auf Urkundenfälschung. Aber der Richter hatte ein Einsehen und ließ sie laufen.«

Ausreise aus Böhmen

Im Juni 1946 erhielt Familie Ritschel die Genehmigung für die Ausreise nach Österreich. Gleichzeitig wurde die deutsche Bevölkerung systematisch aus Böhmen vertrieben.

»Die Deutschen wurden zwangsweise evakuiert. Ganze Straßenzüge wurden entweder direkt oder über den Zwischenaufenthalt in einem Lager nach Deutschland ausgewiesen. Von mehreren Leuten haben wir vor unserer Ausreise Sachen geschenkt bekommen. Die wussten, dass in den nächsten Tagen ihr Viertel evakuiert wird und sie kaum etwas mitnehmen konnten.«

Familie Ritschel wurde in Viehwaggons nach Österreich transportiert. Auf Stroh und ein paar Decken kauernd verließ die Familie für immer ihre böhmische Heimat. Der Transport von Komotau bis Wien dauerte zwei Wochen. Denn der Zug fuhr nicht auf direktem Weg, sondern zuckelte in einem Zickzack-Kurs zunächst durch die Tschechoslowakei. Immer wieder gab es lange Aufenthalte auf

Abstellgleisen. Sie hatten aber nur Vorräte für drei Tage dabei.

»Wir waren halb verhungert. Manchmal hatten wir nur noch etwas verschimmeltes Brot. Bei unseren vielen Aufenthalten trafen wir aber auch auf freundliche Tschechen. Sie haben gesehen, dass bei uns Not herrschte, haben gekocht und uns das Essen billig angeboten.«

Die Zuginsassen konnten sich während der Reise nicht waschen und das Stroh war voller Ungeziefer. »Deshalb war das Erste, als wir in Bayern ankamen, die Entlausung. Wir sind von oben bis unten mit DDT eingestaubt worden. In jede Öffnung wurde das Insektengift gesprüht. Dass es für Menschen giftig ist, hat damals niemand gewusst.« Nach zwei Wochen erreichte die Familie endlich ihr Ziel: Hütteldorf bei Wien.

Staatenlose in Österreich
Deutsche in der Tschechoslowakei verloren durch das Beneš-Dekret 33 die tschechoslowakische Staatsbürgerschaft. Für die Österreicher galten sie als Deutsche, die nach Deutschland ausreisen sollten. Deshalb erhielten sie auch nicht die österreichische Staatsbürgerschaft, sondern blieben staatenlos. Erst Mitte der 1950er-Jahre wurde ihre Einbürgerung erleichtert.

In der neuen Heimat
Ein Klassenkamerad des Vaters war Priester. Er war schon früh nach Österreich vertrieben worden und war nun Pfarrer in Steinbach, einer Gemeinde im Wienerwald. Der Vater hatte ihm geschrieben und um seine Hilfe gebeten. Der Priester lud Familie Ritschel zu sich ein.

»Als wir in Hütteldorf ankamen, sind mein Vater und ich auf Fahrrädern voraus nach Steinbach gefahren. Als wir durch den Vorgarten des Pfarrhauses gingen, bin ich umgefallen vor Hunger und Erschöpfung. Der Freund meines Vaters saß gerade beim Mittagessen. Ich habe einen großen Teller Suppe bekommen. Da waren meine Lebensgeister schnell wieder da. Das war der Beginn meines Lebens in Österreich.«

Karl Heinz Ritschel

Der Journalist ist ein renommierter
Autor, der viele Bücher über
historische Themen veröffentlicht
hat. Über seine Erlebnisse während
des Krieges und der Vertreibung hat
er allerdings nie geschrieben. Es
war zu schmerzhaft für ihn.

Karl Heinz Ritschel in seiner Bibliothek | September 2012

Sie sind mit Ihrer Familie aus Böhmen vertrieben worden, waren Zeuge eines Massakers. Haben Sie damals über die schrecklichen Erlebnisse gesprochen?

KHR – Nein, kein Wort. Zu Hause mit der Familie wurde darüber nicht gesprochen, über keines der Erlebnisse. Ich habe ja auch im Krieg entsetzliche Dinge gesehen. So war eben die Zeit. Für uns waren Krieg und Bomben und Tote Alltag geworden. Das haben alle erlebt und darüber wurde nicht geredet, mit niemandem. Das hat man in sich hineingepackt. Wie man heute weiß, war das wahrscheinlich psychologisch falsch.

Hatten Sie in den Jahren danach Albträume?

KHR – Auf Jahre hinaus hat mich das verfolgt. Ich hatte Albträume und konnte nächtelang nicht schlafen. Ich bekam Herzattacken und andere gesundheitliche Probleme. Man hat mich mehrfach bewusstlos ins Krankenhaus eingeliefert. Einmal bin ich in Wien auf der Straße zusammengebrochen. Als ich in der Sanitätsstube aufwachte, habe ich die Sanitäter beruhigt. Ich habe ja gewusst, das wird wieder. Die Ärzte haben das als vegetative Störung diagnostiziert, aber ich wusste genau, dass meine gestörte Jugend Zeit für die Bewältigung brauchte. Als junger Journalist habe ich Bruno Kreisky, den damaligen österreichischen Außenminister, interviewt. Er wurde während der NS-Zeit von der Gestapo verfolgt und hat mir erzählt, er hätte auch jahrelang gesundheitliche Probleme und Albträume gehabt. Aber mit 40 hätte das bei ihm aufgehört. Das hat mich damals sehr beruhigt. Und tatsächlich war es bei mir auch so. Mit meinem 40. Lebensjahr waren die Beschwerden vorbei.

Konnten Sie nach Krieg und Vertreibung wieder das normale Leben eines Jugendlichen führen?

KHR – Meine Jugend war gestört. Ich musste schon mit 15 erwachsen sein, ging nicht mehr zur Schule, habe gearbeitet und die Familie ernährt. Als ich in Österreich wieder zur Schule sollte, ist mir das nach der langen Unterbrechung sehr schwer gefallen. Meinen Vater konnte ich überreden, er hatte schon einen Brief an den Direktor geschrieben, dass ich die Schule verlassen kann. Aber meine Mutter hat nicht nachgegeben. Sie hat mich gedrängt, Matura zu machen, und mir damit ein Studium ermöglicht. Dafür bin ich ihr bis heute dankbar.

Als wir Hoffnung hatten, dass ein normales Leben beginnen könnte, kam im Februar 1948 der nächste Schicksalsschlag. Mitten im Unterricht wurden mein Bruder und ich zum Direktor gerufen. Wir sollten ins Spital nach Wien fahren, der Vater sei verletzt. Dort hat man uns gesagt, dass der Papa tot war. Wir sind nach Hause gefahren und ich musste meiner Mutter sagen, dass der Vater gestorben ist. Sie hat uns dann mit ihrer kleinen Witwenpension durchgebracht. Wir Kinder haben, wo wir konnten, fleißig dazuverdient. Wir haben Holz gehackt, Bücher gegen Provision auf Kirchenbasaren verkauft, Oster- und Weihnachtskarten gemalt. Es war keine normale Kindheit oder Jugend. Aber trotzdem gab es Momente, wo es Lachen, Heiterkeit und Freude gegeben hat, trotz aller Drangsal und der großen Schwierigkeiten.

Das Verhältnis zwischen vertriebenen Sudetendeutschen und Tschechen ist bis heute schwierig. Was halten Sie von den gegenseitigen Schuldzuweisungen?

KHR – Ich war während des Krieges von der Hitlerjugend eingesetzt auf der Bahnhofswache. Wir mussten einen Güterbahnsteig absperren, etwas außerhalb des Bahnhofs. Dort rollte ein Zug herein. Als die SS-Leute die Türen der Waggons öffneten, quollen lebende Tote heraus. Es war ein KZ-Transport. Die bekamen in Fässern eine wässrige Suppe hingestellt,

um die sie sich rangelten. SS-Leute droschen auf sie ein. Das war für mich eines der schrecklichsten Erlebnisse in der Kriegszeit, viel schrecklicher als die Bombenangriffe mit den vielen Toten.

Die SS hat zu Fuß Gefangene durch unsere Stadt getrieben. Sie erschoss alle, die nicht mehr weiterkonnten. Die Toten lagen am nächsten Morgen neben den Gehsteigen. Das habe ich gesehen. Später musste ich zusehen, wie Deutsche von tschechischen Partisanen bestialisch zu Tode gequält wurden. Grausamkeiten gab es auf beiden Seiten. Das sollte man nicht gegeneinander aufrechnen.

Wie ist Ihre Einstellung gegenüber den Tschechen?

KHR – Meine Schwester hat bis an ihr Lebensende die Tschechen gehasst. Sie konnte weder vergessen noch verzeihen. Hass auf die Tschechen ist ein Gefühl, das ich nicht kenne. Ich hasse den Krieg, die Gewalt, die Brutalität, aber nicht nach Nationalität.

Wie kommt es zu Ihrer versöhnlichen Haltung?

KHR – Tschechen haben meine beiden Großmütter in den Tod getrieben, mich durch die Stadt gejagt, uns aus der Heimat vertrieben. Aber ich habe ja auch Tschechen getroffen, die mir geholfen haben. Ein Tscheche hat mir das Leben gerettet. Er hat verhindert, dass mich russische Soldaten erschießen. Tschechen haben uns bei der Deportation Essen gebracht. Wir haben mehrfach Tschechen erlebt, die versucht haben, uns diese schwierige Zeit leichter zu machen. Es kommt doch auf den einzelnen Menschen an. Wer verallgemeinert, tut dem Einzelnen unrecht.

Empfinden Sie Böhmen noch als Heimat?

KHR – Böhmen ist für mich restlos Vergangenheit. Ich war nie wieder dort.

1939 Geburt in Hirschberg (Schlesien)
1945 Flucht nach Franken
1963 Diplomprüfung für Sozialwirte
1963–2004 Sozialmanagement
1972–1981 Professorin für Sozialpädagogik
1985–1987 Präsidentin des Deutschen Evangelischen Kirchentages
1989–1993 Gründungsvorsitzende der Deutschen Alzheimer-Gesellschaft
1999 Gründung der Beratungsstelle Jadwiga

Eleonore von Rotenhan Leben für Flüchtlinge

Eleonore von Rotenhan hat keine traumatischen Erinnerungen an ihre Flucht aus Schlesien. Für die Fünfjährige war es ein spannendes Abenteuer, mit dem Wagen loszuziehen. Ihre tatkräftige Mutter hat dafür gesorgt, dass sie während der Flucht kaum Angst hatte.

In Franken angekommen, fand die Familie Unterschlupf bei Verwandten. Unter den Umständen und im Vergleich zu dem, was andere Kinder damals erleiden mussten, sei es ihr gut gegangen, sagt sie rückblickend. Trotzdem habe sie die Erfahrung geprägt, entwurzelt zu werden und in der Fremde neu anfangen zu müssen.

Eleonore von Rotenhan hat ihr Berufsleben der Ausländerarbeit, der Integration von Gastarbeitern und Immigranten gewidmet. »Ich kenne dieses Gefühl, an einen Ort zu kommen, an dem ich nicht aufgewachsen bin, und dass mir die Einheimischen zeigen, dass ich nicht dazugehöre. Ich habe mich deshalb immer mit Flüchtlingsarbeit beschäftigt, denn ich kann nachvollziehen, wie es Asylbewerbern geht. Dieses Anfangen in einer fremden Welt hat mich ganz tief geprägt.«

Flucht mit dem Traktor

Die Familie verließ Gut Buchwald in Schlesien am 7. Mai 1945. Nur einen Tag vor dem Waffenstillstand kam die Treckerlaubnis. Der Vater und seine Eltern blieben zurück. Sie glaubten nicht an den endgültigen Verlust der Heimat und befürchteten, den Anspruch auf das Gut zu verlieren, wenn sie flohen. Aber Frauen und Kinder sollten in Sicherheit gebracht werden.

»Für meine ältesten Geschwister, die neun und zehn Jahre älter waren als ich, war die Flucht aus Buchwald der Zusammenbruch ihrer Welt. Für mich war nur eines schlimm: Ich durfte meine geliebte Katze nicht mitnehmen.«

Die Familie zog mit einem Traktor und zwei Anhängern los. Auf dem einen Wagen stapelten sich

Gepäck und Verpflegung, auf dem anderen drängten sich die Mutter mit vier Kindern, ihre Eltern und zwei Verwandte mit ihren Kindern.

»Ich erinnere nicht, dass ich außer meiner Katze etwas vermisst hätte. Wir waren so viele Kinder auf dem Treck, da war immer was los. Mehr brauchte ich nicht. Es war ganz schön eng. Wir Kinder haben miteinander gespielt, aber uns natürlich auch gezankt. Aber ich kann mich nicht erinnern, dass es einen Moment fürchterlicher Angst gegeben hat. Wir zogen in einem riesigen Flüchtlingsstrom, da gab es auch schlimme Szenen. Aber meine Mutter hat dann immer gesagt: ›Guckt nicht genau hin. Euch passiert nichts. Ich bin ja da.‹ Ihr war nur wichtig, dass wir überleben, dass wir von den Schrecken so wenig wie möglich mitbekamen. Sie war eine resolute Frau und hat eine große Ruhe ausgestrahlt, und das hat sich auf uns übertragen. Denn sie hat uns immer das Gefühl gegeben, dass sie uns beschützt.«

Kindergeburtstag auf der Flucht

Auf der Fahrt durchs Erzgebirge beschlagnahmten Tschechen Traktor und Anhänger. Die Familie zog zu Fuß weiter, bis sie nach einem Monat Thüringen erreichte. Sie quartierten sich bei einer Tante auf Gut Neuenhof bei Eisenach ein. Das Haus war bereits voller Flüchtlinge. Hier feierte Eleonore von Rotenhan ihren sechsten Geburtstag. Es gab Saft aus den Vorräten der Tante und sogar einen Geburtstagskuchen. »Es war ganz einfach. Aber unsere Ansprüche waren nach einem Monat auf dem Treck so gesunken, wir Kinder fanden alles toll.«

Der Aufenthalt in Neuenhof war kurz. Zehn Tage nach dem Geburtstag fuhr die Mutter auf dem Fahrrad nach Eisenach. Dort traf sie einen Vetter, der entsetzt rief: »Was macht ihr noch hier? Wisst ihr nicht, dass Thüringen an die Russen übergeben wird? Haut ab!« Die Mutter radelte sofort zurück, packte für jeden einen Rucksack und dann floh die Familie nach Franken in die amerikanische Zone. In Rentweinsdorf besaß ein Onkel ein Schloss.

Drei Betten für neun Kinder

»Das Schloss war schon voller Flüchtlinge. Der Onkel hatte mit uns nichts am Hut. Er hat uns eine Wohnung im alten Forsthaus im Dorf gegeben. Mit dem Gut hatten wir nichts zu tun. Wir bekamen auch keine Lebensmittel von dort, was meine Mutter maßlos geärgert hat.«

Die Wohnung bestand aus einer Küche und zwei kleinen Räumen. »Meine Mutter und mein ältester Bruder schleppten jeden Tag Wasser vom Brunnen ins Haus. Wir Kinder haben Reisig gesammelt, um den Ofen zu heizen.«

Zum Forsthaus gehörte ein Garten. Die Mutter und die Großeltern pflanzten Gemüse und Obst an und hielten Hühner. Die Kinder sammelten Pilze

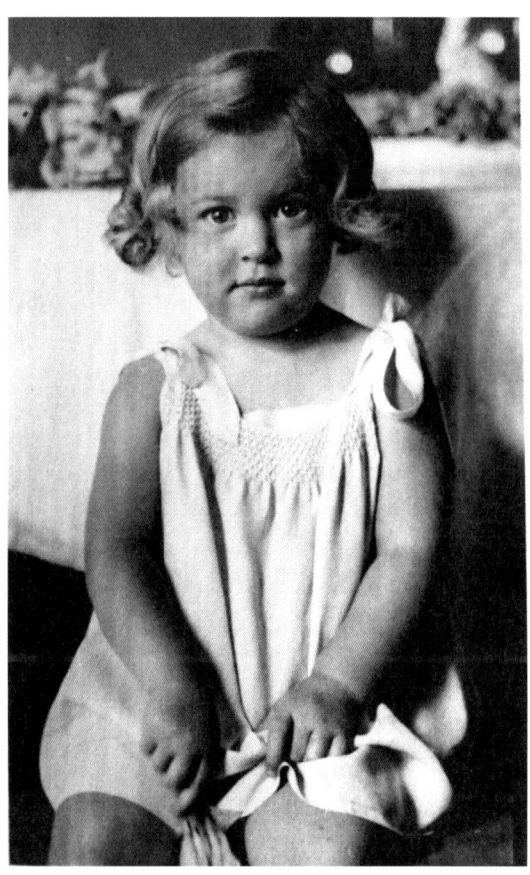

Eleonore von Rotenhan als kleines Kind in Schlesien

und Beeren oder stoppelten Kartoffeln und Getreideähren. Der älteste Bruder half bei den Bauern aus und verdiente so einen Liter Milch oder etwas Butter. »Es war immer etwas zu tun. Gelangweilt haben wir uns nicht.«

Anfang 1946 kam die Zwillingsschwester der Mutter mit ihren vier Kindern bei ihnen unter. Außerdem nahm die Familie noch ein verwaistes Patenkind auf. Für die neun Kinder gab es nur drei Decken und drei Betten. »Natürlich haben wir uns auch gestritten: ›Du hast mich getreten! Du ziehst mir die Decke weg!‹ Aber es war sehr schön, in einer großen Familie aufzuwachsen mit vielen Spielkameraden.«

Die Familie hatte nur zwei Kinderbücher gerettet: Die Geschichte von einem Fischotter und von Rikki Tikki aus dem *Dschungelbuch*. »Es gab ja nichts zur Unterhaltung. Unsere Großmutter hat uns deshalb hundertmal diese Geschichten vorgelesen. Wir fanden das herrlich und haben ununterbrochen Rikki Tikki und Ingo, den Fischotter, gespielt. Wir hatten auch eine unendliche Fantasie, weil wir kein Spielzeug hatten. Das wurde alles selber gebaut. Es gab Holz und Steine, und damit konnten wir alles spielen.«

»Könnt ihr überhaupt Deutsch?«

Im alten Forsthaus lebten so viele Kinder, dass immer jemand zum Spielen da war. So war Eleonore nicht darauf angewiesen, im Dorf Freunde zu finden. Denn Kontakt zu den Dorfkindern gab es kaum.

»Die Einheimischen fanden uns Flüchtlingskinder ziemlich doof. Die schlesischen Flüchtlinge wurden als ›Polacken‹ beschimpft. Immer wieder wurden wir gefragt: ›Könnt ihr überhaupt Deutsch?‹ Die Dorfbewohner in Bayern wussten nichts über Schlesien. ›Hört das denn nie auf‹, haben sie geschimpft, wenn wieder neue Flüchtlinge ankamen. Immer wieder standen entfernte Verwandte vor der Tür. Die kamen auf ihrer Flucht bei uns vorbei, blieben ein paar Tage und zogen dann weiter. So waren wir immer von Menschen umgeben, auch wenn kein freundschaftlicher Kontakt zur bäuerlichen Bevölkerung entstand.«

Ein Dorflehrer mit Rohrstock

Während die älteren Geschwister erst 1946 nach zwei Jahren Unterbrechung das Gymnasium im nahe gelegenen Bamberg besuchen konnten, wurde Eleonore im September 1945 in Rentweinsdorf eingeschult. Die Klassen in der Volksschule waren riesig, denn zu den Dorfkindern kam die große Zahl der Flüchtlingskinder. Ständig kamen neue Flüchtlinge dazu, andere zogen weiter. Der alte Lehrer schlug störende Schüler mit dem Rohrstock.

»Die Schule war nicht toll, aber ich kann mich auch nicht erinnern, sie fürchterlich gefunden zu haben. Heute kann man sich nicht mehr vorstellen, dass ein Lehrer seine Schüler schlägt, aber damals war das auf dem Land üblich.« Eine Freundin fand sie in der Schule nicht. »Das war nicht schlimm. Denn wir waren zu Hause so viele Kinder, wir waren uns selbst genug. Ich kann mich nicht erinnern, dass es damals eine große Erziehungsanstrengung unserer Eltern gab. Die Erwachsenen waren damit beschäftigt, uns alle satt zu kriegen. Für mehr blieb keine Zeit.«

Bonbons vom ehemaligen Feind

Das Schloss war inzwischen von den Amerikanern beschlagnahmt worden. Wenn sie in ihren Jeeps durch den Ort fuhren, bettelten die Kinder um Süßigkeiten. »Das haben wir nicht gemacht, weil wir wahnsinnigen Hunger hatten, sondern weil wir von denen etwas Besonderes kriegten. Bonbons oder Schokolade. Irgendetwas Tolles, was es sonst

---

Thüringen als Teil der Sowjetzone Die alliierten Verbündeten Amerika, England und die Sowjetunion einigten sich im Februar 1945 bei der Konferenz in Jalta, Deutschland in vier Besatzungszonen aufzuteilen. Danach fiel Thüringen in die sowjetische Zone. Die Amerikaner übergaben deshalb das von ihnen im April eroberte Gebiet am 1. Juli 1945 offiziell an die Sowjets.

nicht gab. Und da es von den Amerikanern kam, war es sowieso toll. Das Betteln fand besonders mein Großvater fürchterlich. Aber wir fanden das nicht schlimm. Schließlich waren die Soldaten nett und gaben uns immer großzügig.«

Der Vater wurde Ende 1946 aus Schlesien vertrieben. Bis zuletzt hatte er ausgeharrt in der Hoffnung, Gut Buchwald für die Familie erhalten zu können. Nun kam er nach Rentweinsdorf. Als er ein Haus in der Nähe erbte, konnten sie umziehen.

»Für meinen Vater ist mit dem Verlust von Schlesien eine Welt zu Ende gegangen. Auch meine älteren Geschwister haben darunter sehr gelitten. Aber das war eine Welt, die ich nicht bewusst erlebt habe. Ich habe Buchwald mit fünf Jahren verlassen und habe nur vage Erinnerungen. Ich war viel zu klein, um Trauer über den Verlust zu empfinden. Ich bin mit einer anderen Lebensperspektive als meine Geschwister groß geworden. Ich bin damit aufgewachsen, dass Hunger normal ist, dass es normal ist, barfuß zu gehen und zu dritt in einem Bett zu liegen. Für mich gab es keinen Grund zu trauern, denn unsere Lebensverhältnisse verbesserten sich allmählich. Es gab mehr zu essen. Jeder bekam sein eigenes Bett. Es ging wieder voran.«

»Als Kind fragt man nicht nach«
In der Familie wurde über Schlesien gesprochen und über die Flucht, aber nie über den Nationalsozialismus und die Verbrechen, die in der Zeit verübt wurden. »Als Kind nimmt man alles als gegeben hin, fragt nicht nach.« Auch über die Vertreibung und Ermordung der europäischen Juden wurde nicht geredet.

»In unserem Dorf gibt es heute noch den Judenhof. Als Kind habe ich darüber nicht nachgedacht. Judenhof? Da hätte ich doch stutzig werden müssen. Aber mir ist das überhaupt nicht fragwürdig vorgekommen. Der war halt da. Es hieß im Ort auch: Die Ruine da hinten, das war die alte Synagoge, die ist ausgebrannt. Die Pogromnacht 1938 wurde nicht erwähnt, als wenn das alles lange her

wäre und mit uns nichts mehr zu tun hätte. In den 1950er-Jahren wurde über die Vergangenheit geschwiegen. Nicht nur aus Scham über das, was passiert war. Die Erwachsenen waren mit dem Wiederaufbau beschäftigt, haben hart gearbeitet, um ihre Familien zu ernähren. Die mussten alles hinter sich lassen und neu anfangen. Da blieb keine Zeit und Energie für die Vergangenheitsbewältigung. Meine Generation ist erst Mitte der 1960er-Jahre mit den Studentenprotesten aufgewacht. Da habe auch ich begonnen, mich mit unserer Geschichte auseinanderzusetzen.«

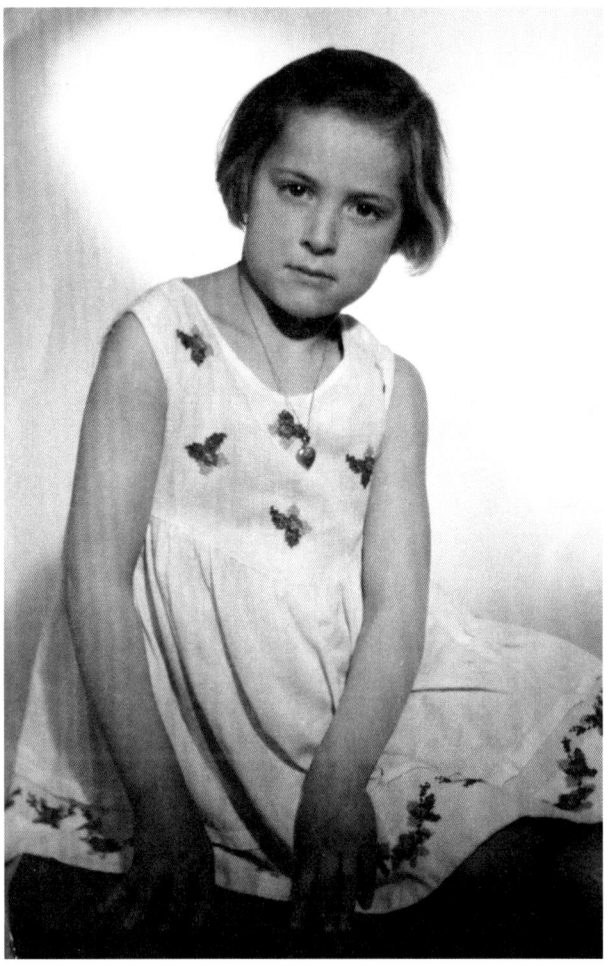

Als Flüchtlingskind in Franken

1927	Geburt in Breslau
1940	Umzug nach Sosnowitz (Oberschlesien)
1945	Flucht nach Seiffersdorf
1946	Flucht nach Weimar
1951	Flucht in den Westen
1949–1956	Medizinstudium
1966	Facharzt für Frauenheilkunde und Geburtshilfe
1969	Promotion
1969–1996	niedergelassener Gynäkologe

Peter Onderka   Versöhnung mit Polen

Peter Onderka versteht sich noch immer als Schlesier, obwohl er mit 19 Jahren die Heimat für immer verließ. Aber er nimmt in der Auseinandersetzung mit den Polen eine versöhnliche Haltung ein und sieht deutlich die Versäumnisse auf deutscher Seite.

»Wir sind in Schlesien in der Schule vollgestopft worden mit Englisch und Französisch. Dabei hätten wir lieber Polnisch und Russisch lernen sollen. Dann hätten wir uns mit unseren Nachbarn besser verstanden. Stattdessen hieß es, wenn ein Pole oder Russe etwas von uns will, soll er Deutsch lernen. Diese Einstellung war fatal und hat sich bei Kriegsende bitter gerächt. Denn wir konnten uns weder mit den russischen Besatzern noch mit den in Schlesien einziehenden Polen verständigen.«

Ein Pole beschützt die Familie

Als die Rote Armee im Januar 1945 auf das schlesische Industriegebiet um Kattowitz vorrückte, flohen die Eltern und ihre vier Kinder aus Sosnowitz nach Seiffersdorf ins Riesengebirge, südwestlich von Breslau nicht weit von der tschechischen Grenze. Die Schwester des Vaters besaß dort eine Molkerei.

»Meine Tante war ein Raubein mit einem weichen Herzen. Sie hatte im Krieg polnische Zwangsarbeiter. Die hat sie gut behandelt als vollwertige Arbeiter und nicht, wie vom Nazi-Regime vorgeschrieben, als slawische Untermenschen. Die Polen wurden von ihr anständig verpflegt und bekamen einen Lohn gezahlt. Darunter war seit 1940 auch Alois, ein sehr fleißiger und tüchtiger Arbeiter.«

Als die russischen Truppen in Seiffersdorf einmarschierten, stellte sich Alois schützend vor die Familie. Mit einer großen polnischen Flagge stand er vor der Molkerei, sagte den Russen, der Betrieb sei bereits in polnischer Hand, und konnte verhindern, dass die russischen Soldaten das Gebäude betraten. So wurde dort weder vergewaltigt noch geplündert.

Flucht vor der russischen Gefangenschaft

Peter Onderka hatte kurz zuvor in Seiffersdorf noch die Einberufung zu einer Infanterie-Abteilung erhalten. Da stand die Rote Armee schon an der Weichsel. Sie trieben sein Regiment vor sich her bis Marienbad in Böhmen. Dort gelang ihm zusammen mit einem Freund die Flucht vor der russischen Gefangennahme. Zu Fuß machten sich die beiden Jungen auf in ihre schlesische Heimat. Sie verbrannten ihre Uniformen, Ausweise und Soldbücher.

»Wir bekamen von Bauern Zivilkleidung. Aber wir brauchten irgendein offizielles Papier. Wir sahen so jung aus, da habe ich geschrieben: *Bescheinigung. Der Schüler Peter Onderka, geboren 1929* (Ich habe mich zwei Jahre jünger gemacht), *war zum Ernteeinsatz bei uns. Der Bürgermeister.* Und dann habe ich eine Unterschrift hingesetzt. Aber ich hatte keinen Stempel und auf so etwas legen Russen viel Wert. Also habe ich geschrieben: *In Ermangelung eines Dienstsiegels.* Wir sind abseits der Straßen durch die Wälder gelaufen. Plötzlich standen vier Russen vor uns. Der eine sprach perfekt Deutsch: ›Wo kommt ihr her? Wie alt seid ihr? Was macht ihr? Habt ihr eine Bescheinigung? Was heißt *in Ermangelung eines Dienstsiegels*?‹ Da habe ich geantwortet: ›Der Stempel hatte ein Hakenkreuz, den hat der Bürgermeister weggeworfen.‹ Da durften wir weitergehen. Aber mein Herz schlug laut. So kam ich zurück zur Molkerei.«

Arbeit in der Molkerei

»Es war eine entsetzliche Zeit. Aber unter den furchtbaren Umständen ist es uns hervorragend gegangen. Die Polen hatten inzwischen die Molkerei offiziell übernommen und wir standen unter ihrem Schutz. Die Situation hatte sich genau umgekehrt. Aber so wie meine Tante vorher die polnischen Zwangsarbeiter gut behandelt hatte, waren die Polen nun fair zu uns. Wir haben in der Molkerei gearbeitet und wurden dafür verpflegt. Ich habe Kartoffeln mit Butter essen können und manchmal Sahne getrunken. Natürlich gab es keine Portionen wie vor dem Krieg. Aber wir wurden halbwegs satt, während um uns herum großer Hunger herrschte.«

Die aus den zerbombten schlesischen Städten ins Riesengebirge geflohenen Deutschen zogen bettelnd durch die Dörfer, auf der Suche nach etwas Nahrung.

»Wir haben geklaut wie die Raben für die ganze Umgebung. Aus weit entfernten Dörfern sind sie zu uns gekommen, weil sie wussten, dass sie bei uns etwas Quark, Butter oder ein Stück Käse bekommen. So konnten wir ein gutes Werk für die hungernden Menschen tun. Es hat sich doch sonst keiner um sie gekümmert.«

Peter Onderka arbeitete in der Quarkerei. Er schnürte den Quark in kleine Säcke. Sobald keiner hinsah, öffnete er ein Fenster und warf ein paar Säckchen nach draußen. Dort konnten sie die Menschen der Umgebung aufsammeln.

»Wir wollten aber auch an den Topf mit der Sahne. Wie stiegen nachts durchs Fenster ein. Meine arme Mutter musste zitternd vor Angst Schmiere stehen, während mein älterer Bruder Klaus und ich die Sahne aus dem großen Zuber in Gläser abfüllten. In solchen traurigen Zeiten macht man die unglaublichsten Sachen.«

»Untermenschen und Herrenrasse« Slawen, wie Polen und Russen, galten für die Nazis als minderwertige »Untermenschen«, die den deutschen Herrenmenschen als Zwangsarbeiter dienen sollten. Ihre Länder beanspruchten die Nazis als Lebensraum im Osten für die deutsche »Herrenrasse«.

Peter Onderka als Student in Jena | 1950

Die Ankunft der Polen

In das Dorf kamen russische Besatzungstruppen. »Das waren vernünftige Leute. Aber es gab auch ein paar Spitzbuben unter ihnen. Die drangen in unsere Wohnung ein und haben die Taschenuhr und den Fotoapparat meines Vaters geklaut. Da hat man nicht gemuckst. Mehr ist uns nicht passiert. So war die Zeit eigentlich relativ gut, abgesehen von der dauernden Ungewissheit und Angst, ob nicht doch noch etwas Schlimmes passiert.«

Die Russen zogen sich zurück. Ihren Platz nahmen Polen ein. In jedes Haus, auf jeden Hof in Seiffersdorf kam eine polnische Familie. Sie stammten aus den östlichen Gebieten Polens, aus denen sie vertrieben worden waren. Nun sollte Schlesien ihre neue Heimat werden.

Peter Onderka kann sich nicht daran erinnern, dass die neu angesiedelten Polen den Deutschen mit Hass begegnet wären.

»Die Polen, die zu uns kamen, waren genauso aus ihrer Heimat vertrieben, wie wir dann vertrieben wurden. Die Vernünftigen, und von denen haben wir viele kennengelernt, haben uns gesagt: ›Wir wollen hier nicht leben und euch vertreiben. Wir möchten zurück nach Ostgalizien. Da sind unsere Häuser, unsere Höfe, die Gräber unserer Ahnen. Dort ist unsere Heimat. Wir wollen wieder nach Hause.‹«

Zu Besuch in der Molkerei in Seiffersdorf. Peter Onderka sitzt ganz rechts auf dem Milchwagen. | 1930

Flucht aus Schlesien

Im Frühjahr 1946 hörten Onderkas, dass die polnisch-deutsche Grenze bei Görlitz verlaufen würde. Auch das Gebiet um Seiffersdorf würde demnach polnisch werden. Die Familie hatte dort keine Zukunft mehr. Sie musste den Ort verlassen. »Alois hat uns gewarnt, dass wir in einigen Tagen vertrieben werden sollten. Wir mussten sofort raus. Da hat mein Vater mit ihm verhandelt, dass er uns zur Grenze bringt.«

Alois stellte einen Lastwagen der Molkerei zur Verfügung. Familie Onderka und die Tante mit ihrem Sohn konnten ihr Gepäck aufladen, und Alois fuhr sie bis zur Grenze nach Görlitz. Dort stiegen sie aus und passierten problemlos zu Fuß die Kontrollen. In Görlitz bestiegen sie einen Zug und fuhren nach Weimar.

Todesangst im reißenden Fluss

Peter Onderka und sein älterer Bruder Klaus waren allerdings beim Grenzübergang nicht dabei. Alois hatte die beiden kurz vor der Grenze abgesetzt, denn sie trugen in ihren Rucksäcken die verbliebenen Wertsachen der Familie: Silber, Schmuck und Geld. Sie wussten, dass die Zöllner an der Grenze alle Wertgegenstände beschlagnahmten. Die beiden Jungs sollten im Dunkel der Nacht heimlich die Grenze überqueren und so die Wertsachen retten. Jeder trug zwei Anzüge und Mäntel übereinander, um auch so viel Kleidung wie möglich mitzunehmen. Das sollte ihnen fast zum Verhängnis werden.

»Klaus und ich rennen durch den Wald und kommen nachts gegen zwei Uhr an die Neiße. Es ist kalt und der Fluss führt viel Wasser. Wir suchen das Ufer ab, bis wir die Reste einer Brücke entdecken. Wir steigen ins Wasser und hangeln uns von Pfahl zu Pfahl. Es ist mühsam, denn die Strömung ist stark und unsere Mäntel nass und schwer. Ich schaffe es trotzdem ganz gut. Aber Klaus ist kriegsversehrt. Er ist im Herbst 1944 verwundet worden. Seitdem ist sein linker Unterarm gelähmt. Er kann sich an den Pfählen kaum halten, rutscht immer wieder ab. Zweimal säuft er mir fast ab. Da habe ich Todesangst. Nicht um mich, aber um ihn.«

Als die Brüder endlich das andere Ufer erreichten, konnten sie mit der nassen Kleidung und den triefenden Rucksäcken kaum laufen. Völlig erschöpft erreichten sie einen Bauernhof. Der Bauer nahm sie freundlich auf und gab ihnen zu essen. Nach zwei Tagen hatten sich die beiden so weit erholt, dass sie nach Weimar zu ihrer Familie weiterziehen konnten.

Schatten der Vergangenheit

»Der Mensch verdrängt schlimme Erinnerungen und denkt lieber an das Positive zurück. Da muss ich sagen, dass wir bei unserer Flucht unheimliches Glück gehabt haben. Wir wurden nicht gejagt, beschossen, vergewaltigt oder geprügelt. Wir konnten im Auto von Sosnowitz nach Seiffersdorf fahren, später hat uns Alois an die Grenze gefahren. Wir haben fürchterliches Elend gesehen, wenn Flüchtlinge zu Fuß durch Schnee und Matsch marschieren mussten, nichts zu essen hatten und nichts zu trinken. Von all dem sind wir verschont geblieben.

Aber der Verlust der Heimat ist eine Katastrophe. Menschen zu vertreiben ist eine grausige Sache, das Schlimmste, was man ihnen antun kann. Erst mussten die Polen aus dem Osten ihre Heimat verlassen, dann wurden wir aus unserer Heimat vertrieben. Man darf nicht vergessen, was sich Menschen damals gegenseitig angetan haben, auch wenn es lange her ist. Denn diese Vergangenheit lastet bis heute auf uns wie ein Schatten.«

Verlorene Kinder

»Ich wurde Ende Januar 1945 an der Landstraße zwischen Elbing und Marien-
burg gefunden. Ich war ungefähr drei Jahre alt, trug einen dunkelblauen Mantel und eine blaue Strickmütze mit weißem Bommel. Meine Mutter nannte
mich *Butzi*. Weiß jemand, wer ich bin?«

Der Suchdienst des Deutschen Roten Kreuzes führt bis heute eine Liste mit
Menschen, die weder wissen, wie sie heißen, noch woher sie stammen oder zu
welcher Familie sie einmal gehörten. Hunderttausende Kinder wurden durch
den Zweiten Weltkrieg zu Waisen. Ihre Väter fielen an der Front, ihre Mütter,
Großmütter und Tanten starben im Bombenhagel, verhungerten und erfroren,
verunglückten bei der Flucht oder wurden ermordet. Viele Kinder gingen im
Inferno der brennenden Städte oder im Chaos auf der Flucht verloren. Die
Suche nach ihren Familien dauerte für manche viele Jahre.

Der Suchdienst des Deutschen Roten Kreuzes konnte seit Kriegsende rund
500 000 Kinderschicksale klären. Die Organisation verfügt inzwischen über
eine Datenbank mit 50 Millionen Karteikarten. Trotzdem sind noch immer
1,3 Millionen deutsche Schicksale ungeklärt. Darunter 4000 Kinder.

Besonders schwierig war es, die Herkunft der sogenannten Findelkinder he-
rauszufinden: Kinder, die zu klein waren, um sich an ihren Namen, ihren Geburtstag oder eine Adresse zu erinnern. Sie wurden allein in Ruinen entdeckt
oder auf dem Treck von anderen Flüchtenden im Straßengraben aufgelesen
und mitgenommen. Der Suchdienst hatte 33 000 Findelkinder in seiner Kartei.
Der großen Mehrzahl konnte im Lauf der Jahre ihre Identität zurückgegeben
werden. Aber noch immer wissen 600 von ihnen nicht, wer sie sind. Sie leben
bis heute unter einem angenommenen Namen und geschätzten Geburtstag.

Eine besondere Gruppe der Kriegswaisen bildeten die sogenannten Wolfskinder. Sie wurden in Ostpreußen von ihren Familien getrennt. Ihre Familien-
angehörigen waren entweder gestorben oder verschleppt worden, oder sie hatten sie auf der Flucht verloren. Selbst wenn sie den Weg zurück nach Hause
fanden, hatten sie keine Lebensgrundlage, denn die viel zu knapp bemessenen
Lebensmittel gab es von der sowjetischen Verwaltung nur für die arbeitende
Bevölkerung. Die Kinder versuchten sich durch Betteln zu ernähren, von zufäl-
ligen Lebensmittelfunden in den Kellern zerbombter Häuser oder vom Abfall

der sowjetischen Kasernen. Die Russen griffen Hunderte Wolfskinder auf und brachten sie zunächst in Kinderhäusern unter. 4700 Kinder gelangten in mehreren Transporten in die sowjetische Besatzungszone.

Tausende Kinder gingen illegal in die baltischen Sowjetrepubliken, um dort zu betteln oder für Essen zu arbeiten. Laut Sowjetpropaganda waren die Deutschen Staatsfeinde. Trotzdem nahmen viele Familien in Litauen deutsche Kinder auf und gaben sie zu ihrem Schutz als Verwandte aus. Viele Wolfskinder dienten als billige Arbeitskräfte auf Bauernhöfen, konnten nicht mehr zur Schule gehen und verlernten ihre Muttersprache. 1951 konnten rund 3000 Wolfskinder aus Litauen in die DDR ausreisen.

Die Versorgung der Waisen in Deutschland war sehr schwierig, weil viele Heime durch Bombenangriffe zerstört waren. Es gab kaum Heizmaterial und die Kost war wegen der Lebensmittelknappheit karg. Zahlreiche Kinder wurden von ihren verschollenen Müttern mithilfe des Suchdienstes wiedergefunden oder ihre vermissten Väter kamen aus der Gefangenschaft zurück. Aber vielen tausend Kindern hatte der Krieg alles genommen: ihre Familie, ihre Heimat und einigen auch ihre Identität.

Kartei des Kindersuchdienstes | 1957

Ursula Heller   Als Wolfskind in Polen

Ursula Heller sieht gern Katastrophenfilme im Fernsehen. Die findet sie so beruhigend. Denn in völlig ausweglosser Lage erscheint ein starker Held und rettet unter Einsatz des eigenen Lebens die vom Tode Bedrohten. Ihre eigene Kindheit entspricht einem Katastrophenfilm. Nur dass kein strahlender Held kam, um ihr zu helfen. Sie musste selbst im Alter von zwölf Jahren zur Heldin werden, um sich und ihre beiden kleinen Geschwister zu retten.

Die Tragödie ihrer Kindheit begann 1944 im ostpreußischen Insterburg. Ursula Heller war die Älteste von vier Geschwistern. Ihr Bruder Horst starb im Sommer an Diphtherie. Am Tag seiner Beerdigung kam die Mutter mit Wehen ins Krankenhaus und Ursula musste allein ihren Bruder beerdigen. Der neugeborene Junge starb beim schweren Bombenangriff auf Insterburg im Juli 1944. »Er ist im Luftschutzkeller erstickt. Da hatte meine Mutter nur noch uns drei: mich, meine

Schwester Ruth, acht Jahre alt, und Klaus, der war sechs. Für mich ist das Sterben meiner Brüder ein Vorspiel gewesen für all das, was später Grausames auf mich zukam.«

Die Familie wurde im Spätsommer aus Ostpreußen evakuiert und gelangte nach Riesenburg in Westpreußen, wo die Großmutter von Ursula Heller noch lebte. »Damals war alles noch organisiert. Wir konnten Gepäck mitnehmen. In Riesenburg haben wir noch Weihnachten gefeiert. Aber am 19. Januar waren die Russen bereits im Nachbarort. Wir mussten fliehen.«

Flucht nach Pommern

Mit den Kindern und etwas Handgepäck rannte die Mutter zum Bahnhof. »Es kam ein Personenzug, der war so voll, selbst zwischen den Puffern standen sie. Verwundete Soldaten haben uns durchs Fenster hineingezogen, denn an den Türen hingen Trauben von Menschen.«

Ursula Heller auf dem Arm ihrer Mutter

Die Fahrt ging bis Dirschau südlich von Danzig. Nach wenigen Wochen führte sie die nächste Etappe der Flucht bis Köslin in Pommern. »Da wurden wir wieder ausgeladen, weil es hieß: ›Der Russe kommt nicht, der wird die Weichsel nicht überschreiten, dafür sorgt Hitler.‹ Wie sie uns mit Gehirnwäsche bearbeitet haben, das ist nicht zu fassen.«

Nach zwei Wochen war die Front bedrohlich nahe gerückt und die Familie floh in einem Güterzug. »Wir mussten stehen, aber umfallen konnten wir nicht, so voll waren die Waggons. Am schlimmsten aber war die Toilettenfrage. Man kam ja nicht raus. Das war ein Gestank, Weinen und Schreien.«

Sie fuhren zunächst Richtung Süden. Da war aber schon Kampfgebiet und der Zug wurde beschossen. Deshalb wich der Lokführer nach Norden aus. Kurz vor Kolberg endete im März ihre Fahrt auf freier Strecke.

Der Verlust der Mutter

Der Zug konnte nicht mehr in die Stadt fahren, denn der Bahnhof war verstopft mit Zügen. Tag und Nacht mussten die Flüchtlinge in den Waggons

Ursula, Ruth und Klaus (v.l.) mit ihrer Mutter. Rechts der 1944 verstorbene Bruder Horst

ausharren. Der Schnee lag hoch, es war eiskalt. »Es gab keinen Platz, um sich hinzulegen. Wir haben im Sitzen geschlafen und uns gegenseitig gewärmt. In unserem Waggon gab es sogar noch eine Entbindung.« Der mitgenommene Proviant war bald aufgegessen. In den ersten Tagen konnten die Flüchtlinge noch Lebensmittel in einem nahe gelegenen Dorf erhalten.

Die Festung Kolberg

Die Stadt an der Ostseeküste hielt der Belagerung durch napoleonische Truppen Anfang des 19. Jahrhunderts stand. Von diesem Ereignis drehte der Regisseur Veit Harlan einen Propagandafilm, der am 30. Januar 1945 Premiere hatte. Er sollte den Durchhaltewillen der Deutschen in ihren belagerten, zerstörten Städten stärken.

»Aber nach acht Tagen bekamen wir dort nichts mehr. Bis dahin hatten wir uns nicht getraut, weiter weg vom Zug zu gehen, er hätte ja plötzlich weiterfahren können. Aber jetzt war der Hunger so groß, dass einige Frauen beschlossen, an den Bahngleisen entlang nach Kolberg zu gehen. Denn es gab das Gerücht, dass ein Bäcker dort seine Mehlvorräte verbuk, bevor die Russen kamen. Also ist auch meine Mutter losgegangen. Wir drei Kinder blieben im Zug.«

Die Russen stürmen den Zug

»Mutti ist weg. Es ist alles ruhig, still und schön. Da gehe ich raus in den Schnee. Plötzlich sehe ich gebückte dunkle Gestalten laufen. Sie sind zu weit weg, um sie zu erkennen. Erst denke ich, es sind Leute aus dem Dorf, aber es sind russische Soldaten. Die graben Löcher, um die Stalinorgeln aufzustellen. Sie bilden die vorderste Front für Kolberg. Für einen Moment ist alles noch so still. Aber dann nehmen die Russen unseren Zug ein. Sie reißen die Türen auf, brüllen russische Worte, nehmen sich die Frauen, greifen nach den Uhren. Dann heißt es, wir müssen aussteigen, der Zug wird jetzt gesprengt. Ich nehme aus unserem Koffer für jeden von uns ein Paar Ersatzschuhe und stopfe sie den Geschwistern in die Manteltaschen. Dann nehme ich noch ein Messer mit und springe hinaus. Es gibt ein furchtbares Geschrei. Denn die wenigen Männer im Zug, alle sind schon alt, werden totgeschlagen, die Frauen vergewaltigt. Wenn eine Frau ein junges Mädchen beschützen will, bekommt sie die Koppel drüber. Da ist so viel Blut in dem weißen Schnee.«

Verwundet zwischen den Fronten

Die Überlebenden wurden in den nahen Wald getrieben. Ursula folgte mit ihren Geschwistern so langsam wie möglich. Denn sie wartete auf ihre Mutter. »Mir war klar, dass wir im Wald erschossen werden. Ich hoffte, dass Mutti bald käme und uns einholt, dann müssten wir Kinder nicht alleine sterben, sondern gingen alle zusammen mit ihr in den Tod.«

Die Kinder bildeten das Ende der Kolonne. Sie kamen an einem Bauernhof vorbei. Ursula ging mit ihren Geschwistern hinein. »Ich habe der Bäuerin, einer jungen Polin, erzählt, dass wir auf unsere Mutter warten. Da hat sie mir ein gezuckertes rohes Ei geschenkt.

Dann begann der Angriff auf Kolberg. Wir waren zwischen den Fronten. Die Kugeln flogen uns von beiden Seiten um die Ohren. Die Mutter mit dem im Zug geborenen Baby flüchtete in ein Nebengebäude. Diese Scheune bekam einen Volltreffer und die Frau ist mit ihrem Kind elendiglich umgekommen. Dann krachte auch der Bauernhof zusammen. Ich wurde verletzt und hatte eine große, tiefe Fleischwunde am Bein. Meine Geschwister krochen aus irgendwelchen Ecken hervor. Sie waren blutig, völlig verschrammt. Ich habe sie an der Hand genommen und bin den anderen hinterher in den Wald gerannt.

Wenn man im Wald mal ein bisschen Himmel sah, war er feuerrot. Die Leute haben gesagt, so muss es in der Hölle sein. Wir mussten dicht an den Stalinorgeln vorbei. Sie waren so laut, dass ich das Gehör verlor. Das kam erst nach ein paar Tagen wieder.«

Ursula Heller in Insterburg

Das neue Zuhause: eine Zimmerecke

Die Kinder wurden von den russischen Soldaten bis ins nächste Dorf getrieben. In einem Bauernhof wurde ihnen ein Strohlager in einer Zimmerecke zugewiesen. Hier lebten sie anderthalb Jahre lang. In dieser Notsituation war sich jeder selbst der Nächste.

»Da merkte ich, wie grausam Erwachsene sein können. Wir waren wehrlose Kinder und sie haben uns das Wenige, was wir hatten, weggenommen. Wenn ich mal etwas Essbares aufgetrieben und an die Geschwister verteilt habe, haben sie es uns aus den Händen gerissen. Ich habe dann die Sachen versteckt oder draußen vergraben, damit sie vor ihnen sicher waren.«

Die Kinder wurden immer wieder Zeugen brutaler Vergewaltigungen. »Die russischen Soldaten kamen meist in der Nacht und haben die Frauen grausam vor unseren Augen vergewaltigt. Auf uns Kinder haben sie keine Rücksicht genommen. Mir selbst ist nichts passiert, denn ich war klein und zierlich und hatte noch keine Brüste. Aber die jungen Mädchen, die körperlich weiter entwickelt waren als ich, wurden nicht verschont. Eines Nachts klopften versprengte deutsche Soldaten an die Tür und bettelten um Unterkunft und Essen. Da haben die Frauen geschrien: ›Haut ab, ihr habt uns das eingebrockt!‹ und haben nicht aufgemacht.

Dann hieß es eines Tages: ›Woina kaputt, Krieg kaputt.‹ Die Erwachsenen haben nicht geglaubt, dass der Krieg zu Ende war. Sie haben gedacht, die Soldaten kommen noch, befreien uns und wir können nach Hause. Die Erwachsenen haben mal wieder dummes Zeug geredet.

Nach dem Krieg haben wir gehört, was KZs waren, was die deutschen Soldaten in Russland angerichtet haben. Das haben uns die Russen erzählt, die Deutsch konnten. Wir sollten uns nicht wundern über das, was uns jetzt geschähe, hieß es immer, denn wir hätten das mit ihnen auch gemacht.«

Stalinorgel

Die Rote Armee setzte Mehrfach-Raketenwerfer ein, die in schneller Folge Geschosse abfeuern konnten. Da die Raketen angeordnet waren wie Orgelpfeifen, nannten die Deutschen sie Stalinorgeln, nach dem sowjetischen Staatschef und Oberbefehlshaber Josef Stalin.

Als Wolfskind in Polen

Am Anfang gab die Bäuerin den Kindern gelegentlich etwas zu essen, aber bald hatte sie selbst nichts mehr. Sie suchten in den verlassenen Häusern abseits des Dorfes nach Lebensmitteln.

»Die Leute hatten Angst, denn es ging ihnen schlecht, wenn Russen kamen. Auch ich musste ständig hellhörig sein und aufpassen. Jeden Tag musste ich überlegen und entscheiden: Wo können

> »Ich hatte in der ersten Zeit immer wieder Todesangst. Aber irgendwann ist man todesbereit und denkt bei einer neuen Gefahr nur noch: Gut, jetzt ist es eben so weit. Jetzt muss ich sterben.«

URSULA HELLER | 6. OKTOBER 2011

wir nach Essbarem suchen? Wo ist Gefahr, wo ist es sicher? Wann müssen wir umkehren, um zu Hause zu sein, bevor es dunkel wird? Wir lebten nur für den einen Tag. Was am nächsten Tag sein würde, wussten wir nie.«

Die Kinder waren die einzigen Waisen im Dorf, aber in den Wäldern trieben sich Jungenbanden herum. »Vor denen haben wir uns versteckt. Denn die waren grober und größer als ich, und manche auch böse. Wir hatten Angst, dass sie uns schlagen oder etwas wegnehmen.«

Ursula und ihre Geschwister waren den ganzen Tag draußen, um Essbares zu suchen oder zu erbetteln. Denn sie hatten niemanden, der ihnen etwas zustecke. »Ich war ein Wolfskind, auch wenn wir in Pommern und nicht in Litauen waren. Mir sind dabei Kräfte gewachsen. Der tierische Instinkt ist in mir zum Vorschein gekommen. Denn ich musste mit allem zurechtkommen, mit dem Wetter, mit Tieren, mit Pflanzen, mit den anderen Menschen. Dabei war ich erst zwölf Jahre alt, klein und mickrig. Die Kleinen musste ich zusammenhalten, denn ich hatte ja die Verantwortung für sie. Ich war ihre Ersatzmutter und habe sie immer getröstet. Diese Erwachsenenrolle musste ich für sie durchstehen. Um zu überleben, musste ich manchmal auch streng sein: ›Ihr müsst machen, was ich sage. Wenn ihr das nicht macht, laufe ich euch weg.‹ Das habe ich oft angedroht. Aber ich habe deshalb kein schlechtes Gewissen. Was sollte ich machen? Irgendeine Erziehungsmaßnahme musste ich haben, damit es klappt, sonst wären wir zugrunde gegangen. Ich habe sie gerettet und sie haben mich

gerettet. Denn ich denke oft, wenn ich nicht die Verantwortung für meine Geschwister gehabt hätte, hätte ich es nicht geschafft. Ich hätte mich aufgegeben. Es war einfach zu viel.«

Wundbrand, Typhus und Läuse

Für Ursulas schwere Verletzung am Bein gab es weder Salbe noch einen Verband. Frauen rieten ihr, Breitwegerich darauf zu legen, um den Wundbrand zu heilen. Im Frühjahr und Sommer pflückte sie die Blätter, die am Wegesrand wuchsen, und legte sie auf die Wunde. »Ich hätte das Bein verlieren können, wenn das tiefer gegangen wäre. Mit Breitwegerich habe ich mein Bein gerettet.«

Wegen der schlechten hygienischen Bedingungen brachen Epidemien aus. »Wir hatten Typhus und Ruhr abwechselnd. Einmal hatte ich ein Sterbeerlebnis: Ich war ohnmächtig oder im Koma. Die Erwachsenen dachten, ich sei tot. Sie hätten mich fast lebendig begraben. Ich schwebte über mir, kriegte alles mit, konnte aber nichts machen. Mit letzter Kraft bin ich zurück ins Leben gekommen. Denn ich wusste: Du kannst nicht sterben, sonst sind die Kleinen auch bald tot. Die Erwachsenen hätten sie aus dem Haus gejagt, um unsere schöne Ecke für sich zu haben.«

Der kleine Bruder erkrankte schwer an Typhus und kam in ein Haus mit anderen Kranken. »Sie haben sie dort nicht behandelt. Die sollten sterben. Aber ich habe gedacht: Mein Bruder stirbt nicht!« Deshalb brachte sie ihm Essen, so oft sie konnte. Eines Tages bekam sie eine Wurst. Sie teilte sie durch drei und ging zu ihrem Bruder.

»Wir durften ja keine Berührung haben, weil er in Quarantäne war. Aber wir mussten ihm das Stück Wurst direkt in die Hand geben, sonst hätten es ihm andere weggenommen. Deshalb haben wir gerufen: ›Klaus soll ans Fenster kommen.‹ Er beißt rein und sagt: ›Das sind aber viele Würmer!‹ ›Ja‹, sage ich, ›die schmecken gut.‹ Ich hatte schon gesehen, dass die Wurst voller Maden war, aber ich hatte gedacht: Er ist so klein, er merkt das nicht. Aber er hat es gemerkt. Gegessen hat er die Wurst trotzdem.«

Jeden Tag lausten die Kinder sich stundenlang gegenseitig und knackten Nissen. »Trotzdem waren wir völlig verlaust, denn wir haben uns immer wieder frisch angesteckt.«

»Brennnesseln verdanke ich mein Überleben«
Ursula Heller wusste mit ihren zwölf Jahren nicht, welche Pflanzen essbar sind. Als im Frühjahr die Brennnesseln wuchsen, sah sie, dass die Frauen sie pflückten. »Wir haben hauptsächlich von Brennnesseln gelebt. So hatten wir wenigstens etwas im Magen.«

Die Kinder ernährten sich außerdem von Löwenzahn und im Sommer und Herbst von Früchten. Sie gingen auf die Felder und Wiesen und sammelten, was sie finden konnten. Gelegentlich sahen sie ein Huhn. »Wir haben den Hühnern die Eier unterm Hintern weggeholt. Ein Ei haben wir uns zu dritt geteilt. Wir haben es aufgeklopft und dann roh gegessen.«

Eines Tages fanden sie einen Pflaumenbaum voller reifer Früchte. Sie nahmen so viele Pflaumen mit, wie sie tragen konnten.

»Wir hatten viel zu viel, um es auf einmal zu essen, denn ich habe von unserem Essen immer nur ein bisschen zugeteilt, damit wir noch etwas für die nächsten Tage hatten. Deshalb bin ich zur Bäuerin gegangen und habe um Gläser gebeten. Sie hat mir gesagt, ich solle heißes Wasser drübergießen. Ich wusste doch nicht, wie man Obst haltbar macht. Ich war ja nicht auf dem Land groß geworden. Un-

Flüchtlingsjunge | 1945

ser Vorrat an Pflaumen ist schlecht geworden, sie haben gegärt. Da habe ich so geweint. Geblieben ist mir aus dieser Zeit eine große Dankbarkeit allem Essbaren gegenüber. Jedes Jahr im Frühling pflücke ich Brennnesseln und esse sie. Ich verehre diese Pflanze wie eine Reliquie, denn ich verdanke ihr mein Überleben.«

Schuhe aus Bindfaden
Die Schuhe der drei Kinder waren völlig zerschlissen und fielen auseinander. Da fand Ursula eine Rolle Bindfaden. Handarbeiten hatte sie in der Schule gelernt. Sie bat die Bäuerin um eine Häkelnadel, und dann häkelte sie aus dem dünnen weißen Faden Puschen für sich und ihre Geschwister. Als Sohlen diente ihr Sackleinen, das sie mit der

Häkelnadel befestigte. »So war das eben damals. Mir hat ja niemand geholfen. Ich musste immer etwas austüfteln, Fantasie haben, wie ich was benutzen und verwenden kann. Das war meine größte Leistung. Und dann musste ich aufpassen, dass die Erwachsenen mir das nicht wieder wegnahmen, was ich gebastelt oder irgendwo gefunden hatte.

2003 habe ich im Jüdischen Museum in Riga solche Puschen gesehen. Genau solche Puschen, wie ich sie damals gehäkelt habe. Da bin ich zusammengebrochen. Ich stand vor dieser Vitrine und habe so geweint, dass ich keine Luft mehr bekam. Ich habe geschluckt und geschluckt und um Atem gerungen. Meine Mitreisenden haben nicht verstanden, was plötzlich mit mir los war.«

Die Feinde haben geholfen
In den ersten Monaten war Pommern von russischen Truppen besetzt, danach folgte polnisches Militär. Die Russen verteilten keine Lebensmittel, aber wenn ein Soldat die Kinder traf, gab er ihnen etwas von seiner Ration ab.

»Die kannten uns ja und wussten vielleicht, dass wir Waisen waren. Die Russen sind kinderlieb, sie hatten uns gern. Deshalb haben sie uns etwas aus ihrem Beutel abgegeben. Es waren die schönsten Erlebnisse in der ganzen Zeit, wenn uns die russischen Soldaten etwas zu essen geschenkt haben. Und wenn sie Musik gemacht haben, war das für mich eine große Freude. Sie haben so schön gesungen. Bis heute liebe ich die russischen Lieder. Ich habe keinen Russenhass. Später kamen die Polen. Die haben uns Kindern auch nichts getan. Sie haben uns ebenfalls gelegentlich geholfen, uns eine Portion Essen gegeben, was sie gerade so hatten, eine dicke Scheibe Brot zum Beispiel. Die haben wir drei Geschwister dann geteilt. Es war nie viel, was sie gaben, denn sie hatten ja selbst nichts. Mit den deutschen Erwachsenen war dagegen nicht zu rechnen. Jeder wollte überleben. Da war denen alles egal. Geholfen haben mir nur die ehemaligen Feinde.«

Der einzige Freund
Als die Polen Pommern in Besitz nahmen, musste Ursula Heller für die Soldaten arbeiten. Ihre Aufgabe war es, die Pferde des polnischen Regiments zu hüten. »Der Leithengst kam immer zu mir. Er senkte den Kopf. Dann stand ich auf, habe ihn umarmt, mich an seinem Hals gewärmt und mit ihm gesprochen, ihm alles, was mich bedrückte, was passiert war, erzählt. Auf dem Pferd reiten, das Pferd lieb haben, das war für mich ein großes Glück. Denn es war immer bei mir. Da entstand in mir dieses Gefühl der Rettung, des Aufgehobenseins, der Wärme. Das Tier war alles für mich.«

Vertreibung aus Polen
Im Spätsommer 1946 arbeitete Ursula auf dem Feld. Da kam eines Tages die kleine Schwester angerannt und schrie: »Die Leute werden zum Bahnhof gebracht, die werden alle weggeschafft.« Ursula rannte zu ihrem Haus. Die Deutschen mussten auf einen Leiterwagen klettern. Der polnische Bürgermeister des Dorfes befahl den Kindern: »Ihr bleibt hier!«

Aber Ursula wollte nicht als einzige Deutsche mit ihren Geschwistern zurückbleiben. Also flüsterte sie ihnen zu: »Wir gehen mit. Ihr müsst euch verstecken. Geht ganz vorn auf den Wagen und kriecht unter die Beine der Leute. Dann sieht euch der Bürgermeister nicht.« Dann versteckte auch sie sich auf dem Wagen. So kamen sie zum Bahnhof.

»Wir wussten nicht, wo es hinging. Niemand hat uns etwas gesagt. Es hätte auch Sibirien sein können.« Die Fahrt im offenen Viehwaggon ging aber Richtung Westen. Im Zug befanden sich nicht nur ehemalige Flüchtlinge aus Ostpreußen, sondern auch Pommern, die vertrieben wurden. In Stettin hielt der Zug an.

»Wir halten auf einem Abstellgleis. Dann kommen Polen, die machen gar nicht erst die Türen auf, sondern klettern gleich oben drüber. Die reißen den Leuten das Gepäck unterm Po weg. Vor allem den Pommern, die ja noch ihre Habseligkeiten dabeihaben. Das ist für mich der nächste Schock. Oh mein Gott, hört das nie mehr auf? Alle schreien, sind fix und fertig. Ich kann das nicht mehr hören. Es ist so grausam.«

Stumm im Waisenhaus

Die Geschwister erreichten Pankow im sowjetischen Sektor von Berlin. »Wir wurden registriert und dann in ein Waisenhaus nach Criwitz in Mecklenburg gebracht. Sie haben aufgeschrieben, meine Mutter sei tot. Dabei habe ich gesagt: ›abhandengekommen‹. Nun kann ich die Verantwortung für meine Geschwister abgeben. Ich bin nicht mehr zuständig. Ich will nichts mehr sehen, nichts mehr hören. Ich mache nichts mehr. Ich kann nicht mehr. Und dann bin ich verstummt. Ich habe einfach nicht mehr gesprochen. Ich weiß nicht, was mit mir

war. Wahrscheinlich ist es so: Bei großer Belastung verliert man seine Sprache.«

Die Heimleiterin, Tante Anni genannt, hatte Angst um das stumme Mädchen und kümmerte sich deshalb besonders intensiv um sie. Der Arzt hatte festgestellt, dass sie durch das lange Hungern nicht gewachsen war. Ursula war zu klein und zu schwach, um in die Schule zu gehen. »Außerdem sprach ich ja nicht, was sollte ich da in der Schule?« Aber Tante Anni versuchte alles, um Ursula zu helfen. Sie schickte sie in den Kirchenchor. »Gesprochen habe ich nicht, aber gesungen. Da fing ich bei der schönen Musik an zu weinen. Ich sang und weinte, ganze Bäche.«

In einem unterschieden sich die drei aber von den anderen Kindern im Waisenhaus: Sie hatten als einzige Haare auf dem Kopf. »Alle wurden kahl

Flüchtlinge warten im brennenden Hafen von Kolberg | Februar / März 1945

geschoren, weil sie verlaust waren. Nur wir durften unsere Bubiköpfe behalten, denn wir hatten kaum Läuse. Dafür hatten wir hart gearbeitet und das wurde jetzt belohnt.«

Im Waisenhaus brach Flecktyphus aus. Die Geschwister hatten bereits Typhus gehabt und waren dadurch vermutlich immun gegen die Krankheit. Als einige Heimkinder starben, war Ursula verzweifelt: »Da wollte ich nicht mehr leben. Ich habe gedacht, es lohnt sich nicht, es hat keinen Zweck mehr. Wenn das so weitergeht, was soll es noch alles geben? Die Welt ist aus den Fugen.«

Der Vater findet seine Kinder

»Dann fanden wir eines Tages meinen Vater wieder.« Denn eine Küchenhilfe aus dem Waisenhaus floh im Frühjahr 1947 über die Grenze nach Holstein in die englische Zone und gelangte in das Durchgangslager in Bad Segeberg. Dort war auch der Vater seit seiner Entlassung aus der englischen

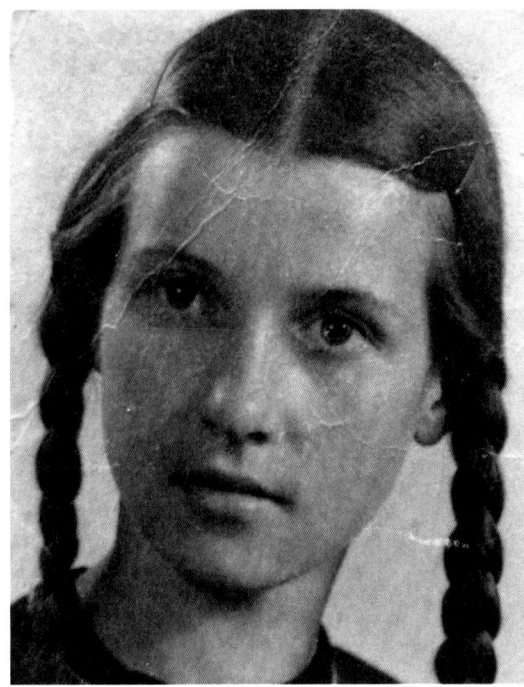

Ursula Heller bei ihrer Konfirmation

Kriegsgefangenschaft. Im Lager hatte er Zettel aufgehängt: *Ich suche meine Frau und meine Kinder.* Die Küchenhilfe sah die Zettel und meldete sich bei ihm: »Ihre Kinder sind im Heim. Von der Mutter wissen sie nichts.«

Der Vater schickte sofort Geld und Papiere nach Criwitz. Nach acht Monaten konnten die Geschwister das Waisenhaus endlich verlassen. Sie sollten über Friedland ausreisen. Aber in Ilsenburg im Harz wurden sie von den Sowjets zwei Wochen lang festgehalten. »Die Papiere stimmten angeblich nicht mehr. Wir mussten warten, bis mein Vater neue Papiere und Geld schickte. Dann erst kamen wir nach Friedland. Dort wurden wir entlaust, bekamen Fahrkarten und wurden in den Zug nach Bad Segeberg gesetzt.

Wir kommen im Lager an und sagen, wer wir sind. ›Ach, euer Vater hat uns alles erzählt und eure Mutter ist auch schon da.‹ Denn in der Zeit, als wir in Ilsenburg festgehalten wurden, ist meine Mutter von Russen in Lübeck an der Grenze abgegeben worden und war ebenfalls ins Lager Bad Segeberg gekommen.«

Das Schicksal der Mutter

»Meine Mutter war in Kolberg, als die Russen kamen. Sie hat Entsetzliches durchgemacht. Erst waren ihre beiden Söhne gestorben, dann hat sie uns verloren. Da waren fünf Kinder weg. Nach der Eroberung von Kolberg wurde sie sehr oft und grausam vergewaltigt. Sie wollte nicht mehr leben und hat versucht, Selbstmord zu begehen. Aber weibliche russische Offiziere haben sie gefunden und gerettet. Die konnten etwas Deutsch. Sie tat ihnen leid, weil sie all ihre Kinder verloren hatte, da haben sie sie als Haushälterin zu sich genommen. Die Frauen arbeiteten in einer sogenannten fahrenden Kommandantur. Meine Mutter hat für sie gekocht, gebügelt und geputzt. Sie hat alles sehr gut gemacht, die Uniformen blitzten und blinkten. Meine Mutter hat es gut gehabt bei den Russinnen. Sie haben sie gehegt und gepflegt. Die Frauen haben sie zur Sauna oder zum Friseur mitgenommen. Weil sie so gut gearbeitet hat, haben sie sie aus Dankbarkeit an die Grenze gebracht und sie auch noch ausstaffiert. Zwei aus Sperrholz gebastelte Koffer haben sie vollgepackt, sogar Bettzeug haben sie hineingestopft. Das war damals viel wert. Sie haben ihr alles an die Grenze getragen. Sie hatte keine Papiere, deshalb kam sie ins Lager nach Bad Segeberg, um registriert zu werden, und traf dort auf meinen Vater.«

Wiedersehen mit den Eltern

Die Kinder wurden nach ihrer Ankunft in Bad Segeberg gleich zu den Eltern gebracht. Die standen in der Tür und warteten auf sie.

»Mein Vater ist im Hintergrund. Ich sehe nur meine Mutter. Sie steht in der Tür und sagt nur: ›Na, dann kommt mal rein.‹ Weiter nichts. Da habe ich gedacht: Hast du etwas falsch gemacht? Hätten wir lieber sterben sollen? Da ging es mir noch einmal richtig schlecht und ich wollte nicht mehr leben.

Meine Mutter hatte Traumata, die man sich nicht vorstellen kann. Sie hat uns in den folgenden Jahren betreut, aber sie war nicht mütterlich. Sie war kaputt. Ich habe sie damals nicht verstanden. Ich habe sie aber nicht gehasst, dafür war ich selbst viel zu schwach und erledigt.

Als wir ankamen, war ich 14 Jahre alt und wog 27 Kilo. Deshalb kam ich im Sommer zur Erholung in ein Sanatorium an der Ostsee. Ich war so mickrig, da hat der Arzt gesagt: ›Die geht uns jetzt noch ein.‹ Aber die Heimleiterin hat mich lieb gehabt. Ich war ihr Küken und musste so viel essen, wie ich konnte. So hat sie mich hochgepäppelt.«

Der schwere Neubeginn

Bald waren sie wieder vier Geschwister, denn im Dezember 1947 wurde eine kleine Schwester geboren. Die Nachkriegszeit war sehr schwer für die Familie. Sie waren bitterarm. Der Vater fand keine Arbeit. »Ich bekam eine Erziehungsbeihilfe, damit ich zur Schule gehen konnte. Damit haben meine Eltern die Miete für unsere winzige Wohnung bezahlt. Sonst wären wir wieder in einer Baracke gelandet.«

Die Flüchtlinge hatten noch ein anderes großes Problem: Sie waren bei der einheimischen Bevölkerung nicht willkommen. »Es war schrecklich. Sie haben uns gemieden. Sie wussten nicht, was wir hinter uns hatten, und schrien uns nach: ›Ihr verdammten Polacken, was wollt ihr hier? Geht doch nach Hause!‹«

Obwohl Ursula zwei Jahre lang nicht zur Schule gegangen war, war sie eine gute Schülerin. Trotzdem musste sie nach der Mittleren Reife abgehen, um einen Beruf zu ergreifen und Geld für die Familie zu verdienen, denn der Vater war immer noch ohne Arbeit.

»Es war ein Heer von Arbeitslosen. 1954 gab es eine Umsiedlungsaktion, denn Schleswig-Holstein war übervölkert von Flüchtlingen. Da hat meine Mutter gesagt: Damit mein Vater Arbeit in der Fabrik kriegt, ziehen sie nach Nordrhein-Westfalen. Ich bin alleine in Bad Segeberg geblieben. Ich war ja schon 21. Außerdem steckte ich gerade in den Prüfungen und wollte meine Lehre unbedingt beenden, denn woanders hätte ich wieder von vorn anfangen müssen. Dadurch wurde unsere Familie wieder auseinandergerissen. Es waren eben schlechte Zeiten.«

1938 Geburt in Hannover
1958 Abitur
1958–1960 Banklehre
1960–1963 Jurastudium
1967 Zweites Staatsexamen
1967–1976 Bankangestellter
1977–2002 Bankvorstand

Klaus Roitsch   Waise in Dresden

Der Vater von Klaus Roitsch tat alles, um seine Frau und die drei Kinder vor den Bomben und später vor der Roten Armee zu retten. Aber durch eine Verkettung unglücklicher Umstände geriet die Familie in das Inferno von Dresden. Innerhalb weniger Stunden versank die Stadt durch den Bombenangriff vom 13. Februar 1945 in Schutt und Asche. Rund 25 000 Menschen starben, darunter auch die Eltern und eine Schwester von Klaus Roitsch.

»Ich hatte mit meinen beiden älteren Schwestern eine sehr behütete Kindheit in Hannover. Vereinzelt hatte es dort schon Angriffe gegeben. Aber als die Bombenangriffe massiver wurden, zog meine Mutter mit uns drei Kindern 1943 zu unserer Großmutter nach Sachsen. In der sächsischen Kleinstadt waren wir sicherer als in Hannover. Mein Vater blieb zu Hause und pendelte. Er war aufgrund eines Herzfehlers vom Wehrdienst befreit.«

Die Fahrt nach Dresden

Im Frühjahr 1945 war die Rote Armee schon weit auf deutsches Territorium vorgerückt. Der Vater wollte deshalb seine Familie in Sicherheit bringen. Da er seiner Frau die Fahrt allein mit drei Kindern unter den schwierigen Bedingungen nicht zumuten wollte, fuhr er nach Sachsen, um sie abzuholen. Hannover war zwar stark zerstört, aber ihr Haus war nicht von Bomben getroffen worden.

Die Familie wollte in Dresden die Fahrt unterbrechen, im Stadtteil Blasewitz bei einem Verwandten übernachten und dann weiter nach Hannover fahren. In Blasewitz hatten die Urgroßeltern von Klaus Roitsch früher eine Kohlenhandlung. Seine Mutter verbrachte dort immer ihre Ferien und hatte im Nachbarsmädchen Hildegard ihre beste Freundin gefunden. Dorthin wollte Familie Roitsch. Sie verabschiedeten sich von der Großmutter und stiegen in den Bummelzug nach Dresden. Es war der 13. Februar 1945.

»Als wir in Dresden-Neustadt ankamen, stand dort ein Zug, der über Leipzig nach Hannover fahren sollte. Aber wir wollten noch zu Onkel Hans nach Blasewitz und sind nicht eingestiegen. Der Zug ist noch vor dem Angriff losgefahren. In ihm wären wir entkommen. Die Ironie des Schicksals ist, dass in Blasewitz nicht viel zerstört worden ist, aber genau das Haus meines Onkels von Bomben getroffen wurde.«

Als sie in Dresden-Neustadt waren, ertönte plötzlich Fliegeralarm. »Damals glaubte keiner, dass die Bomben für Dresden bestimmt waren. Dresden war ja bis dahin verschont geblieben und der Krieg fast zu Ende. Wir dachten, die Bomber fliegen nach Berlin, Breslau oder Frankfurt an der Oder. Meine Eltern entschieden deshalb, zum Hauptbahnhof weiterzufahren. Denn falls bei einem Angriff die Brücken zerstört würden, wären wir auf der richtigen Elbseite, um zu den Verwandten zu kommen.«

Ingrid, Klaus und Gisela (v.l.) mit ihrer Mutter | 1944

Mitten im Inferno

»Als wir abends Dresden-Hauptbahnhof erreichten, kam plötzlich der Hauptalarm. Wir mussten in den Bunker unterm Bahnhof. Wir sind durch das Hauptgebäude gegangen, einen Bahnsteig entlang und Treppen runter in einen Tunnel. Das muss ein Keller unter dem Hauptbahnhof gewesen sein. Dort saßen wir zusammengedrängt in einer Ecke mit unseren Rucksäcken und Koffern. Nach der ersten Angriffswelle ging mein Vater mit uns Kindern vor die Tür. Ich habe noch das Bild der brennenden Stadt vor Augen. Dann sind wir wieder rein, weil der nächste Angriff kam. Danach kann ich mich an nichts erinnern.

Ich bin erst am nächsten, vielleicht auch erst am übernächsten Morgen aufgewacht. Ich weiß nur, dass ich an einer Mauer lehnte und wahnsinnigen Durst hatte. Die Stadt brannte nicht mehr. Alles war grau und diesig, wahrscheinlich voller Rauch. Ich sah einen Stand des Roten Kreuzes auf einem großen Platz. Dort bin ich hin, um etwas zu trinken zu holen. Ich war sechs Jahre alt und allein.

Mein Vater ist später identifiziert worden. In der Sterbeurkunde wurde der Todestag auf den 13. Februar festgelegt, Todesstunde unbekannt. Seine Sterbeurkunde ist am 4. Januar 1946 ausgestellt worden. Es hat lange gedauert, bis die vielen Toten geborgen waren. Der Bunker wurde weder zerstört noch verschüttet. Die Menschen sind am Sauerstoffmangel gestorben, den der Feuersturm im Zentrum Dresdens verursacht hat. Meine Mutter und meine Schwester Gisela wurden erst 1947 offiziell für tot erklärt, bis dahin wurde abgewartet. Meine Mutter trug einen Ehering und hatte wahrscheinlich Papiere bei sich, aber bei der großen Menge der Toten konnten wohl nicht alle identifiziert werden.

Ich war sehr, sehr lange felsenfest davon überzeugt, dass meine Mutter sich irgendwann wieder melden würde. Dass sie vielleicht verschüttet worden war, sich irgendwo in einem Lager wiederfindet und sich daran erinnert, wer sie ist. Immer

Die Zerstörung von Dresden ist das Symbol für die Schrecken des Bombenkrieges. In vier Luftangriffen vom 13. bis zum 15. Februar 1945 entfachten alliierte Bomber einen Feuersturm. Die berühmte barocke Innenstadt versank ausgebrannt unter zwölf Millionen Kubikmetern Schutt. Die Zahl der Todesopfer war lange umstritten. Eine Historikerkommission kam 2010 zu dem Ergebnis, dass bis zu 25 000 Menschen starben. Die Überreste der Frauenkirche blieben als Mahnmal an die Zerstörung der Stadt stehen. Nach einem Aufruf 1990 wurde sie mit Spenden wiederaufgebaut und 2005 eingeweiht. Das Turmkreuz spendeten die Briten als Zeichen der Versöhnung.

Bereits seit 1959 sind Dresden und die englische Stadt Coventry europäische Partnerstädte. Denn Coventry hat ein ähnliches Schicksal. Die Stadt wurde 1940 bei einem deutschen Luftangriff zerstört und gilt in England als Symbol des deutschen Blitzkrieges. Auch dort bildet eine Kirche, die Ruinen der St. Michael's Kathedrale, das Mahnmal gegen den Krieg.

wenn Suchmeldungen kamen, habe ich gehorcht, ob meine Mutter erwähnt wurde. Diese Hoffnung schwand erst langsam im Laufe vieler Jahre.«

Die Ruinen von Dresden nach dem Bombenangriff | Februar 1945

Die älteste Schwester ist gerettet

Klaus wurde zusammen mit anderen Flüchtlingen aus der zerstörten Stadt gebracht. Er kam im Bahnhofshotel in Dippoldiswalde unter. Er wusste alle wichtigen Adressen auswendig, das hatte seine Mutter immer wieder mit ihm geübt. So konnte nun von dort eine Karte an die Großmutter geschickt werden: *Claus ohne Angehörige gesund bei mir. Preußler, Dippoldiswalde.*

»Ich erinnere, dass die Preußlers eine Wohnung im Bahnhofshotel hatten. Eine Woche später, als wieder Züge fuhren, hat mich ein Bekannter meiner Großmutter in Dippoldiswalde abgeholt. So kam ich wieder zu ihr.«

Einige Wochen später war auch seine älteste Schwester Ingrid wieder bei der Großmutter in Zittau. Sie war nach dem Ende der Bombenangriffe im Bunker zu sich gekommen, hatte Soldaten gesehen, die Menschen hinaustrugen, hatte rufen können und wurde ins Freie gebracht. Sie kam mit einem Evakuierungstransport nach Großcotta bei Pirna, wo sie eine Pastorenfamilie bei sich aufnahm. Dort machte sie die Großmutter ausfindig.

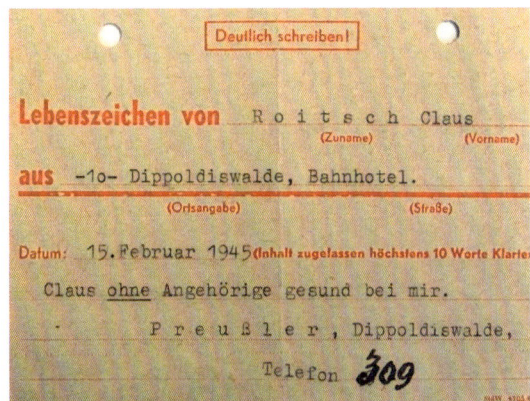
Karte mit der Überlebensnachricht an die Großmutter

»Über das, was passiert war, wurde mit uns Kindern nicht gesprochen. Wir mussten selbst sehen, wie wir damit durchkamen. Es war ja damals gang und gäbe, dass Leute verschwanden und tot waren, oder die Männer kamen aus dem Krieg nicht wieder. Das war täglich Brot. Ich denke, meine Großmutter handelte nach dem Motto: Lass Gras drüber wachsen, dann verkraftet er es am besten.«

Leben bei der Großmutter
Die Geschwister lebten zusammen mit der jüngsten Schwester ihrer Mutter und deren Tochter bei der Großmutter. Anfang Mai kam der Räumungsbefehl: Die Bewohner sollten Zittau verlassen, bevor die Rote Armee einmarschierte.

»Mein Großvater war Braumeister gewesen. So konnten wir einen Wagen und ein Gespann Brauereipferde organisieren. Damit sind wir bei Nacht und Nebel über die tschechische Grenze ins nahe Böhmen gezogen. Es gab in den folgenden Tagen ein paar unangenehme Tieffliegerangriffe, aber uns ist nichts passiert. Am 8. Mai, zum Kriegsende, wurden wir in einer Schule interniert. Sie wurde noch von Tieffliegern beschossen. Aber das Hauptproblem auf unserer zweiwöchigen Flucht war immer, irgendwo in den Dörfern etwas zu essen zu kriegen. Als die Vergewaltigungen durch die russischen Soldaten begannen, hat meine Tante mich möglichst immer mitgenommen. So war sie durch mich, einen kleinen Jungen, etwas geschützt. Gesprochen wurde über so etwas aber grundsätzlich nicht.«

Die Großmutter wollte mit ihrer Tochter und den Enkeln eigentlich in den Westen, aber sie kamen nicht mehr weiter. So zogen sie nach Pirna und kamen bei den Pfarrersleuten in Großcotta unter, bei denen Ingrid gewesen war.

»Wir dachten, dass die Elbe die Grenze wird und die Russen nicht weiter vorrücken. Denn die Amerikaner waren ja bis zur Elbe vorgestoßen. Dann wären wir in der amerikanischen Zone in Sicherheit. Aber die Amerikaner zogen ab. Dann kam jemand vorbei und sagte: ›Die Russen sind da, das Schlimmste ist vorbei. Ihr müsst zurückkommen, sonst ist die Wohnung weg, sie wird sofort belegt.‹ Also sind wir zu Fuß zurück nach Zittau gegangen.«

Ingrid und Klaus bekamen als Waisen einen Vormund, einen Kollegen ihres Vaters in Hannover. »Ich nehme an, er wurde Vormund, weil wir zuletzt in Hannover gemeldet waren, aber jetzt in der Sowjetzone lebten. Meine Großmutter war auch schon zu alt, um sich um all das zu kümmern.«

Der Vormund erstellte ein Verzeichnis des gesamten Wohnungsinventars in Hannover, da nichts im Krieg beschädigt worden war. Dann verlieh er Möbel an Ausgebombte, die nichts mehr besaßen.

»Er hat sich eine Wahnsinnsarbeit gemacht. Für alles gab es ordnungsgemäß Leihverträge, für jedes Bett, jede Bettdecke. Wir haben später alles zurückbekommen. Meine Schwester hat einen Teil der Möbel heute noch.«

Ingrid lebte bis 1948 in Zittau. Dann bekam sie Schwierigkeiten im Gymnasium, denn in der sowjetischen Besatzungszone wurden Kinder aus bürgerlichen Familien benachteiligt. Sie zog deshalb nach Hannover zu einer ehemaligen Schulfreundin, um dort Abitur zu machen.

»Ich kann seitdem kein Essen wegwerfen«

»Die Winter waren hart, und wir haben sehr gefroren. Das Schlafzimmer war nicht geheizt, da hatte man morgens Eiszapfen am Fenster. Einmal habe ich mit einem Nachbarjungen einen Güterzug mit Briketts entdeckt. Wir sind über den Zaun, haben die Briketts rübergeschmissen und in einen Sack gepackt. Der war danach so schwer, wir haben ihn nicht weggekriegt. Wir standen da und haben bitterlich geheult. Jetzt hatten wir so viel Kohle und konnten sie nicht tragen. Ich wollte damals Kohlenhändler werden, damit meine Großmutter immer etwas zum Feuern hat. Aber das Frieren war nicht so schlimm wie der Hunger. Wir haben aus Eicheln Kuchen gebacken und Kartoffelschalen gebraten. Vor dem Pfarrhaus in Großcotta kam einmal ein russischer Soldat vorbei, sah mich und schenkte mir ein Stück Fleisch. In meiner Erinnerung als Sechsjähriger war das riesig, eine ganze Keule. Aber so groß kann es nicht gewesen sein, denn ich konnte es wegtragen. Zum Geburtstag bekam ich immer vom Spalierobst am Haus meiner Großeltern eine Birne nur für mich. Das war der Inbegriff von Luxus. Ich kann seitdem kein Essen wegwerfen, vor allem kein Brot.«

Bei Onkel und Tante

1949 verließ Klaus Roitsch Sachsen, denn die Großmutter war gestorben. Die Wohnung wurde beschlagnahmt. Die Tante konnte mit ihrem Gehalt neben ihrer Tochter nicht noch ein zweites Kind ernähren. Die Waisenrente für Klaus ging auf ein Sperrkonto, denn sie wurde nicht in die Sowjetzone gezahlt. »Wir hatten bis dahin auch von der Rente meiner Großmutter leben können. Wichtiger als Geld waren aber ihre Essensmarken, die jetzt ebenfalls entfielen.«

Klaus Roitsch reiste am 25. Juni 1949 mit offizieller Genehmigung in den Westen nach Westfalen. Dort kam er in Lippstadt zum jüngeren Bruder seiner Mutter. Er und seine Frau waren nach dem frühen Tod ihrer Zwillinge kinderlos.

»Für mich waren das in meiner Erinnerung viel schlimmere Jahre als alles vorher. Denn meine Tante kam mit mir nicht zurecht. Ich war sicherlich nicht ganz einfach, mit zehn, elf Jahren fängt man an zu pubertieren. Mit meinem Onkel kam ich klar. Aber mit meiner Tante ging es nicht. Nach zwei Jahren schrieb mein Onkel meiner Schwester einen Brief: *Mit Deinem Bruder geht es gar nicht mehr. Kümmere Dich darum, dass er wegkommt, sonst geben wir ihn in ein Heim.*

Das war für mich das Schlimmste. Ich habe den Brief gesehen, ich habe doch einen Namen, aber er schrieb nur: *Dein Bruder.* Diese schreckliche Zeit hat mich später viel mehr belastet als alles, was vorher geschehen war.«

Eine Zwillingsschwester

Seine Schwester Ingrid war 18 Jahre alt und konnte nicht für ihren Bruder sorgen. In ihrer Not schrieb sie an Hildegard Wenzel, die Jugendfreundin ihrer Mutter aus Dresden-Blasewitz, die mit ihrer Familie in Hamburg lebte. Die Antwort an Klaus kam sofort: *Komm her!* Wenzels luden Klaus ein, die Sommerferien mit ihnen und ihren vier Kindern in Hamburg zu verbringen. Das Ehepaar diskutierte anschließend mit seinen Kindern, ob Klaus in die Familie aufgenommen werden sollte. »Kinder hatten damals nicht viel zu sagen. Allein die Tatsache, dass das Ehepaar mit seinen Kindern offen geredet hat, sie mitbestimmen ließ, zeigt, wie liberal und tolerant sie waren.« Der Familienrat entschied sich für ihn: Klaus ging nach den Ferien nicht wieder nach Lippstadt zurück.

»Ich hatte wieder eine echte Familie. Über Nacht bekam ich wieder Eltern und vier weitere Geschwister. Das sind die sogenannten unechten Geschwister, zu denen ich bis heute einen sehr guten Kontakt habe. Ich bin mit ihnen aufgewachsen und fühle mich ihnen eng verbunden. Mit Monika bekam ich sogar eine Zwillingsschwester, denn sie ist nur zwei Tage älter als ich. Wenzels waren so großzügig, sie hätten auch meine

Schwester aufgenommen, doch sie wollte nicht. Sie wäre schon zu alt und hätte andere Eltern gehabt. Aber Familienfeste und Weihnachten hat sie mit uns in Hamburg gefeiert.«

Behütet in einer neuen Familie

»So habe ich nach 1951 wieder eine sehr schöne Jugend gehabt, behütet und betreut in einer Familie. Eine Weile habe ich noch vermieden, die neuen Eltern anzureden, aber irgendwann war es für mich selbstverständlich, Mutti und Papi zu sagen. Sie haben sicherlich ein großes Opfer in jeder Hinsicht gebracht, als sie mich aufnahmen. Denn in den schweren Zeiten war es nicht leicht, ein zusätzliches Kind großzuziehen. Das war emotional für die Familie bestimmt belastend. Aber es war auch finanziell schwierig, denn meine Waisenrente wurde zwar an sie ausgezahlt, aber sie war nicht üppig und hat meine Kosten nicht annähernd gedeckt.«

Zu Ostern 1953 wurde er mit seiner Zwillingsschwester gemeinsam konfirmiert. Auf die Einladungskarte schrieben Wenzels: *Monika und Klaus Roitsch, genannt Wenzel.* »Auch auf der Dankeskarte für die Konfirmationsgeschenke stand: *Monika und Klaus.* Es wurde kein Unterschied gemacht. Ich gehörte völlig selbstverständlich zur Familie.

Ich bin in meinem Leben mit Familien beschenkt worden, hatte zweimal wunderbare Eltern. Wenzels haben mich in größter Not gerettet. Seitdem weiß ich, wie wichtig es ist, Freunde zu haben, denn auf sie kann man sich verlassen. Gute Freunde, wie es Hildegard Wenzel meiner Mutter war, helfen einem in der Not.«

Klaus Roitsch mit seinen »unechten« Geschwistern: Peter, Ursula, Klaus, Monika und Angelika (v.l.)

Ein Zuhause für Kriegswaisen: SOS-Kinderdorf

Das Elend der vielen Waisen nach dem Krieg war unvorstellbar. Schwer traumatisiert von den Schrecken des Krieges und dem Verlust der Eltern, unterernährt, in Lumpen, mehr schlecht als recht versorgt in Heimen, lebten sie in den zerstörten Städten. Hermann Gmeiner, einem jungen Medizinstudenten in Innsbruck, fielen diese Jammergestalten auf. »Ich habe eines Tages dieses Schicksal der Kinder nicht mehr ertragen und glaubte, es muss einen anderen Weg geben, diese Kinder wieder hereinzuholen in die Gesellschaft. Dieses Kind zu dem unsrigen zu machen. Dem Kind wieder eine Mutter zu geben, Geschwister zu geben, ein Daheim, dass dieses Kind wieder einen Alltag erleben darf wie jedes andere Kind in dieser Welt.«

Geborgenheit und Glück konnte ein Kind seiner Meinung nach am besten in einer Familie mit einer liebevollen Mutter erfahren. Es musste aber nicht unbedingt die leibliche Mutter sein. Diese Erfahrung hatte Hermann Gmeiner selbst gemacht. Seine Mutter starb, als er fünf Jahre alt war. Seine älteste Schwester Else übernahm mit 16 Jahren ihre Rolle und versorgte ihre acht jüngeren Geschwister. Die jüngeren Kinder hatten in Else eine feste Bezugsperson, die für sie da war und sich um sie sorgte. Die Familie war arm, das Leben auf dem Berghof in Österreich hart. Aber die Familie hielt zusammen.

Hermann Gmeiner mit Kindern im SOS-Kinderdorf

> »Ich wollte nichts anderes, als dem entwurzelten
> Kind jene Welt der Geborgenheit zu schenken,
> die es braucht, um gedeihen zu können.«
>
> HERMANN GMEINER

Was in seiner Familie gelungen war, musste seiner Meinung nach auch für die Waisenkinder in der Nachkriegszeit möglich sein. Für eine glückliche Kindheit brauchten sie eine Familie, in der sie mit einer Mutter und Geschwistern aufwachsen konnten. Aus dieser Idee Hermann Gmeiners sollte ein weltweites Sozialwerk für Kinder werden: *SOS-Kinderdorf.* Der Anfang war schwer. Niemand wollte dem mittellosen Studenten Geld geben für sein Vorhaben, für Waisen ein Zuhause in einer Ersatzfamilie zu schaffen. Aber Hermann Gmeiner war von seiner Idee überzeugt. Mit seinen Ersparnissen von 600 Schillingen druckte er Handzettel und rief 1949 die Bevölkerung zur Mithilfe auf. Wenn jeder nur einen Schilling spendete, käme genug zusammen, um seinen Traum zu verwirklichen: ein Dorf für Kinder.

Er hatte Erfolg. Die Gemeinde Imst in Tirol stellte ihm ein Grundstück für das geplante SOS-Kinderdorf zur Verfügung. Noch im selben Jahr begann der Bau des ersten Hauses, finanziert mit Spendengeldern. Hermann Gmeiner warb unermüdlich weiter um Spenden. Außerdem suchte er nach Müttern für die SOS-Kinderdorf-Familien. Sie sollten unverheiratet und kinderlos sein, sich ein Leben mit Kindern wünschen, Lebenserfahrung mitbringen und die Arbeit in einem Haushalt mit neun Kindern nicht scheuen. 1950 zogen die ersten Kinder in das *Haus Frieden.*

SOS-Kinderdorf-Mutter Maria Weber
mit ihren Kindern in Imst

Hermann Gmeiner war selbst Soldat gewesen. Er hatte erlebt, welche seelischen, moralischen und materiellen Zerstörungen der Zweite Weltkrieg verursacht hatte, wie viele Menschen gestorben waren. »Der Name sollte zum Ausdruck bringen, dass alle unsere Bemühungen um das im Stich gelassene, hilflose Kind letzten Endes auch als ein Beitrag zum Frieden in der Welt verstanden werden sollten.«

Ein Jahr später lebten bereits 45 Kinder in fünf Häusern in Imst. 1956 wurde in Dießen am Ammersee das erste SOS-Kinderdorf in Deutschland gegründet. Inzwischen gibt es SOS-Kinderdörfer auf allen Kontinenten. In jedem Land wachsen die Kinder entsprechend ihrer Kultur, Religion und Sitten auf. Sie leben in landesüblichen Häusern und tragen die landesübliche Kleidung. Denn SOS-Kinderdorf versteht sich nicht als europäischer Missionar. Hermann Gmeiner hatte nur eine Mission: verlassenen Kindern ein liebevolles Zuhause zu geben, damit sie zu glücklichen, selbstbewussten Menschen heranwachsen, die ihr Leben meistern.

Heute gibt es über 550 SOS-Kinderdörfer in 133 Ländern. Dazu kommen über 2000 angeschlossene Einrichtungen, wie Jugendhäuser, Berufs- und Ausbildungszentren und Krankenstationen. SOS-Kinderdorf hat seit seinem Bestehen weltweit über hunderttausend Kindern eine Familie gegeben.

1937	Geburt in Sentiwan (Serbien)
1944	Vertreibung
1944–1952	Aufenthalt in Waisenhäusern
1952	Ausreise nach Deutschland
1952–1961	Arbeiterin
1961–1977	Zimmermädchen
1977–1979	Hausdame
1980–2002	Angestellte

Katharina Wahl Im serbischen Waisenhaus

Die Donauschwaben

Ende des 17. Jahrhunderts vertrieb Österreich die Türken aus Ungarn. In den Gebieten an der mittleren Donau siedelten sich überwiegend Bewohner aus Südwestdeutschland an. Nach dem Ersten Weltkrieg und der Zerschlagung des Habsburgerreiches wurde ihr Gebiet aufgeteilt. Donauschwaben lebten nun in Ungarn, Rumänien und im neu gegründeten Jugoslawien.

Seit Jahrhunderten lebten Deutsche auf dem Balkan. 1941 eroberte die Wehrmacht Jugoslawien. Die SS errichtete auch dort ihr Terror-Regime. Nach dem Abzug der deutschen Truppen 1944 wurde die deutsche Bevölkerung interniert, enteignet und dann vertrieben; viele wurden ermordet.

Katharina Wahl stammt aus der Batschka, einem Teil der Provinz Woiwodina an der mittleren Donau. »Wir waren Donauschwaben. Meine Familie lebte dort seit dem 18. Jahrhundert. In unserem Dorf Sentiwan lebten nur Deutsche. Wir haben einen deutschen Dialekt gesprochen, Donau-

schwäbisch. Serbokroatisch konnten nur die Männer, die Geschäfte mit Serben gemacht haben. Frauen und Kinder haben die Sprache nicht gesprochen. Wir hatten keinen Kontakt mit Serben. Unser Leben war nur in unserem Dorf.«

Das bäuerliche Leben in Sentiwan

Katharinas Eltern besaßen im Dorf ein Haus und außerhalb einen Weingarten, Felder und Stallungen für Kühe und Pferde. »Die Eltern habe ich kaum gesehen, sie waren meist auf dem Feld und haben da auch oft übernachtet. Für meine kleine Schwester und mich hat die Oma gesorgt. Sie hat im Haushalt alles gemacht, Brot gebacken, die Tiere gefüttert. Wir hatten Kühe für die Milch, Schweine, Hühner und Gänse. Ich habe mich immer mit den Tieren beschäftigt, besonders mit den zwei Hunden. Ich war den ganzen Tag allein, denn ich hatte nur wenig Spielkameraden, und Spielzeug gab es bei uns auch kaum.«

Der Krieg trat in Katharinas Leben mit dem Beginn des Jugoslawienfeldzuges. Sie war vier Jahre alt. »Wir haben keine Kämpfe erlebt, aber als die Deutschen durch Jugoslawien kamen, haben sie die Männer eingezogen und mit nach Russland genommen. Meinen Vater auch. Drei Monate später war er vermisst.« Katharina sah ihren Vater nie wieder.

»Meine Haupterinnerung an diese Zeit ist meine Großmutter. Sie hat alles für uns gemacht. Sie hat nicht groß mit uns gespielt, aber wir hingen immer an ihr. Wir schliefen bei ihr im Bett. Einmal hat sie mich bestraft, weil ich nicht gleich aus der Schule kam. Da hat sie mich auf Mais knien lassen. Sie war streng, aber sie war immer da.«

Katharina Wahl (oben) mit ihren Eltern und ihrer Schwester in Sentiwan

Die Mutter verlässt ihre Kinder

»Im Herbst 1944 haben sich die deutschen Soldaten zurückgezogen. Einige Frauen sind mit ihnen geflüchtet, sie hatten Angst vor den Russen. Meine Mutter ist auch mit den Deutschen gegangen. Sie hat sich das wohl anders vorgestellt, hat gedacht, sie kann wiederkommen, wenn die Russen weg sind. Aber das war ein Irrtum. Stattdessen ist sie nach Deutschland gekommen. Wir Kinder wussten von nichts. Plötzlich war sie nicht mehr da. Es hat mich immer gewundert, dass sie uns nichts gesagt hat. Aber meine Oma ist bei uns Kindern geblieben. Ich war sechs Jahre alt und meine Schwester vier. Auch meine Tante blieb bei uns, denn sie war kränklich. Während die Russen im Dorf waren, hat sie sich versteckt. Wir hatten dann das Haus voller Russen. Sieben Tage lang. Aber die waren ganz vernünftig und freundlich. Der eine sprach ein bisschen Deutsch. Meine Oma hat für sie gekocht, sie haben ihr nichts getan. Solange die Russen bei uns waren, hatten wir Ruhe.

Das Schlimme begann, als die russischen Truppen abzogen. Denn dann kamen die jugoslawischen Partisanen ins Dorf und haben geplündert. Wir hatten ja einen Weingarten und deshalb einen Keller voller Wein. Die haben meine Oma mit dem Gewehr bedroht. Da hat sie ihnen Wein gegeben. Die Partisanen waren betrunken und kamen, wenn sie mehr wollten.«

Die Vertreibung aus dem Heimatdorf

Nach dem Abzug der deutschen Truppen begann die Vertreibung der Donauschwaben. »Ich weiß nicht, ob es eine Vorwarnung gab. Auf jeden Fall kamen sie und haben uns vertrieben. Wir mussten zu Fuß unser Dorf verlassen, meine Großmutter, die kranke Tante, meine Schwester und ich. Ich kann mich nicht erinnern, dass die Oma viel mitgenommen hat. Spielzeug hatte ich sowieso kaum. Ich habe lieber mit den Tieren gespielt als mit Puppen.

Die Männer waren im Krieg. Im Dorf lebten nur Frauen mit Kindern und alte Leute. Sie wurden jetzt aus ihren Häusern getrieben. Aus allen umliegenden Dörfern wurden die Deutschen zusammengetrieben. Es waren so viele Menschen. Alle mussten zu Fuß gehen.

Die Vertreibung

Im November 1942 wurde der *Antifaschistische Rat der Volksbefreiung Jugoslawiens* gegründet. Die Bewohner deutscher Volkszugehörigkeit wurden nach dem Krieg enteignet, und die Bürgerrechte wurden ihnen aberkannt. Dies führte zu ihrer gewaltsamen Vertreibung.

Die Partisanen mit ihren Gewehren sind an den Seiten der Kolonnen gelaufen. Es war ein heißer Tag. Einmal mussten wir anhalten, weil jemand in der Hitze umgefallen war und blutete. Dann kam ein Bauer vorbei mit einem Wagen. Er hat eine ganz alte Frau mitfahren lassen. Ein Partisan hat die Frau geschlagen und dann vom Wagen geschmissen. Mit diesem Marsch begann die schlimmste Zeit.«

Interniert im Lager

Die Vertriebenen wurden im Dorf Kakovo interniert, streng bewacht von serbischen Partisanen. In jedes Haus wurden mehrere Familien gepfercht, sie schliefen auf dem Fußboden und erhielten kaum etwas zu essen. »Einmal in der Woche bekamen wir Brot aus Mais. Das konnte man nur essen, solange es warm war. Am nächsten Tag war es steinhart und ungenießbar. Manchmal gab es auch Suppe, aber da war keine Kraft drin. Der Hunger in dieser Zeit hat sich auf mein ganzes Leben ausgewirkt. Denn ich habe als Kind so gehungert, dass meine inneren Organe zu langsam gewachsen sind. Deshalb konnte ich leider später keine Kinder kriegen.«

Die Großmutter schlich sich nachts an den Wachen vorbei aus dem Ort, um Lebensmittel zu beschaffen. »Als sie zurückkam, haben die Partisanen sie entdeckt. Sie hatte zwei Brote dabei, einen Laib haben sie ihr abgenommen. Die hatten ja selbst nicht viel zu essen.«

Gelegentlich konnten die Internierten baden. Dabei verbrühte sich Katharina den Fuß im heißen Wasser. Sie kam in ein Haus, das als behelfsmäßige Krankenstation eingerichtet war.

»Jeden Morgen haben mir die Frauen dort den Verband erneuert und dabei die ganze Haut weggerissen. Da war nur noch rohes Fleisch. So würde es nie heilen. Dann haben sie meinen Fuß in Wasser mit ein bisschen Kamille gebadet und mit der Zeit ist es dann besser geworden. Aber an der Stelle ist die Haut bis heute dünn wie Pergament.«

Die Mutter (Mitte) in der Tracht der Donauschwaben

Die Großmutter stirbt

»Ich weiß nicht, woran die Oma gestorben ist, ob die Serben ihr etwas getan haben. Vielleicht war sie auch einfach alt und krank. Meine Großmutter hatte ihre Tracht mitgenommen, die hatte einen langen, weiten weißen Rock. Als sie tot war, hat meine Tante die Tracht aufgetrennt und die Oma darin eingenäht. Am nächsten Morgen kam ein Wagen mit einer großen Kiste drauf für die Leichen. Wir sind hinterhergelaufen, wir wollten sehen, wo die Großmutter hinkommt. Die Partisanen haben außerhalb vom Dorf ein Massengrab geschaufelt, da haben sie sie hineingeworfen.«

Kurz darauf starb auch die Tante. »Sie war in der Krankenstation. Das war ein riesiger Raum, die Kranken haben auf dem Fußboden gelegen, einer neben dem anderen. Meine Tante sah sehr schlecht und abgemagert aus. Als ich das nächste Mal kam, war sie nicht mehr da.«

Von da an hatten die Schwestern niemanden mehr, der sich um sie kümmerte. Sie schliefen oft draußen und mussten um Essen betteln.

Trennung von der Schwester

Die beiden Schwestern waren nicht die einzigen Kriegswaisen im Lager.

»Ich denke, wir waren ungefähr ein halbes Jahr dort. Dann haben sie alle Waisen eingesammelt. In Viehwaggons wurden wir transportiert. Wir kamen in ein Heim. Zuerst haben sie uns die Haare geschoren, denn wir waren ja völlig verlaust. Dieses erste Heim war eine Art Durchgangslager. Wir waren 300 bis 400 Kinder. Sie haben uns dann verteilt auf verschiedene Heime und Waisenhäuser. Sie wollten wohl nicht, dass wir Deutsche zusammenbleiben. Immer wieder wurden unsere Gruppen geteilt, neu gemischt und auf andere Heime verteilt, bis kaum mehr Deutsche zusammen waren. So habe ich sechs oder sieben Heime durchgemacht. Ich kann mich nur noch an zwei Heime erinnern. An die anderen habe ich keine Erinnerung. Wenn es zu schlimm wird, verdrängt der Mensch, sonst kann er mit all dem nicht leben.

Ich habe deshalb auch keine Erinnerung an das Furchtbarste, was nach dem Tod der Großmutter passierte: In diesem ersten Durchgangsheim haben sie meine Schwester und mich getrennt. Ich habe sie dann sieben Jahre nicht gesehen, nichts von ihr gewusst. Ich habe die Trennung schlimm empfunden, aber man fügt sich irgendwie. Wir haben auch später nie darüber gesprochen, das tat zu weh. Es ist manchmal besser zu verdrängen.«

In serbischen Waisenhäusern

»Ich kann mich an ein Heim erinnern, das war wie ein Schloss mit hohen Sälen und einem Garten. Vielleicht hatten sie den Besitzer vertrieben. Eine große Treppe führte nach oben, da waren unsere Schlafsäle. Hinten schlief die Erzieherin. Ich war ein lebhafter Geist und habe abends noch gesprochen, als sie die Kontrolle machte. Da hat sie mich rausgenommen. Ich musste auf den Vorplatz bei der Treppe. Dann ist sie nach hinten gegangen und hat mich vergessen oder ist eingeschlafen. Ich war die ganze Nacht in dem Vorraum. Morgens um fünf habe ich sie aufstehen sehen, die Kinder aufs Klo bringen, habe aber nichts gesagt und bin ins Bett. Kurz danach muss sie gekommen sein, um nach mir zu gucken.

Sie waren streng mit uns, aber ich wurde nie geschlagen. Ich kann mich auch nicht erinnern, dass wir deutsche Kinder anders behandelt worden sind als die serbischen Waisen: Morgens ging die Glocke, dann mussten wir schnell was überziehen und runter in den Hof, Gymnastik machen. Es war eingeteilt, wer aufräumt oder sauber macht. Wir gingen in die Dorfschule. Die haben uns auch manchmal ins Kino geführt. Am 1. Mai mussten wir marschieren und Lieder singen. Nachmittags gab es Zeiten, wo wir Schulaufgaben machen mussten, und Zeiten, in denen wir spielen konnten. Wir konnten lesen oder Ball spielen. Es war alles so

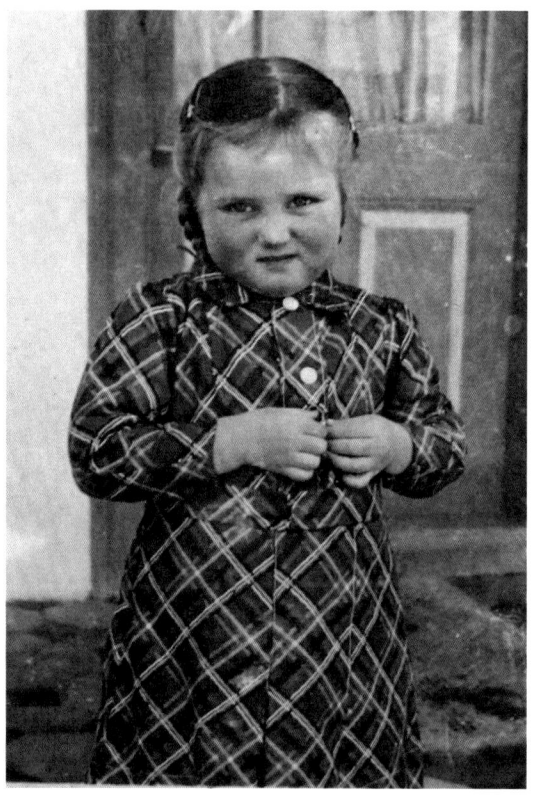

Katharina Wahl in Serbien

»Ich habe mich damals in die Situation gefügt.
Was blieb mir anderes übrig? Ich war doch noch so klein.«

KATHARINA WAHL | 24. SEPTEMBER 2011

geregelt. Wichtig war, gut in der Schule zu sein, dann war man etwas. Das war ich nicht so. Die letzten zwei Jahre war ich schlecht in Mathematik. Die anderen durften in Urlaub fahren, aber ich musste deshalb im Heim bleiben.«

Die Versorgungslage unmittelbar nach dem Krieg war schlecht. Das Essen in den Heimen entsprechend eintönig. »Alles bestand aus Mais. Zum Frühstück war der Maisbrei gesüßt. Nachmittags gab es ihn salzig mit Zwiebeln. Es kam selten vor, dass mal etwas anderes auf den Tisch kam. Ich bin von dem vielen Mais aufgeschwemmt und wurde ein richtiger Pummel.«

Niemand, der mal etwas Nettes sagt

Katharina lernte schnell Serbokroatisch. Denn sowohl in den Heimen als auch in den Schulen wurde nur Serbokroatisch gesprochen und unterrichtet. Da durch die häufigen Umverteilungen immer weniger deutsche Kinder zusammen waren, gab es für sie kaum mehr Gelegenheit, ihre Muttersprache zu sprechen. In der Schule lernte sie zwar auch die lateinische Schrift, vor allem aber das kyrillische Alphabet.

»Es gab kein Deutsch mehr. Als ich nach sieben Jahren nach Deutschland kam, konnte ich es kaum mehr sprechen. Aber ich habe nie vergessen, dass ich Deutsche bin. Sie waren nicht schlecht zu uns in den Heimen. Trotzdem habe ich Heimweh gehabt, nach dem Vertrauten aus meinem früheren Leben in Sentiwan, nach meiner Großmutter. Das war die Sehnsucht. Es war eben niemand da, der mal etwas Nettes zu mir sagte.«

Das Rote Kreuz findet die Schwestern

Die Mutter war in Deutschland zunächst in ein Sammellager in München gekommen. Da ihre Vorfahren aus Baden stammten, wurde sie in ein Dorf in der Nähe von Karlsruhe geschickt und dort in einer Barackensiedlung mit anderen Flüchtlingen untergebracht. Ihre Suche nach den Töchtern beschränkte sich lange darauf, andere vertriebene Donauschwaben zu befragen und Suchmeldungen in Zeitungen zu lesen. So vergingen sieben Jahre. Dann empfahl ihr ein Bekannter, den Suchdienst des Roten Kreuzes einzuschalten. Das Rote Kreuz brauchte nur zwei Monate, um Katharina und ihre Schwester zu finden.

»Eines Tages ruft mich die Heimleitung. Sie sagt: ›Das Rote Kreuz kommt und holt dich.‹ Bis dahin hatte ich nicht gewusst, ob meine Mutter noch lebt.«

Katharina war inzwischen 15 Jahre alt. Sie wurde zunächst nach Belgrad gebracht. »Da habe ich nach all den Jahren endlich meine Schwester wiedergesehen. Sie haben dort einen Kindertransport zusammengestellt. Acht Jahre war ich bei den Serben. Nun kam ich im Oktober 1952 nach Deutschland.«

Der Zug erreichte die österreichische Grenze. Dort wurden die Kinder vom Roten Kreuz in Empfang genommen. »Das werde ich nie vergessen. Diese Schwestern hatten Kleider an mit einer weißen Schürze und einer Haube. Sie waren so liebevoll zu uns, waren freundlich und fürsorglich. Das hat mich ganz verlegen gemacht. Das kannte ich nicht, dass jemand einfach nett zu mir ist, mir etwas gibt. Ich habe in den Heimen alles zum Leben

Notwendige gehabt, so ist es nicht. Aber das Liebevolle, das hat gefehlt, das habe ich nie gekannt. Das kannte ich auch von zu Hause nicht. Die Oma war streng und meine Mutter hat mich auch nicht gehätschelt. Vielleicht war ich zu klein und sie hatte zu viel zu tun mit sich selbst.«

Ein anderes Erlebnis auf der Fahrt überwältigte Katharina völlig. »In einer Stadt hat der Zug gehalten. Der Bahnhof war voller Menschen, die haben uns begrüßt, haben uns durch die Fenster etwas zu essen gereicht. Was haben sie uns alles gegeben! Ich weiß noch, wir bekamen auch Trauben. Dazu hat Musik gespielt. Mich hat das alles sehr berührt, denn das kannte ich nicht. Mich überwältigt es noch heute, wenn ich daran denke, welchen Empfang uns diese wildfremden Leute bereitet haben.«

Die Kinder kamen in ein Auffanglager und wurden von dort aus verteilt. Katharina und ihre Schwester fuhren mit zehn weiteren Kindern nach Karlsruhe.

»Dort kamen wir in ein Haus vom Roten Kreuz. Auch da waren alle so lieb zu uns. Sie haben die Eltern benachrichtigt und dann haben wir gewartet, dass unsere Mutter kommt und uns abholt.«

Wiedersehen mit der Mutter

Katharina Wahl hatte keine Erinnerung, wie ihre Mutter aussah. Sie hielt Ausschau am Fenster. »Ich habe rausgeguckt und zu meiner Schwester auf Serbokroatisch gesagt: ›Schau mal, da kommt eine Frau mit einem kleinen Jungen an der Hand.‹ Das war unsere Mutter. Ich habe sie nicht erkannt.«

Die Mutter hatte im Sammellager in München einen ebenfalls vertriebenen Donauschwaben aus einem Nachbardorf kennengelernt, mit dem sie seitdem zusammenlebte und den inzwischen sechsjährigen Sohn hatte.

»Ich habe nicht gewusst, dass sie noch ein Kind hat. Das hat uns keiner gesagt. Nun hatten wir einen Stiefvater. Das habe ich hingenommen. Vielleicht lag es daran, dass ich viel zu wenig von meinem Vater wusste, er hatte zu wenig Zeit, war

immer unterwegs und auf den Feldern arbeiten. Meine Mutter hat ihn später für tot erklären lassen, aber den Stiefvater hat sie nicht geheiratet. Mit dem kleinen Bruder hatte ich keine Probleme, nur einmal war ich eifersüchtig. Meine Schwester ging in Deutschland wieder in die Schule, aber ich war mit 15 zu alt für die Schule und ging in einer Wäscherei arbeiten.

Meine Mutter hat mir zum Ausgleich ein Märchenbuch geschenkt. Ein kleines Buch mit Märchen von den Brüdern Grimm. Es war in großen Buchstaben geschrieben, die konnte ich gut lesen. Ich hatte ja Probleme mit der lateinischen Schrift, weil wir in Serbien hauptsächlich das kyrillische Alphabet gelernt hatten. Als ich dann arbeiten ging, hat meine Mutter meinem Bruder das Märchenbuch gegeben und behauptet, es wäre seins. Dabei hatte

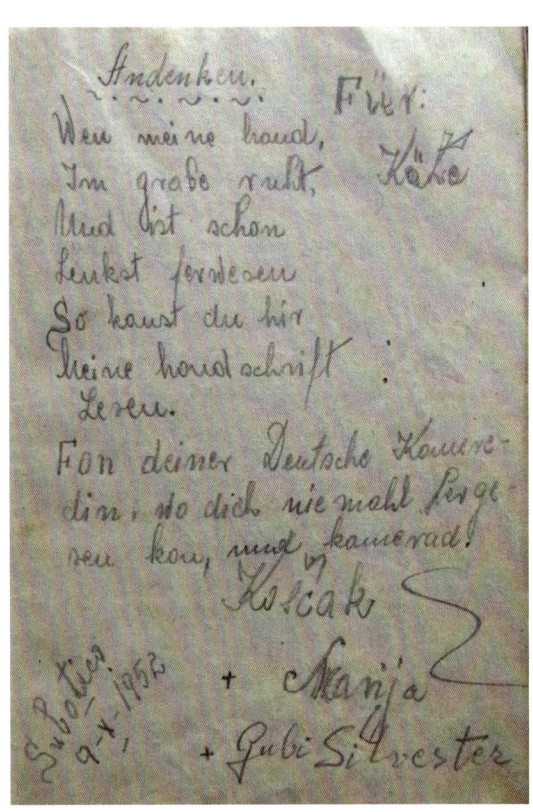

Poesiealbum der Freundinnen für Katharina zum Abschied | 1952

Der Stoff für dieses Kleid war vom Roten Kreuz.

versorgen, hielten sie Hühner, Enten und ein Schwein. Später konnten sie ein Haus bauen.

»Als meine Mutter meinen Vater für tot erklären ließ, bekam sie etwas Geld vom Staat. Außerdem hatte sie in Sentiwan den Hof gehabt, auch dafür bekam sie ein bisschen Geld. Davon haben sie dann das Haus gebaut. Der Grund war ein alter Steinbruch, deshalb haben sie nicht viel bezahlt, und mein Stiefvater war Handwerker und ein Alleskönner, der konnte bauen, aber auch nähen oder Schuhe flicken. Er hat das Haus fast allein gebaut.«

Die Familie hielt auf dem Grundstück auch wieder Tiere, Hühner, Enten und Kaninchen, denn die Versorgung war nach wie vor schwierig.

»Für uns war es normal, Tiere zu haben. Aber ringsum wohnten Leute, die waren das nicht gewöhnt. Wenn dann der Hahn morgens um sechs Uhr gekräht hat, beschwerte sich der Professor nebenan. Das wollte er nicht haben.«

Das Rote Kreuz kümmerte sich weiterhin um die beiden Schwestern. »Sie sind in der ersten Zeit immer wieder gekommen und haben meiner Mutter Sachen für uns gebracht, die wir gebrauchen konnten. Einmal haben wir Stoffe vom Roten Kreuz bekommen. Daraus wurden für mich ein Kleid und ein Mantel genäht. Später kam alle paar Monate eine Frau, ich glaube, die war von der Stadt oder vom Jugendamt, und wollte sehen, wie es uns geht, ob wir gedeihen und wie wir zurechtkommen.«

sie es mir geschenkt. Es war das einzige Geschenk, das ich je von ihr bekommen habe, und sie hat es einfach weggegeben. Da war ich eifersüchtig und sehr traurig.«

Das Verhältnis zur Mutter blieb immer distanziert. »Ich bin nicht zu ihr gegangen, wenn ich Probleme hatte. Denn meine Mutter war nicht der Typ, der einem mal über den Kopf streicht. Das gab es nicht. Das war ich nicht gewöhnt in meinem Leben. Sie wurde selber verheiratet, ohne Liebe, vielleicht war sie deshalb so.«

Leben in der Baracke

Die Familie lebte dicht gedrängt in drei Zimmern in einer Barackensiedlung, die auf einem Feld für die Vertriebenen errichtet worden war. Um sich zu

Kein Deutsch mehr

In der ersten Zeit unterhielten sich die beiden Schwestern auf Serbokroatisch miteinander.

»Ich konnte kein Deutsch mehr. Aber mit der Zeit hat sich das geändert. Meine Mutter sprach kein Serbokroatisch, mein Stiefvater konnte es zwar ein bisschen, hat es aber nicht mit uns gesprochen. Da habe ich nur noch Deutsch gehört. Als meine Schwester zur Schule kam, hat sie es schnell gelernt. Sie hat Serbokroatisch völlig abgelegt, da war es zwischen uns auch nicht mehr möglich. Ich habe Deutsch von meinen Mitmenschen gelernt, auch ohne Schule. Trotzdem ist mein Deutsch nicht so perfekt. Ich kann zwar gut sprechen, aber das Schreiben ist für mich schwieriger. Ich habe das ja nie gelernt. Die paar Monate auf der deutschen Grundschule in Sentiwan waren zu wenig und danach war ich ja nur noch auf serbischen Schulen. Da hatte ich keinen Deutschunterricht mehr. Es gab immer wieder Gelegenheiten in meinem Leben, da habe ich gemerkt, dass mir die Schule fehlt. Aber wenn ich überlegen musste, ob ein Wort nun mit einem oder zwei n geschrieben wird, haben mich meine Arbeitskollegen getröstet. Sie meinten dann zu mir: ›Mach dir nichts draus, uns geht es nicht anders. Wir müssen auch überlegen, wie man das schreibt.‹ So hat mir immer jemand geholfen.«

Für die Hilfe, die sie in ihrem Leben vom Roten Kreuz erhielt, ist Katharina Wahl bis heute dankbar. Sie lebt seit 2003 in einer betreuten Wohnanlage des Roten Kreuzes in Hamburg und arbeitet seitdem ehrenamtlich in der Tagesstätte im Haus. »Für Veranstaltungen wie das Sonntagscafé, den Spielenachmittag, die Gymnastikgruppe und die Singstunde richte ich den Raum her, decke die Tische, kümmere mich um die Küche, besorge Kekse und koche Kaffee. So kann ich dem Roten Kreuz ein bisschen von dem zurückgeben, was es für mich getan hat.«

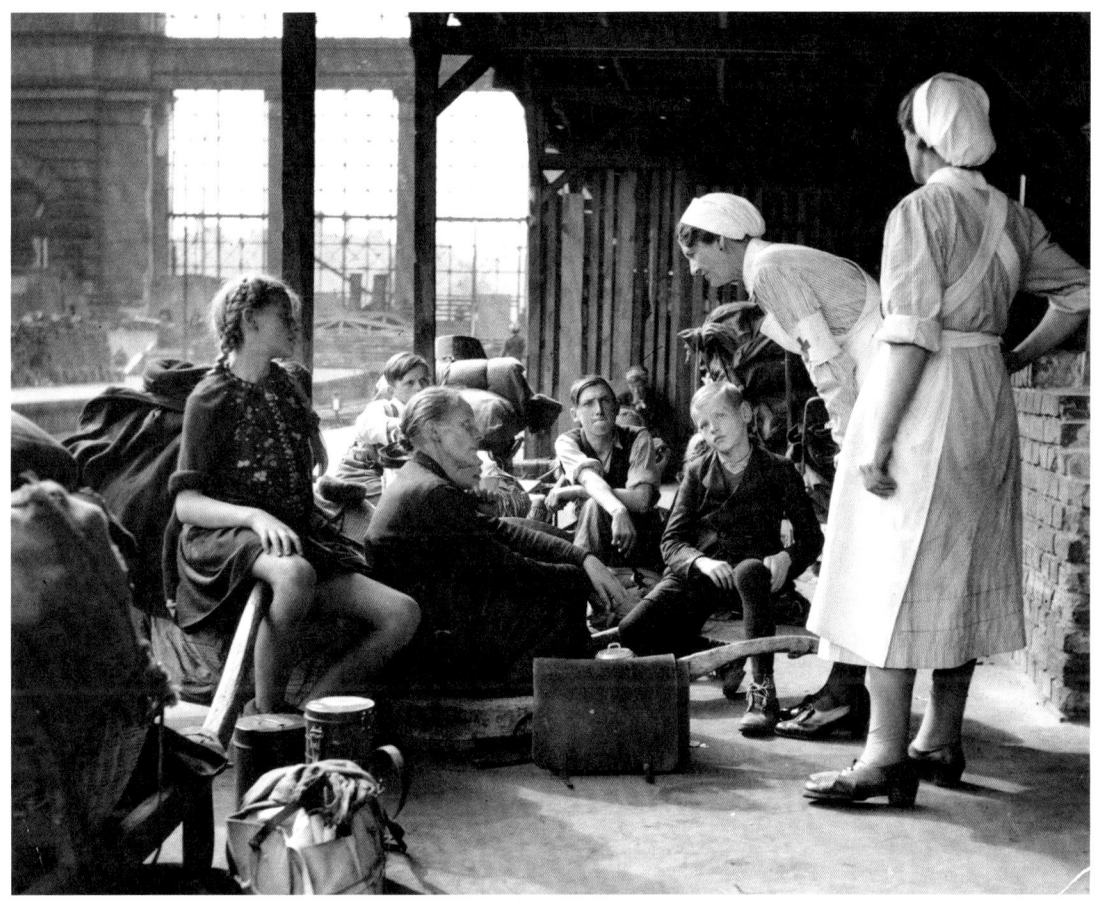

Schwestern des Roten Kreuzes versorgen Flüchtlingskinder. | 1945

Leben in den Besatzungszonen

Die Siegermächte teilten Deutschland nach dem Krieg auf der Konferenz von Potsdam in vier Besatzungszonen auf. Diese entsprachen in etwa den Landesteilen, die sie jeweils erobert hatten. Danach gehörten die heutigen Bundesländer Bayern, Hessen, Teile von Baden-Württemberg und Bremen zur amerikanischen Zone. Für einen Anteil an Berlin, das die Rote Armee eingenommen hatte, überließen die Amerikaner den Sowjets die von ihnen eroberten mitteldeutschen Gebiete. Mecklenburg-Vorpommern, Brandenburg, Sachsen und Sachsen-Anhalt sowie Thüringen bildeten die sowjetische Besatzungszone. Schleswig-Holstein, Hamburg, Niedersachsen und Nordrhein-Westfalen waren britisch. Die Franzosen besetzten Teile von Baden-Württemberg und Südbayern sowie Rheinland-Pfalz und das Saarland. Berlin als Hauptstadt des untergegangenen Deutschen Reiches wurde in vier Sektoren aufgeteilt und von der alliierten Kommandantur gemeinsam verwaltet.

Die vier Besatzungsmächte gestalteten den Umgang mit der Zivilbevölkerung sehr unterschiedlich. Die Amerikaner machten sich bei den Kindern schnell beliebt, da die Soldaten großzügig Schokolade und Kaugummi verteilten. Die Briten galten dagegen als eher distanziert, aber korrekt. In den Zonen der West-Alliierten kam es nur gelegentlich zu gewalttätigen Übergriffen.

Die Bewohner Ostdeutschlands litten unter den Massenvergewaltigungen und Plünderungen durch die Soldaten der Roten Armee. Tausende Zivilisten wurden zur Zwangsarbeit nach Sibirien verschleppt. Die Lage beruhigte sich erst, als sowjetische Kommandanturen eingerichtet wurden.

Aber auch in ihrer wirtschaftlichen Entwicklung unterschied sich die sowjetische Besatzungszone deutlich von den drei Westzonen. Die westlichen Alliierten begannen, demokratische Strukturen zu errichten und mit Hilfsprogrammen wie dem Marshall-Plan die Wirtschaft wiederaufzubauen. Die Sowjets demontierten dagegen Industrieanlagen als Ausgleich für die massiven Zerstörungen durch die Wehrmacht in Russland. Sie etablierten in ihrer Zone ein sozialistisches System mit Planwirtschaft. So kam es unter dem Motto *Junkerland in Bauernhand* zu weitgehenden Enteignungen der Großgrundbesitzer. Etwa 3,3 Millionen Hektar Ackerland, Wiesen und Wälder wurden ohne finanzielle Entschädigung enteignet.

Das Einvernehmen der Siegermächte war nur von kurzer Dauer. Die Differenzen eskalierten, als am 20. Juni 1948 in den Westzonen die D-Mark eingeführt wurde. Vier Tage später antworteten die Sowjets mit einer Blockade aller Landwege nach Berlin, das wie eine Insel in der sowjetisch besetzten Zone lag. Um die Bevölkerung in ihren Westberliner Sektoren zu versorgen, errichteten Briten und Amerikaner eine Luftbrücke. Ein Jahr lang flogen sie Lebensmittel, Kohle und Medikamente in die eingeschlossene Stadt. Erst im Mai 1949 hoben die Sowjets die Blockade wieder auf.

Die Berliner Blockade hatte weitreichende Folgen. Denn sie begründete die Feindschaft zwischen den USA und der Sowjetunion, die zum sogenannten Kalten Krieg und einem gegenseitigen Wettrüsten führte. Sie besiegelte auch die Teilung Deutschlands. Die 1949 gegründete Bundesrepublik band sich eng an die Westmächte. Auf dem Gebiet der sowjetischen Besatzungszone entstand ein zweiter deutscher Staat, die sozialistische DDR, die die Teilung durch den Bau der Mauer 1961 besiegelte. Diese Grenze fiel am 9. November 1989 nach einer friedlich verlaufenen Revolution in der DDR. Mit der Wiedervereinigung und der zurückgewonnenen staatlichen Souveränität am 3. Oktober 1990 endete die deutsche Nachkriegsgeschichte – 45 Jahre, nachdem die Sieger das Land geteilt hatten.

Die vier Besatzungszonen | 1946

1936	Geburt in Berlin
1950	Volksschulabschluss
1950–1953	Lehre als Verkäuferin
1960–1963	Saisonkraft als Serviererin
1964–1990	Oberkellnerin, Ostberlin
1990–1996	Verkäuferin, Westberlin

Renate Engel Leben in Ostberlin

Reichshauptstadt *Germania*: Mit einem neuen Namen und bombastischen Gebäuden sollte Berlin nach dem Endsieg aller Welt die Überlegenheit der »arischen Herrenrasse« demonstrieren. Stattdessen zogen die von Adolf Hitler als »slawische Untermenschen« bezeichneten Sowjets als Sieger im kriegszerstörten Berlin ein. Die Stadt wurde unter den vier Siegermächten aufgeteilt. Nachdem auf dem Gebiet der sowjetischen Besatzungszone 1949 die Deutsche Demokratische Republik (DDR) gegründet worden war, wurde Ostberlin zur Hauptstadt der DDR. Die 1961 von der DDR-Regierung gebaute Mauer mit Schießanlagen teilte die Stadt bis zur Wiedervereinigung 1989 in zwei Hälften.

Renate Engel wuchs in Berlin-Mitte auf. Sie hat als Kind die Bombennächte erlebt, den Einzug der Russen, die Teilung der Stadt und den Bau der Mauer. Sie ist ihrem Kiez durch alle Zeiten hindurch treu geblieben und lebt bis heute im östlichen Teil Berlins.

Bombennächte im Keller

Renate Engel wurde 1942 eingeschult. Aber schon nach zwei Jahren gab es keinen Unterricht mehr.

»Zuerst wurde nur nachts bombardiert, aber dann kamen die Angriffe auch am Tage, da war es zu gefährlich, noch in die Schule zu gehen. Ich habe dann bei meinen Eltern im Zimmer geschlafen, denn mein Vater meinte: ›Wenn unser Haus von einer Bombe getroffen wird, dann sterben wir wenigstens alle zusammen und das Kind bleibt nicht allein zurück.‹

Zuerst mussten wir in der Nacht einmal in den Keller, später zweimal. Je näher der Zusammenbruch kam, desto häufiger wurden wir bombardiert. Direkt vor unserem Haus ging eine Sprengbombe runter. Da war die Angst groß, aber der Mensch ist ein Gewohnheitstier, der gewöhnt sich auch an Bombennächte. Wir haben dabei großes Glück gehabt. Denn wir sind nicht ausgebombt worden.«

Renate Engel | 1938

nach einer Angriffs-
welle schnell zum Ko-
chen in die Wohnun-
gen, in der Hoffnung,
dass nicht sofort die
nächste Bombardie-
rung kam. Gegessen
wurde im Keller.

So spielte sich unser
ganzes Leben im Keller
ab. Wir Kinder hatten
sogar einen Extra-Kel-
ler zum Spielen. Da ha-
ben wir Krieg gespielt, das war ja das Aktuelle.
Natürlich hatte ich auch Angst, aber meine Eltern
waren bestrebt, mich von alldem fernzuhalten.
Zum einen wollten sie mich behüten. Wenn ich
bedrückt war, weil ich nicht aus dem Keller durfte,
sagte meine Mutter: ›Es ist gleich vorbei. Es wird
wieder besser.‹

Zum anderen hatten sie Sorge, weil Kinder oft
unbedacht etwas erzählen. Wie ein Kind so ist, sagt
es vielleicht: ›Mein Vater meint, der Krieg ist bald
vorbei.‹ Das hätte der Blockwart hören können, da
mussten die Eltern vorsichtig sein.«

Der Blockwart

Die Blockwarte waren Parteifunk-
tionäre. Sie überprüften die Ein-
haltung von nationalsozialistischen Regeln und die Gesinnung
der Bewohner in den ihnen zuge-
teilten Häusern. Sie achteten auf
die richtige Verdunkelung, zeig-
ten versteckte Juden an und meldeten Vergehen, wie das Hören
von Auslandssendern oder das
Erzählen eines Hitlerwitzes.

Der Fall Berlins

Die letzten zwei Wochen im April 1945 verbrachte
die Familie nur noch im Keller. »Die haben gar
nicht mehr so schnell Alarm geben können, da
flogen die Bomben schon. Berlin-Mitte war ja
das Hauptangriffsziel, denn hier befand sich das
Regierungsviertel mit dem Führerhauptquartier
und den Ministerien.«

Deshalb war es viel zu gefährlich, oben in den
Wohnungen zu bleiben. Die Bewohner richteten
ihre Kellerräume notdürftig ein und wohnten dort.

»Wir hatten ein Bett und einen Sessel zum Schlafen. Die Frauen gingen immer in Gruppen zum
Einkaufen, damit sie sich im Notfall helfen konnten oder Bescheid wussten, wenn eine von ihnen
bei Beschuss getroffen wurde. Mittags gingen sie

»Als ich neun Jahre alt war, kamen die Russen«

Auch im Keller war der Krieg allgegenwärtig. Die
Einschläge der Bomben, Artilleriefeuer und Ge-
fechtslärm der näher rückenden sowjetischen
Armee waren deutlich zu hören.

»Wir haben die Erschütterungen durch Panzer
gespürt. Da hieß es: Die Russen sind in Berlin.«

Am 30. April beging Adolf Hitler im Bunker der
Reichskanzlei Selbstmord. Denn nach der mit hohen Verlusten verlorenen letzten Abwehrschlacht
auf den Seelower Höhen eroberten russische Truppen Berlin. Die Hauptstadt des Deutschen Reiches
kapitulierte am 2. Mai, sechs Tage vor Kriegsende.

»Ich erinnere, dass es in der Nacht davor ganz
ruhig war. Das waren wir gar nicht mehr gewöhnt.
Am nächsten Morgen kam der Blockwart und rief:

›Ihr könnt alle nach oben gehen, der Krieg ist zu Ende.‹ Dann war er weg. Der hat sich ganz schnell verdrückt.

Dann kamen die Russen. Wir wohnten an einer der großen Zufahrtsstraßen und haben aus dem Fenster geguckt. Die Russen kamen mit Panzern und Geschützen unsere Straße entlang. Da waren aber auch von Pferden gezogene kleine Wagen. Mein Vater staunte: ›Wie sind die Truppen mit diesen kleinen Wagen nur bis nach Berlin gekommen?‹«

Russen im Haus

»Die Russen gingen von Haus zu Haus und suchten nach Nazis. Als ich eines Tages runter will in den Hof zum Spielen, macht mir meine Mutter die Tür auf. Da stehen zwei russische Soldaten vor ihr und grinsen sie an. Sie haut die Tür zu, legt den Riegel vor und ruft: ›Alfred, die Russen stehen vor der Tür!‹ Mein Vater erwidert nur: ›Warum hast du nicht durch den Spion geguckt?‹

Wenn wir Gören im Hof gespielt haben, kamen ab und zu mal Russen und fragten: ›Nazi? Nazi?‹. Wir haben dann immer gefragt: ›Bonbon? Bonbon?‹ Als Kind passt man sich an. Man sieht vieles nicht oder nimmt es nicht so wahr. Die Russen waren manchmal ziemlich rabiat. Es gab Vergewaltigungen. Meine Mutter ist nicht allein auf die Straße gegangen, nur in Gruppen mit anderen Frauen. Im Krieg haben die Russen unter den Deutschen furchtbar gelitten. Jetzt bekamen wir die Antwort. Wie man in den Wald hineinruft, so schallt es zurück.«

Wo sind die Verwandten?

Renate sah die vielen Flüchtlingstrecks an ihrem Haus vorbeiziehen. »Ein Teil kam vor Kriegsende, einige hinterher. Das war ein Strom von Menschen, Frauen mit Kindern, die kamen zu Fuß mit Bollerwagen bei uns vorbei. Das waren sehr traurige Bilder. Mir haben die Kinder leidgetan, denn ich war ja selber ein Kind und konnte mir nicht vorstellen, wie das ist, wenn man alles verloren hat.«

Auch die Verwandten ihrer Mutter flohen aus Ostpreußen nach Hamburg und Holstein. Die Verwandten des Vaters lebten im Berliner Westen. Sie waren alle ausgebombt.

»Unsere Wohnung war zu klein, deshalb konnten wir sie nicht aufnehmen. Sie kamen in Westbezirken unter. Das war ihr Glück. Wären sie zu uns gekommen, hätten sie wie wir später in der DDR gelebt.«

Da Renates Familie als einzige der weitverzweigten Verwandtschaft immer noch in ihrer Wohnung lebte, hatte sie die Funktion einer Nachrichtenzentrale. »Alle schrieben an uns, wo sie waren, was ihnen passiert war, und meine Mutter hat die Neuigkeiten dann an die anderen weitergegeben. So wussten alle, wer wo gelandet war.«

Soldaten der Roten Armee auf dem Reichstag | 2. Mai 1938

»Meine Mutter hat mir nach dem Krieg aus einer
Decke einen Mantel genäht. Da war ich doch wer!
Wer hatte denn einen neuen Mantel, auch wenn
er bloß aus einer Decke war?«

RENATE ENGEL | 11. JUNI 2012

Die Bäckerei wird geplündert

Mit dem Kriegsende brach die Versorgung der Bevölkerung völlig zusammen. »Unsere wenigen Vorräte hatten wir schnell gegessen. Es gab nichts mehr zu kaufen, nichts war organisiert. In dem Chaos ging die Plünderei los. Verlassene Geschäfte wurden ausgeraubt. Bei uns um die Ecke war eine Brotfabrik. Da sind alle hingestürmt und haben das Brot geholt, das dort herumlag. Wasser gab es nur noch an Pumpen auf den Straßen und musste mit Eimern geholt werden.

Bei uns nebenan war ein Gemüseladen. Meine Mutter schaut einmal aus dem Fenster und sieht: Da stehen Leute an. ›Lauf schnell und guck, was es da gibt‹, ruft sie mir zu. Ich wetze nach unten. Auf der Tafel am Laden steht etwas in Sütterlinschrift. Ich hatte ja nicht viel Schule gehabt und konnte nicht gut lesen. Ich renne wieder rauf und erzähle meiner Mutter: ›Da gibt es vierzig Kohlen.‹ Sie greift den Rucksack und läuft zum Laden. Endlich kriegen wir was zum Heizen. Aber was gibt es tatsächlich? Wirsingkohl! Den konnten wir aber auch gut gebrauchen.

Irgendwann gab es Lebensmittelkarten für Kinder, für Berufstätige, für Schwerarbeiter. Aber von den Rationen wurde man nicht satt. Trotzdem habe ich in der Zeit nicht gehungert. Mein Vater hatte Magenkrebs, deswegen musste er auch nicht in den Krieg. Er hat sowieso nur wenig gegessen,

und von dem wenigen, was sie hatten, haben meine Eltern erst mir zu essen gegeben und sich selbst nur das Notwendigste genommen. Das würde man selbst in so einer Situation auch machen. Es ist doch logisch, dass man sich nicht alles reinstopft, sondern erst seinen Kindern gibt.«

Die Puppe bekommt russische Eltern

Lebensmittel wurden immer teurer und schwieriger zu bekommen. Da es in Berlin kaum etwas zu kaufen gab, entstanden schnell Schwarzmärkte, auf denen gehandelt wurde, was es noch gab.

»Auf der anderen Straßenseite war ein Schwarzmarkt. Wenn sich zwei einig waren, kamen sie in unseren Hausflur und haben dort ihr Geschäft abgewickelt. Das war natürlich alles verboten. Deshalb gab es viele Razzien. Ich konnte das vom Fenster aus gut beobachten.«

Auch ihre Mutter ging auf den Schwarzmarkt. Eines Tages sagte sie zu Renate: »Du hast zwei Puppen. Wir müssen eine verkaufen.«

»Das hat mir sehr wehgetan. Ich war Einzelkind. Ich musste bisher nie etwas abgeben. Deshalb konnte ich es gar nicht fassen, mein Hildchen hergeben zu müssen. Meine Mutter ist dann mit mir zum Pariser Platz am Brandenburger Tor gegangen. Dort war in den Ruinen ein großer Schwarzmarkt, wo auch Russen einkauften. Ein russischer Major kam mit seiner Frau und hat mit meiner

Trümmerfrauen vor dem zerstörten Reichstag in Berlin

Abenteuerspielplatz Berlin

Renate hatte nur wenig Spielzeug. Ihre Freundinnen, die ausgebombt waren, und die vielen Flüchtlingskinder hatten gar nichts mehr. So spielten die Kinder in den Ruinen und suchten dort nach Gegenständen. »Wir fanden mal eine Gabel, mal eine Tasse, damit haben wir dann gespielt. Außerdem haben wir in den Trümmern gebuddelt. Das hatten die Mütter natürlich verboten. Aber wir haben es trotzdem gemacht und kamen verdreckt nach Hause. Wo sollten wir auch sonst spielen? Es gab doch nichts. Abenteuerspielplatz ist ja ein neues Wort. Das kannten wir damals nicht. Aber im Grunde war unser zerstörter Kiez für uns Kinder genau das: ein Abenteuerspielplatz.«

Schon bald begannen die Aufräumarbeiten. Da die Männer gefallen oder verwundet waren oder sich noch in Kriegsgefangenschaft befanden, mussten die Frauen auf Befehl der Alliierten die Trümmer beseitigen.

»Alle Frauen aus unserem Haus mussten Barrikaden und Trümmer wegräumen. Nur meine Mutter brauchte nicht zu dieser schweren Arbeit anzutreten. Denn bei uns im Haus wohnte ein Ehepaar, der Mann war Halbjude. Deshalb hatte er in der Nazizeit keine Lebensmittelkarten bekommen. Meine Mutter hatte Verwandte in Ostpreußen, die ihr Fresspakete mit Käse und Schinken schickten. Davon hat sie der Frau immer etwas abgegeben. Ich habe einmal durch Zufall gesehen, wie sie ihr ein halbes Pfund Butter zugesteckt hat. Sie mussten aufpassen, denn es war streng verboten, Juden zu unterstützen. Deshalb hat mich meine Mutter ins Gebet genommen, dass ich darüber nicht reden darf. Ich habe gefragt, warum der Mann keine Karte hat. ›Es gibt eben Menschen, die keine Karten kriegen‹, sagte Papa. Was sollte er einem kleinen Kind auch erklären? Als nun die Frauen für die Arbeit in den Trümmern abkommandiert wurden, hat diese Frau den Russen gesagt: ›Frau Engel kann nicht, sie hat einen schwer kranken Mann.‹ Das war ihr Dank für Mamas Unterstützung.«

Mutter den Preis ausgehandelt. Er sprach sehr gut Deutsch. ›So‹, sagt meine Mutter, ›Renate, nun gib den Leuten deine Puppe und sag Dankeschön.‹ Da habe ich gesagt: ›Dankeschön, aber bitte nicht kaputt machen und gut pflegen.‹ Da hat die Frau gelacht, mir über den Kopf gestreichelt und gesagt: ›Wir passen gut auf, du brauchst keine Angst zu haben.‹

Ich war sehr traurig, aber meine Mutter war glücklich und hat von dem Geld gleich Butter gekauft.«

Trümmerfrauen

Um die Trümmer in den zerstörten deutschen Städten zu beseitigen, wurden Frauen von den Besatzungsmächten verpflichtet. Mit Spaten und Spitzhacken, meistens aber mit bloßen Händen, mussten sie den Schutt wegschaffen und Steine klopfen. Viele meldeten sich freiwillig, weil sie dann größere Lebensmittelrationen bekamen. Allein in Berlin gab es 60 000 Trümmerfrauen.

Deutsch-sowjetische Freundschaft

Die Familie des Vaters besaß in Glienicke bei Berlin ein Grundstück, wo die Mutter Obst und Gemüse anbauen konnte. Mit zunehmender Not wurde allerdings immer mehr gestohlen. »Wenn wir am nächsten Morgen wiederkamen, war ein Loch im Zaun. Alles war geklaut und alle Arbeit umsonst.«

Nach dem Tod ihres Mannes im Jahr 1947 beschloss Renates Mutter, die Wohnung in Berlin zu verlassen und nach Glienicke zu ziehen, denn dort konnten sie sich sehr viel besser versorgen.

Renate kam 1948 in Glienicke in die Schule. »In Berlin konnte man zwischen Russisch und Englisch wählen. Mein Vater hatte gesagt, Englisch sei Weltsprache. Also habe ich Englisch gelernt. Aber in Glienicke gab es nur Russischunterricht. Das war in der Besatzungszone Pflicht. Da fehlten mir die ersten Jahre und meine Mutter hatte kein Geld für Nachhilfe. Deshalb habe ich nie richtig Russisch gelernt. Im Geschichtsunterricht wurde Marxismus-Leninismus gelehrt. Wir erfuhren auch, wie gut die Russen uns nach dem Zusammenbruch versorgt hätten. Als ob wir es nicht besser wüssten. Aber es galt ja deutsch-sowjetische Freundschaft. Die Sowjetunion war der große sozialistische Bruder. Da durfte über Hunger und Vergewaltigungen nicht geredet werden.«

Hamsterfahrten in die Umgebung

Mutter und Tochter pflanzten Mohrrüben, Kartoffeln und Kohl an. Im Garten wuchsen Quitten und Äpfel, Johannis- und Holunderbeeren. Alles Übrige besorgte die Mutter auf Hamsterfahrten in Brandenburg.

»Meine Mutter besaß eine große Aussteuer. Die meisten Tischdecken, Servietten und die Bettwäsche hat sie verkauft und nur das behalten, was wir unbedingt brauchten. Nach dem Tod meines Vaters hat sie seine Sachen eingetauscht gegen Zucker und Mehl. Meine Mutter hat auch ihren Schmuck verkauft. Denn was nützt es, wenn man Schmuck hat, aber nichts zu essen?

Sie hatte ihre Stammkunden, zu denen sie immer gefahren ist. Wir haben gesagt: ›Jetzt brauchen die Bauern nur noch einen Teppich im Schweinestall, dann haben sie alles.‹«

1950 fuhr die Mutter zum letzten Mal aufs Land. Eine der Bäuerinnen hatte zwei Welpen und wollte einen davon töten. Aus Mitleid nahm Renates Mutter einen der kleinen Hunde mit. An die eine Seite ihrer Karre hängte sie den Kartoffelsack, an die andere Seite einen Beutel, in dem der Hund saß. Renate holte die Mutter mit ihrer Tante vom Bahnhof ab.

»Als sie ausstieg und ich den Hund sah, war ich vollkommen aus dem Häuschen. Aber meine Tante meinte nur trocken: ›Grete, das kann ja wohl nicht wahr sein. Du fährst zum Hamstern, weil wir nicht genug zu essen haben, und bringst noch einen Fresser mit.‹ Wir haben uns ausgeschüttet vor Lachen.«

Renate Engel mit Dina | 1950

»Der kluge Westberliner kauft in der HO«

Als am 20. Juni 1948 in den drei Westzonen die D-Mark eingeführt wurde, reagierte die Sowjetunion mit einer Blockade. Westberlin, das wie eine Insel mitten in der sowjetischen Zone lag, war von jeder Versorgung abgeschnitten. Daraufhin richteten die Westmächte eine Luftbrücke ein und flogen ein Jahr lang täglich mehrere Tonnen Lebensmittel und Kohle sowie Medikamente nach Westberlin.

»Ich war noch zu jung, um zu verstehen, wie gefährlich die Lage während der Blockade war. Aber meine Mutter und unsere Westberliner Verwandten hatten Angst. Denn hätten die Russen nur ein Flugzeug von den Amerikanern abgeschossen, wäre der Krieg wieder losgegangen und Berlin wäre das Schlachtfeld gewesen. Da hockten wir mittendrin. Wir konnten während der Blockade unsere Verwandten in den Westsektoren besuchen. Da gab es keine Probleme. Sie hatten auch genauso viel zu essen wie wir. Im Gegenteil, bei denen gab es auch mal was Besonderes, während es bei uns nur die Grundversorgung gab, Kartoffeln und Brot. Meine Tante Anna gab einmal jedem von uns einen Bückling. Den haben wir mit Heißhunger gegessen. Aber in der Nacht kam der Durchfall, denn so etwas Fettes waren wir nicht mehr gewöhnt.

Unsere Verwandten kamen auch zu uns. Denn im Ostteil konnte man noch mit Reichsmark einkaufen, die im Westen nichts mehr wert war. Ein Pfund Butter kostete 250 Mark, aber sie konnten es ohne Lebensmittelmarken und für wertloses Geld kaufen. Einen Monat nach der Währungsreform im Westen bekamen wir dann auch eigenes Geld, die Ost-Mark.

Im Winter wurden bei uns im Osten die HO-Läden aufgemacht. Das war die *Handelsorganisation*, bei der man ohne Lebensmittelmarken einkaufen konnte. Viele Berliner sind aus dem Westteil zum Einkaufen gekommen. Ich erinnere mich noch an eine riesige Reklame am Potsdamer Platz, darauf stand: *Der kluge Westberliner kauft in der HO.*«

Renate Engel bei ihrer Konfirmation | Mai 1950

Leben in der geteilten Stadt

Noch konnten sich die Berliner frei in ihrer Stadt bewegen und zwischen West- und Ostsektoren wechseln.

»S- und U-Bahnen und die Straßenbahnen fuhren durch. Im Westteil gab es mehr zu kaufen, aber es war für uns teuer. In den Läden an der Grenze stand: *Wir nehmen Ostgeld.* Der Wechselkurs war fünf Ostmark für eine Westmark. Später wurde es noch mehr. Als ich konfirmiert wurde, schenkte mir ein Cousin zehn D-Mark. Die habe ich umgetauscht und bekam 70 Ostmark. Dafür konnte ich mir etwas Schönes im Westen kaufen. Aber dabei musste man vorsichtig sein. Denn an der ersten Station nach der Sektorengrenze stieg oft die Transportpolizei ein. Die durchsuchte alles und nahm einem die schönen neuen Sachen aus dem Westen weg. Auch D-Mark durfte man nicht dabeihaben.«

Das Leben auf dem Land hatte Mutter und Tochter nicht gefallen. Als sich die Versorgungslage deutlich verbessert hatte, zogen sie 1958 wieder zurück nach Berlin. Ein Jahr vorher waren sie zu einem Familientreffen nach Holstein gefahren. Die Verwandten versuchten sie zum Bleiben zu überreden.

»Meine Mutter wollte gern, denn sie bekam im Osten keine Witwenrente und musste arbeiten. Im Westen hätte sie die Rente bekommen. Aber ich wollte nicht. Ich hatte meine Ausbildung beendet, hatte einen guten Arbeitsplatz und nette Kollegen. Ich wollte nicht fort. Meine Mutter wollte ohne mich nicht im Westen bleiben, also sind wir beide wieder zurückgefahren. Am 13. August 1961 wurde die Mauer in Berlin gebaut. Nun konnten wir die DDR nicht mehr verlassen. Ich habe es nie bereut, damals zurückgekommen zu sein.

Ich kann nur in Berlin leben. Hier habe ich mein ganzes Leben verbracht und einiges erlebt: die Nazizeit, den Krieg, den Mauerbau, den Kalten Krieg, die DDR und dann die Wiedervereinigung. Ich habe mir immer gesagt: Schlimmer kann es nicht werden, als es schon war. Wie sagt der Berliner: ›Pass ick mir eben an.‹

Denn bei all den Schwierigkeiten habe ich gelernt: Man darf den Kopf nicht in den Sand stecken. Man muss sich Ziele setzen und fleißig sein. So überwindet man die Probleme, die das Leben mit sich bringt. Es hat sich nach dem Krieg ja auch alles allmählich wieder eingerenkt. Jeder konnte seinen Lebensstandard verbessern. Inzwischen ist Berlin nicht mehr geteilt und wieder eine schöne große Stadt.

Ich werde meine Heimat nie verlassen. Ich bin eben Berlinerin.«

Die Tauentzienstraße im zerstörten Berlin | 1945

1938 Geburt in Wiesbaden
1956 Mittlere Reife
1956–1959 Lehre als Großhandelskaufmann
1965–1969 Einkaufsleiter
1969–1989 Leiter Organisation und Datenverarbeitung
seit 1989 Unternehmensberater

Harald Sunkel Der Feind bringt Schokolade

Harald Sunkels Eltern waren überzeugte National-sozialisten. Sie hatten ihrem kleinen Sohn bei-gebracht, dass die Feinde böse und Menschen mit dunkler Hautfarbe unheimlich und bedrohlich seien. Aber bei Kriegsende erlebte er schwarze amerikanische Soldaten, die höflich und sachlich auftraten und Schokolade und Kaugummi an die Kinder verteilten. Für den sechsjährigen Harald brach damals ein Weltbild zusammen.

Kindheit in Hitlerdeutschland

»Meine Eltern haben früh an Hitler und den Nati-onalsozialismus geglaubt. Mein Vater hatte eine Parteimitgliedsnummer unter 100 000. Er war Bau-ingenieur. Nach dem Studium ist er nicht in die Privatwirtschaft gegangen, wo er wahrscheinlich besser verdient hätte, sondern zum *Reichsarbeits-dienst*. Das war eine politische Entscheidung. Er wollte nach dem Chaos der Weimarer Republik beim Aufbau eines neuen Deutschlands mitwir-

ken. Uns fünf Geschwister, ich bin das Mittelstück, haben meine Eltern ganz im Sinne des National-sozialismus erzogen. Hitlers Geburtstag, der 20. April, wurde in Darmstadt immer groß gefeiert. Überall wehten Fahnen und Kapellen spielten Marschmusik. Wir Kinder wurden elegant an-gezogen, und dann gingen wir in die Stadt und schauten uns die Aufmärsche an.

Ich kann mich auch erinnern, auf der Straße ein-mal Juden gesehen zu haben, die den gelben Stern am Mantel trugen. Ich habe meine Mutter gefragt, was das bedeutete. Sie hat nur gesagt: ›Das geht dich nichts an. Mit denen hast du nichts zu tun.‹

Wir wurden entsprechend der nationalsozialis-tischen Ideologie atheistisch erzogen. Wir gingen nicht in die Kirche. Ich kann mich, obwohl ich noch sehr klein war, gut an die nationalsozialistischen Sonnwendfeiern erinnern. Auf einem Platz brann-ten dann große Lagerfeuer. Das hat mir als kleinem Jungen natürlich sehr gut gefallen.«

Im Inferno einer brennenden Stadt

Aber bald sollte ein Feuer ganz anderer Art und Dimension die gutbürgerliche Existenz von Familie Sunkel vernichten. Denn Darmstadt wurde in der Nacht vom 11. September 1944 von Bomben völlig zerstört. Als der Alarm kam, war keine Zeit mehr, um in den Bunker zu gehen. Frau Sunkel flüchtete mit ihren Kindern, das jüngste war drei Monate alt, in den Keller.

»Zuerst fiel das Licht aus, dann rieselte der Kalk von den Wänden. Bei jedem Bombeneinschlag in der Nähe zitterte das ganze Haus. Jemand ist nach vorn gegangen und hat gesehen, dass unser Haus und das Treppenhaus brannten. Damit konnten wir nicht mehr durch die Haustür nach draußen. Eine Eisentür war der eigentliche Fluchtweg aus dem Keller, aber die war durch herunterfallende Trümmer versperrt. Wir waren gefangen. Ich hatte furchtbare Angst. Mit einem Hammer haben die Erwachsenen dann eine Wand zum Keller des

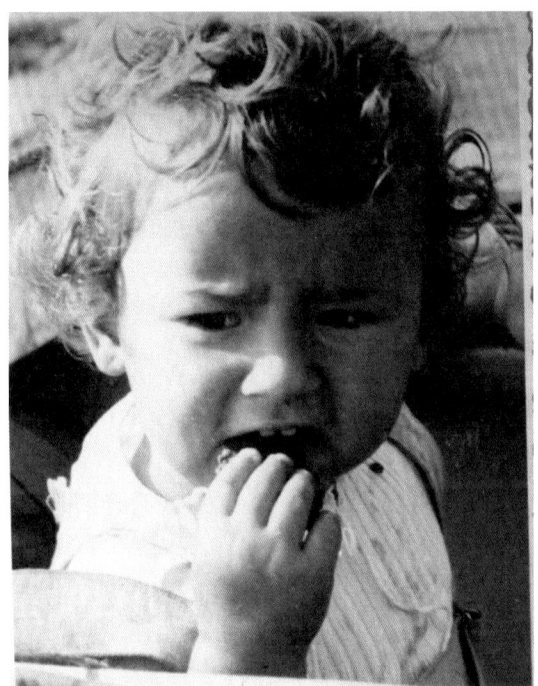

Harald Sunkel als Kleinkind

Nachbarhauses eingeschlagen. Meine Mutter war eine tatkräftige Frau. Im Keller standen Eimer mit Löschwasser. Sie hat Decken in das Wasser getaucht, uns darin eingehüllt und ist mit uns nach draußen gerannt.«

Überleben im Feuersturm

In der Stadt herrschte ein Inferno, denn die Bombardierung hatte einen Feuersturm verursacht. Ringsum fielen Bomben, die Häuser brannten lichterloh. Hitze und Funkenflug machten das Gehen fast unmöglich.

»Wir rannten in den Garten eines Hauses, das noch nicht brannte. Dort kauerten wir uns hinter die Reste einer eingestürzten Mauer. Der Feuersturm verursachte einen solchen Sog und Funkenflug, dass wir zu verbrennen drohten. Durch die Hitze des Feuers trockneten unsere Decken schnell. Die Erwachsenen rannten deshalb abwechselnd zu einem nahen Brunnen und holten Wasser, um die Decken nass zu machen. Dabei waren sie dem Feuersturm ausgeliefert. Sie bekamen schwere Rauchvergiftungen von dem giftigen Qualm. Meiner Mutter tränten die Augen so stark, dass sie ein paar Tage lang kaum sehen konnte.«

Am nächsten Morgen hing dicker Rauch über der Stadt. Auf den Straßen lagen viele Tote. Das Haus, in dem Familie Sunkel gelebt hatte, war völlig zerstört.

»Wir haben noch geschaut, ob wir etwas aus den Trümmern retten können, aber da war nichts mehr. Meine Mutter hatte noch nicht einmal eine Handtasche, keine Dokumente, nichts. Wir besaßen nur noch das, was wir auf dem Leib trugen. Ich hatte einen Schlafanzug, Hausschuhe und einen Mantel an. Es war keine Zeit gewesen, um mehr anzuziehen. Als der Alarm kam, ging es nur noch ums nackte Überleben.

Wir standen im wahrsten Sinne des Wortes vor den Trümmern unserer Existenz. Aber mich beschäftigte etwas ganz anderes. Durch die Hitze waren die reifen Kastanien von den brennenden

Bäumen gefallen und aufgeplatzt. Ich fing an, die Kastanien zu sammeln. Um mich herum war die Welt untergegangen, aber das verstand ich mit meinen sechs Jahren nicht. Ich fand die Kastanien wichtiger.«

Ein Leben wie im Frieden

Ein paar Tage lang kam die Familie bei Freunden am Stadtrand unter. Dann zog sie zu Bekannten auf den Hof Zwiefalten, einem Jagdschloss auf dem Vogelsberg.

»Die Fahrt dorthin wurde immer wieder unterbrochen. Wenn Tiefflieger kamen, fuhren wir von der Straße ab in den Wald und warteten. Wenn die Luft rein war, fuhren wir weiter, bis die nächsten Tiefflieger kamen.«

Das Leben auf dem Hof schien auf den ersten Blick vom Krieg unberührt. »Es war wie im Frieden. Ich kam das erste Mal mit Landwirtschaft in Berührung, konnte Kühe und Pferde füttern.«

Aber über den Vogelsberg flogen die Flugzeugverbände, die Frankfurt, Mannheim und andere Städte in der Region bombardierten. »Zuerst kamen die Bomber nur nachts. Wir konnten vom Berg aus die hell brennenden Städte sehen. Dann bombardierten sie auch tagsüber. Ein deutscher Offizier kam auf den Hof und sagte: ›Es ist zu Ende, wir können nicht mehr.‹ Er verschwand in den Wald.«

Als die Hofbewohner einige Tage später nach ausgebrochenen Pferden suchten, fanden sie ihn in einem Graben. Er hatte sich mit seiner Pistole erschossen.

Die Mutter glaubt an den Endsieg

»Trotz der Bombenangriffe glaubte meine Mutter immer noch an den Endsieg. Sie war völlig verblendet und hat fest an die Wunderwaffen V1 und V2 geglaubt. Sie war davon überzeugt, dass Deutschland den Krieg gewinnen würde.

Der Feind lauerte ihrer Meinung nach überall. Einmal habe ich einen Füller auf der Straße gefunden. Wie kleine Kinder so sind, wollte ich ihn aufheben. Das hat sie mir streng verboten. Es könnte eine vom Feind abgeworfene Bombe sein, deren Sprengladung explodiert, wenn ich sie in die Hand nehme.

Einmal kamen wir vom Friseur zurück nach Zwiefalten. Da sahen wir einen Fallschirmspringer, der auf den Hof zuzuschweben schien. Meine Mutter schickte uns Kinder zum Hof, um die Männer zu alarmieren. Währenddessen lief sie schon in den Wald, um den Feind gefangen zu nehmen, aber der war längst abgedriftet.«

Der Endsieg

Die nationalsozialistische Propaganda beschwor den sogenannten »Endsieg« bis kurz vor der Kapitulation Deutschlands. Neben der angeblichen Überlegenheit der arischen Rasse sollten vor allem die Raketen V1 und V2 als »Wunderwaffen« den endgültigen Sieg herbeiführen.

Feinde sind auch nur Menschen

»Meine Mutter hatte mich in dem Glauben erzogen, dass der Feind böse ist.« Harald Sunkels
von den Eltern geprägtes Menschenbild kam ins
Wanken, als die ersten amerikanischen Truppen
auf dem Vogelsberg eintrafen.

»Wir hatten uns alle auf der Freitreppe versam-
melt, als Panzerspähwagen auf den Hof fuhren. Die
Soldaten waren schwarze Amerikaner. Ich hatte nie
einen Schwarzen gesehen, aber ich hatte gelernt,
dass sie etwas ganz Schlimmes sind. Und nun
kamen diese Soldaten höflich auf uns zu. Ich
konnte diesen Widerspruch gar nicht fassen. Als
kleines Kind glaubt man ja alles, was die Eltern
sagen, und nun war das in Wirklichkeit ganz anders. Die Feinde hatten gesiegt, was bis zuletzt als
unmöglich galt, und nun entpuppten sie sich auch
noch als ganz normale Menschen, so wie wir auch.
Wie sollte das ein sechsjähriges Kind begreifen?«
Die Jagdgewehre hatte der Hofbesitzer gut geölt
vergraben. Aber in der Diele stand noch ein Luftgewehr. Der amerikanische Offizier deutete darauf
und wollte wissen, was das sei. Um zu zeigen, dass
es ein harmloses Luftgewehr war, schoss der Hofbesitzer auf den Steinfußboden. Der Schuss prallte
ab, die Bleikugel schlug an die gekachelte Wand,
prallte erneut ab und traf den Helm eines amerikanischen Soldaten.

»Die Situation hätte leicht außer Kontrolle gera-
ten können. Aber es geschah nichts. Die Amerikaner blieben entspannt und freundlich. Der Offizier
beschlagnahmte nur das Gewehr. Und das war nun
der Feind, der ein Bösewicht sein sollte? Ich verstand die Welt nicht mehr.«

Schokolade vom Feind

Die Familie zog ins nahe gelegene Eichelsachsen.
»Ich hatte nicht den Eindruck, dass sich die Amerikaner als Sieger aufgespielt hätten. Sie blieben sachlich im Umgang mit uns.«

Der Hof Zwiefalten

Wenn amerikanische Soldaten in Jeeps oder Panzerfahrzeugen durch den Ort fuhren, liefen die Kinder auf die Straße und bettelten um Süßigkeiten. »Das englische Wort für Schokolade hatten wir Kinder schnell gelernt. Alle riefen: ›Chocolate, Chocolate!‹ und bekamen meist auch etwas. Nur ich nahm nichts an, dabei hatte ich schon lange keine Schokolade mehr gegessen. Aber da kam wieder meine Erziehung durch: Vom Feind nimmt man nichts.«

Ein warmes Mittagessen

Der Vater war aus der amerikanischen Kriegsgefangenschaft geflohen und es war für ihn gefährlich, in der amerikanischen Zone zu bleiben. Deshalb zog die Familie nach Pattensen bei Hannover, das in der englischen Zone lag. Dort besaß die Familie noch ein Haus, in das allerdings mehrere Familien einquartiert waren. Familie Sunkel standen die ehemalige Räucherkammer und ein Nebenraum unter dem Dach zur Verfügung. So lebten die Eltern mit fünf Kindern in den beiden winzigen Zimmern.

»Wir haben entsetzlich gefroren, denn der Winter war hart. Unser Atem gefror an den Fensterscheiben. Viel schlimmer aber war der ständige Hunger. Ich war so unterernährt, dass ich Sonder-Lebensmittelmarken bekam. Damit konnte meine Mutter statt der üblichen Magermilch für mich Vollmilch kaufen. Die Bauern in der Umgebung

Kinder betteln um Essen bei den Soldaten der US-Armee. | 1945

haben so dünne Kinder wie mich manchmal zum Mittagessen eingeladen. So bekam ich wenigstens ab und zu eine richtig sättigende, warme Mahlzeit am Tag.«

Diebstahl aus Hunger

»Für meine Eltern kam Klauen nicht in Frage. Sie haben auch versucht durchzusetzen, dass wir nicht stahlen, aber wir waren doch immer so hungrig! Eines Nachts verunglückte vor unserem Haus ein Laster, der Marmelade geladen hatte. Meine älteren Brüder haben zusammen mit anderen Dorfbewohnern einige der herumliegenden Marmelade-Eimer geholt. Mein Vater verlangte, dass sie sie wieder zurückbringen, aber einen Eimer haben sie vor ihm versteckt. Schließlich hatten wir schon lange nicht mehr so etwas Gutes gegessen. Wenn wir Obst oder Gemüse von den Feldern stahlen, haben wir es sofort verschlungen. Wir konnten unser Diebesgut ja nicht mit nach Hause bringen. Sogar Rosenkohl haben wir roh gegessen, so groß war unser Hunger. Auf Feldern und Obstwiesen zu stehlen war für uns normal, darüber haben wir nicht nachgedacht.

Viele Jahre später fuhr ich eine Landstraße entlang, sah einen Baum mit herrlichen, reifen Äpfeln, hielt an und pflückte mir einen Apfel. Ich biss hinein und dachte plötzlich: Was hast du getan? Du hast gestohlen. Dann fiel mir ein, dass ich das als Kind immer wieder gemacht habe, ohne mir dabei je etwas zu denken. Man verliert unter schlimmen Bedingungen eben leicht jedes Gefühl für Gerechtigkeit.«

Nichts gewusst

»Wir waren nach dem Krieg bitterarm. Denn mein Vater war als belasteter Nationalsozialist arbeitslos. Er durfte keine leitende Tätigkeit ausüben. Später hat er als Maurer gearbeitet, aber er war der Arbeit körperlich kaum gewachsen, denn während der Gefangenschaft war er an Diphtherie erkrankt. An deren Folgen ist er früh gestorben. Meine Eltern mussten unter schwierigsten Umständen fünf Kinder ernähren. Bei uns herrschte blanke Not. Das war eine schwere Zeit, in der sich meine Eltern in ihr Schneckenhaus zurückzogen. Von der Vergangenheit wollten sie nichts mehr wissen.

In den Ort kamen Flüchtlinge und es hieß, sie kämen aus einem Konzentrationslager. Wir Kinder haben unsere Mutter gefragt, was das ist. Meine Mutter behauptete, sie wisse es nicht.

Dabei hätte sie es wissen müssen. Meine Eltern besaßen ein Exemplar von Hitlers *Mein Kampf* mit seinem Autogramm. Das haben sie über den Krieg gerettet. Ich habe als Jugendlicher darin gelesen und war entsetzt, wie genau Hitler dort schon alles beschrieben hatte, was er später in die Tat umgesetzt hat.

Ich habe schon in meiner Jugend damit begonnen, mich mit der Nazi-Vergangenheit auseinanderzusetzen. Ich wollte genau Bescheid wissen. Aber mit meinen Eltern war ein Gespräch darüber nicht möglich. Wenn ich ihnen die Verbrechen der Nazis vorgehalten habe, antworteten sie immer: ›Das mag ja stimmen, aber …‹, und dann kamen die bekannten Argumente, dass es unter Hitler keine Arbeitslosigkeit gegeben habe usw. Sie haben die Vergangenheit überhaupt nicht reflektiert. Ich musste mich damit allein beschäftigen, denn auch in der Schule wurde über die Vergangenheit geschwiegen. Also habe ich mir Zeitungen und Bücher in der Bibliothek besorgt und im Radio Sendungen gehört.

So habe ich gelernt, welche Verbrechen während der Hitlerzeit begangen wurden und wie Demokratie funktioniert. Ich habe auch zu den christlichen Werten gefunden. Vor allem habe ich eines gelernt: Nichts ist wichtiger als ein demokratischer Rechtsstaat.«

Mein Kampf

Adolf Hitler schrieb 1924 während seiner Festungshaft in Landsberg das Buch *Mein Kampf*, in dem er seine Vorstellungen von der Überlegenheit der arischen Rasse und seinen Judenhass darlegte sowie das Recht des deutschen Volkes auf »Lebensraum im Osten«.

1940	Geburt in Bergen
1957	Mittlere Reife
1958–1964	Hauswirtschaftsleiterin
1964–1971	Lehrerin für Hauswirtschaft und Textilarbeit
1971–1974	Studium der Pädagogik
1974–2003	Grundschullehrerin

Dorothea Kritzer   Unter britischer Besatzung

Dorothea Kritzer wuchs in Bergen in der Lüneburger Heide auf. In unmittelbarer Nähe des kleinen Ortes befanden sich im 19. Jahrhundert Exerzierplätze der Königlich-Hannoverschen Armee. Auf diesem Gelände legte die deutsche Wehrmacht ab 1935 einen Truppenübungsplatz an. Während des Krieges wurden dort Kriegsgefangenenlager eingerichtet und später das Konzentrationslager Bergen-Belsen. Als britische Truppen 1945 das Lager befreiten, fanden sie dort Berge von Leichen und Tausende sterbende Gefangene vor. Die Briten blieben im Ort. Heute ist Bergen einer der größten NATO-Truppenübungsplätze in Europa.

Kindheit im Krieg

»Ich war zu klein, um mich an die Kriegszeit zu erinnern. Deshalb habe ich zum Glück, im Gegensatz zu meinem zwei Jahre älteren Bruder, auch nichts mitbekommen, als mein Vater starb.« Der Vater war einen Tag vor Dorotheas Geburt zum Kriegs-einsatz eingezogen worden. »1941 war er noch im Weihnachtsurlaub bei uns. Da hat er meinen jüngeren Bruder, der im Oktober geboren war, das erste und letzte Mal gesehen. Mein Vater hat sehr viel geschrieben. Als die Post ausblieb, ahnte meine Mutter schon das Schlimmste. Als dann die Nachricht kam, dass er am 21. Februar 1942 gefallen ist, hatte sie wenigstens Gewissheit, wann und wo er gestorben ist. Sie hat immer gesagt, das sei besser als die schreckliche Ungewissheit über die vielen Vermissten. Deren Angehörige haben jahrelang umsonst Hoffnungen gehegt.«

Die Mutter war nach dem Tod des Vaters allein mit ihren drei kleinen Kindern. Um ihr zu helfen, zogen die Großeltern in das Haus der Familie ein.

Das Haus voller Flüchtlinge

»Unser Haus war 1939 gebaut worden. Da war es schon Vorschrift, dass man einen Luftschutzkeller einbaute. Gegen Ende des Krieges gab es öfter

Alarm und wir gingen in den Keller. Soweit ich weiß, sind auf Bergen aber nur einzelne Bomben gefallen, die Flieger nach Angriffen auf Hamburg oder Hannover loswerden wollten. Hamburg liegt 80 Kilometer weiter nördlich. Meine Mutter hat erzählt, dass sie den rot leuchtenden Himmel sah, als die Stadt 1943 brannte.«

Gegen Kriegsende wurde es eng im Haus, denn ständig kamen neue Flüchtlinge an, die erst einmal untergebracht werden mussten, bevor sie auf die umliegenden Dörfer verteilt wurden.

»Zuerst kamen die Ostpreußen, nach dem Krieg siedelten dann vertriebene Schlesier bei uns im Ort. Ich erinnere mich noch an eine große Familie aus Ostpreußen, die zu uns kam. Sie hatten nichts gerettet außer einem Kinderwagen, an dem ein Nachttopf baumelte. Manchmal war unser Haus so voll, dass wir nur noch in der Küche wohnen konnten. Alle Zimmer waren mit Flüchtlingen belegt. Es war schwierig, genug Nahrungsmittel für alle aufzutreiben und im Winter zu heizen. Wir hatten im Haus zwar eine Zentralheizung, aber da es nicht mehr genug Kohle gab, um sie zu betreiben, wurden in den Zimmern kleine Behelfsöfen aufgestellt.

Für mich als Kind war das Chaos toll, denn es waren immer viele Kinder da, mit denen ich spielen konnte. Da im Haus kein Platz war, spielten wir bei Wind und Wetter draußen. Meine Haupterinnerung an diese Zeit ist, dass es keinen Streit gab, sondern ein gutes Miteinander. Alle waren in Not und haben sich gegenseitig geholfen.«

Die Briten kommen nach Bergen

Britische Truppen erreichten Bergen Mitte April 1945. Der Ort wurde kampflos übergeben. Aus den Fenstern hingen schon einen Tag vorher Bettlaken als weiße Fahnen. Dorotheas älterer Bruder Wolfgang lief in den Ort und schrie, so wie er es in der Kriegspropaganda gehört hatte: »Ihr Feiglinge, wie könnt ihr jetzt aufgeben?« Ein Mann gab ihm rechts und links eine Ohrfeige und sagte: »Du dummer Bengel weißt nicht, wovon du redest.«

Am 15. April rückten die Briten ein. Der Großvater meinte: »Dat mögt wie uns ankieken« und ging mit Wolfgang in den Ort. Die Einwohner von Bergen standen am Straßenrand und sahen dem Einmarsch zu. Vorneweg fuhren Panzer in Gefechtsbereitschaft, darauf folgten die Wagen mit den Truppen. Die britischen Soldaten durchsuchten die Häuser nach Wehrmachtssoldaten und nach Waffen. Damit war der Krieg in Bergen beendet.

Das KZ wurde ebenfalls kampflos an die Briten übergeben. Im Lager herrschte eine schwere Typhus-Epidemie. »Das Kommando der Wehrmacht in unserer Region hat deshalb mit den heranrückenden Briten einen Separatfrieden geschlossen, drei Wochen vor der eigentlichen Kapitulation. Das geschah natürlich nicht aus Menschenliebe. Sie befürchteten vielmehr, dass infizierte Insassen ausbrechen könnten und sich dann die Epidemie in der Umgebung ausbreiten würde.«

Dorothea mit ihrer Mutter und ihrem Bruder Wolfgang | 1947

Das Konzentrationslager Bergen-Belsen entstand erst spät. Zunächst errichtete die Wehrmacht am Rand des Truppenübungsplatzes ein Lager für Kriegsgefangene aus Frankreich und Belgien. Nach dem Beginn des Russlandfeldzuges wurde das Lager ab Juli 1941 mit 21 000 sowjetischen Kriegsgefangenen belegt, die zum großen Teil im Freien vegetieren mussten, weil es nicht genügend Baracken gab. Innerhalb von neun Monaten starben 14 000 von ihnen an Kälte, Hunger und Seuchen.

Im April 1943 errichtete die SS im südlichen Teil des Lagers ein sogenanntes Austauschlager. Dort wurden rund 15 000 Juden interniert, die Einwanderungspapiere für Palästina besaßen oder hohe Positionen in jüdischen Organisationen innegehabt hatten. Sie sollten gegen verhaftete Deutsche im Ausland oder gegen Devisen ausgetauscht werden. Die Insassen lebten unter deutlich besseren Bedingungen als die Häftlinge in anderen Konzentrationslagern. Aber nur rund 2500 Menschen wurden tatsächlich ausgetauscht.

Ab März 1944 wurde das Lager vergrößert, um Häftlinge aus anderen Lagern aufzunehmen. Denn als die Fronten zusammenbrachen, begann die SS mit der Räumung der Lager im Osten. Die Häftlinge sollten den alliierten Befreiern nicht in die Hände fallen. In mehr als 100 Transporten kamen etwa 85 000 Menschen nach Bergen-Belsen.

Das Lager war auf diese Menschenmassen nicht vorbereitet. Die Insassen wurden teilweise in Zelten untergebracht, als Latrinen dienten offene Gruben, die Versorgung mit Lebensmitteln war völlig unzureichend. Eine Typhus- und Fleckfieberepidemie brach aus, der allein im März 1945 rund 18 000 Menschen zum Opfer fielen.

Als die Briten das Lager am 15. April 1945 erreichten, fanden sie Leichenberge vor. 53 000 Menschen lebten noch, von denen allein bis Juni 1945 allerdings 14 000 starben: an Krankheiten, den Folgen der KZ-Haft oder weil ihre ausgemergelten Körper keine Nahrung mehr aufnehmen konnten. Von den insgesamt 120 000 Insassen von Bergen-Belsen hat nur gut die Hälfte überlebt. Die Briten filmten die Zustände im Lager unmittelbar nach der Befreiung. Durch diese Filmaufnahmen und Fotografien ist Bergen-Belsen zu einem Sinnbild für die Verbrechen der Deutschen an den europäischen Juden geworden.

Das Lager Bergen-Belsen nach der Befreiung | 1945

Das Mahnmal auf dem ehemaligen Gelände des KZs Bergen-Belsen | 2012

Bergen wird geräumt

Nachdem die britischen Truppen das KZ und die Kriegsgefangenenlager befreit hatten, sahen sie sich mit einem kaum zu lösenden Problem konfrontiert. Während ringsum noch der Krieg in seiner Endphase tobte, mussten sie Tausende todkranker ehemaliger KZ-Häftlinge und völlig ausgehungerte Kriegsgefangene versorgen. Dies war unter den Umständen kaum möglich. Während die Briten für die schwerstkranken KZ-Häftlinge ein Hospital einrichteten, fanden sie für die Versorgung der Kriegsgefangenen eine andere Lösung: Die Bevölkerung sollte Bergen verlassen, um Platz zu machen für die ehemaligen Gefangenen, die von dort aus in ihre Heimatländer zurückgeführt werden sollten.

»Wir lebten am Ortsrand von Bergen. Am 22. April kam meine Großmutter zu uns und rief schon von weitem: ›Wir müssen raus!‹ Im Ort hatten schon alle gepackt. Wir hatten Pferd und Wagen, den wir mit Matratzen und Bettwäsche beluden. Ich trug mehrere Lagen Kleider übereinander. Dann nahm ich meine Puppe in den Arm, ging nach draußen und fragte: ›Wann flüchten wir endlich?‹ Ich war ja noch klein und fand alles sehr spannend.

Meine Großmutter holte noch Eier und einen Schinken aus der Vorratskammer. Da meinte meine Mutter: ›Was willst du denn damit? Heute Abend sind wir wieder zu Hause!‹ Sie hatte überhaupt keine Vorstellung von dem, was kommen sollte.«

Die Familie zog zu Verwandten. Deren Bauernhof war bald so überfüllt, dass für jede Familie nur ein kleines Fleckchen blieb. »Dort habe ich das erste Mal Angst gehabt, denn durch die Dörfer zogen ehemalige Kriegsgefangene und plünderten die Häuser. Als sie zu uns kamen, verlangten sie von allen die Uhren. Einer forderte von meiner Großmutter ihren Ehering. Aber sie wollte ihn nicht hergeben, rannte davon und rettete so den Ring.«

Erst nach drei Wochen konnte die Familie wieder in ihr Haus in Bergen zurück.

Dorothea und Wolfgang Kritzer bei der Ostereiersuche

Das Haus ist verwüstet

Jemand erzählte der Mutter: »Aus eurem Haus haben sie ein Pferd gezogen.« »Das Schaukelpferd der Kinder?«, fragte sie. »Nein, ein lebendes Pferd!«

Als die Familie das Haus betrat, begriff die Mutter, was es mit dem Pferd auf sich hatte: Im Haus hatten oben italienische und unten polnische und russische Kriegsgefangene gehaust. Das Elternschlafzimmer hatten sie als Pferdestall genutzt. Die Betten waren weg, dafür lag Stroh auf dem Boden, auf der Frisierkommode standen noch eine Schüssel mit Hafer und ein Eimer voller Wasser. Den Spiegel hatte das Pferd eingetreten.

»Das war noch der sauberste Raum, in den anderen Zimmern sah es viel schlimmer aus. Was zu transportieren war, war gestohlen. Überall lagen riesige Müllhaufen. Am schlimmsten aber war das Badezimmer. Sie hatten die Badewanne als Klo benutzt. Sie war bis oben hin voll. Das Klo war ebenfalls total verstopft. Das Haus meiner Tante nebenan sah noch schlimmer aus. In der Waschküche lagen die Gedärme unserer Schweine, die sie dort geschlachtet hatten. Der Dreck und die Verwüstung waren so furchtbar, dass meine Tante ihr Haus abbrennen wollte. Aber mein Großvater meinte nur: ›So schnell ist nicht wieder aufgebaut.‹ Die Erwachsenen haben dann Mund und Nasen verbunden und die Häuser geräumt. Das Feuer mit dem ganzen Müll brannte tagelang.«

Eine Erinnerung an diese Zeit bewahrt Dorothea Kritzer bis heute auf. »Als wir in unser Haus zurückkamen, lag im Müll ein KZ-Anzug. Den konnte und wollte niemand verbrennen. So ist er erhalten geblieben.«

Jüdisches Leben in Bergen

Bis 1950 lebten noch Juden in Bergen-Belsen, das zum größten jüdischen Flüchtlingslager in Deutschland wurde. »Wir hatten kaum Kontakt zu ihnen. Direkt nach der Befreiung waren die Überlebenden so krank und schwach, dass sie nicht nach Bergen gehen konnten. Später kamen gelegentlich Frauen in den Ort. Sie waren so ausgemergelt und hatten so dünne Beine, so etwas hatte ich noch nie gesehen.«

Im DP-Lager etablierte sich jüdisches Leben. Für die Pessachfeier benötigten die Juden Matzen, ungesäuertes Brot, das entsprechend den jüdischen Speisevorschriften koscher, also rituell rein, gebacken werden musste. »Von Zeit zu Zeit wurde die Bäckerei meines Onkels beschlagnahmt, um dort Matzen zu backen. Einige Frauen, darunter auch meine Mutter, mussten dann dort arbeiten. Ein Rabbiner achtete darauf, dass alles streng koscher war. So mussten die Frauen ihre Hände vorzeigen. Denn die kleinste Verletzung hätte dazu geführt, dass die Matzen nicht koscher waren. Der Rabbiner hatte als Einziger seiner Familie überlebt. Er hat meiner Mutter erzählt, wie schrecklich seine Verwandten umgekommen waren.«

Buttercreme und Schwarzpulver

Die Briten beschlagnahmten Häuser als Militärquartiere. Das Obergeschoss bei Kritzers forderte ein Offizier für seine deutsche Freundin, ihre Schwester und ihre Mutter.

»Die waren sehr nett. Meine Mutter war ein sehr ausgleichender, verträglicher Mensch. So hatten wir ein gutes Verhältnis zu unseren Mitbewohnern. Die Briten waren ansonsten eher distanziert. Ich kann mich nicht erinnern, dass sie wie die Amerikaner Süßigkeiten an Kinder verteilt hätten. Aber mein Bruder hatte am gleichen Tag Geburtstag wie der Offizier. Da durfte er nach oben gehen und bekam ein Stück Buttercremetorte.«

Nicht weit vom Haus entfernt lag im Wald ein Munitionsdepot. Nach Kriegsende war die Bewachung nur unzulänglich und so flog es eines Tages in die Luft. Das Gelände war anschließend von Bombentrichtern übersät, kreuz und quer lagen verbrannte Bäume und Reste von Munition herum.

Bilderbuch der Geschwister, gebastelt aus einem Tapeten-Musterbuch

Trotz des strengen Verbots der Mutter ging auch Dorotheas Bruder Wolfgang dort spielen. Die Jungs schraubten an den Granaten herum. Sie füllten Konservendosen mit Schwarzpulver und zündeten sie an. Die Dosen tanzten dann mit einer Stichflamme durch die Gegend. Die größeren Jungen suchten nach wertvollen Metallen. Das ging zwei Jahre lang gut. Aber dann starben bei Explosionen einige Jungen. Daraufhin räumten die Briten das Gelände.

Abzug der britischen Truppen

Die Briten blieben in Bergen und übernahmen den Truppenübungsplatz. »Wir Kinder fanden das sehr spannend, wenn sie mit ihren Panzern bei uns vorbeifuhren und an der Kehre wendeten. Am Anfang haben sich die Briten schon als Besatzer aufgespielt, aber das hat sich im Laufe der Jahre gegeben. Sie haben aber immer Distanz gewahrt. Später gab es einen deutsch-britischen Club und Partnerschaften zwischen deutschen und englischen Schulen. Trotzdem konnten wir nicht vergessen, dass wir ein besetztes Land waren. Denn bei uns fuhren die Panzer vorbei und bei Manövern hörten wir das Schießen.«

Erst waren die britischen Truppen die ungeliebten Besatzer von Bergen. Später wurden sie zum größten und wichtigsten Arbeitgeber des kleinen Ortes. Handwerksbetriebe und Geschäfte verdienten gut an den stationierten Truppen und dem NATO-Übungsplatz. Die Situation hat sich geändert: Bis spätestens 2020 ziehen die Briten aus Kostengründen von diesem Standort ab. Bergen hat 14 000 Einwohner. Dazu kamen bisher 3000 Soldaten und ihre Familien. Mit ihnen verliert Bergen ein wichtiges wirtschaftliches Standbein.

»Die Besatzer waren im Ort erst nicht willkommen. Aber jetzt, wo sie gehen, weint ganz Bergen. Für die Wirtschaft ist ihr Wegzug eine Katastrophe. Der NATO-Übungsplatz wird zwar weiter für Manöver genutzt werden, aber Bergen ohne die Briten können wir uns nach der langen Zeit kaum vorstellen.«

Gedenkstein am Eingang zum ehemaligen Lagergelände | 2012

Dorothea und Wolfgang Kritzer

Die Geschwister wuchsen in Bergen auf,
nicht weit entfernt vom KZ Bergen-Belsen.
Mit der Vergangenheit ihrer Heimat haben
sie sich intensiv auseinandergesetzt.

Dorothea Kritzer mit dem geretteten KZ-Anzug | April 2012

Wie ist es, aus einem Ort zu stammen, in dessen unmittelbarer Nähe eines der weltweit bekanntesten Konzentrationslager lag?

DK – Aus Bergen zu stammen ist schwierig, denn wir sind stigmatisiert, weil dieses entsetzliche KZ in unserer Nähe war. Wenn ich als junges Mädchen gefragt wurde, woher ich komme, habe ich deshalb immer gesagt: Celle. Das war unverfänglich. Aber inzwischen sage ich offen: Ich lebe in Bergen. Damit erst gar keine Nachfragen kommen, füge ich gleich hinzu: Das ist das berüchtigte Bergen-Belsen.

Wurde während des Krieges über das Konzentrationslager gesprochen?

DK – Vielleicht haben die Erwachsenen miteinander geredet. Aber vor uns Kindern haben sie darüber nicht gesprochen. Einige müssen gewusst haben, was dort geschah, aber sie haben geschwiegen. Mein Onkel beispielsweise war Bäcker und lieferte Weißbrot für die Wachmannschaften. Er gab das Brot am Lagereingang ab. Er muss etwas mitbekommen haben, aber er hat nie darüber gesprochen.

Wir Kinder haben natürlich später die Erwachsenen gefragt: Was habt ihr gewusst? Die Antwort war meist Schweigen. Das kam zum einen sicher daher, weil sie Schuldgefühle hatten, sich nicht mehr informiert und nichts getan zu haben. Zum anderen glaube ich aber auch, dass im Nachhinein selbst diejenigen, die etwas geahnt oder gewusst hatten, schockiert waren über das tatsächliche Ausmaß des Grauens, das im KZ herrschte. Das überstieg alle Vorstellungen.

Haben Sie KZ-Häftlinge gesehen?

WK – Die Rampe, an der die Bahngleise enden, liegt am Ortsausgang. Dorthin fuhren die Versorgungszüge der Wehrmacht. Die NATO-Truppen nutzen sie heute noch für das Verladen der Panzer. An der Rampe endeten aber auch die KZ-Transporte. Die Häftlinge mussten von dort durch den Wald zum KZ laufen. Uns Kindern war es streng verboten, dorthin zu gehen. Ich war 1944 sechs Jahre alt und wie kleine Jungs nun mal sind, habe ich mich nicht um dieses Verbot geschert. Denn wenn ein Zug der Wehrmacht ankam, fand ich mal ein Brot oder Kohlen. Eines Tages bin ich völlig verstört nach Hause gelaufen und habe meiner Mutter erzählt: »Da kam ein Zug und lauter tote Menschen fielen heraus.« Ich hatte einen KZ-Transport gesehen. Ich kann mich an dieses Erlebnis nicht erinnern. Ich weiß es nur, weil meine Mutter es mir später erzählt hat. Der Anblick muss so entsetzlich gewesen sein, dass ich das vollkommen verdrängt habe.

Wurde später in der Schule über das KZ gesprochen?

WK – Das Thema – Nazi-Zeit, Holocaust und KZ – wurde im Unterricht nie erwähnt. Unsere Lehrer waren alle aus dem Osten vertrieben. Sie haben von ihrer Flucht erzählt und wie schön ihre alte Heimat war. Ich habe Ostpreußen im Unterricht besser kennengelernt als die eigene Region. Die unmittelbare Heimatgeschichte wurde konsequent totgeschwiegen.

DK – Wir Kinder haben Fragen gestellt, die in der Schule nicht beantwortet wurden. Zu Hause haben wir darüber geredet, und Mutter und Großvater haben geantwortet, so gut sie konnten. Wirklich erfahren, was passiert war, habe ich erst, als es Literatur zum Thema Holocaust gab. Wolfgang und ich sind damals zum ehemaligen KZ-Gelände geradelt und standen fassungslos vor den Massengräbern mit den vielen Tausend Toten. Wie konnte das bei uns geschehen?

Wie ging die Gemeinde früher mit ihrer Vergangenheit um?

WK – Es hat mich empört, wie über viele Jahre versucht wurde, das Thema KZ Bergen-Belsen unter den Teppich zu kehren. Als die vielen vertriebenen katholischen Schlesier nach Bergen kamen, sollte für sie eine Kirche gebaut werden. Dafür wurde um Namensvorschläge gebeten. Einer lautete: Sühnekirche. Da hieß es von den Kommunalpolitikern: »Sühne? Wofür denn Sühne?« Das ist doch nicht zu fassen.

Es gab früher auch kaum Hinweisschilder auf die KZ-Gedenkstätte. Das Museum war ein kleines Häuschen am Lagereingang, wo der Film gezeigt wurde, den die Briten nach der Befreiung des Lagers gedreht hatten. Da sah man die entsetzlichen Bilder, wie die Toten mit Bulldozern in Massengräber geschaufelt wurden. Ansonsten aber gab es dort nur ein paar

Einschulung von Dorothea Kritzer | 1947

Stellwände mit Informationen. Das war's. Das hat sich zum Glück geändert. Das neu gebaute Dokumentationszentrum zeigt in einer ausführlichen Ausstellung die Geschichte des Lagers und ist dem Geschehen und dem Ort wirklich angemessen.

Wird heute in Bergen offener über die Verbrechen der Nazi-Zeit gesprochen?

DK – Der Umgang mit der Vergangenheit hat sich total verändert. Anne Frank ist hier im KZ gestorben. Heute gibt es in Bergen eine Anne-Frank-Schule und Anne-Frank-Friedenstage. Die Gemeinde bemüht sich um Aufklärung und internationale Friedensarbeit. Deshalb nennt sie sich jetzt *Stadt des Friedens und der Internationalität.*

Gedenkstein für Margot und Anne Frank | 2012

Genügt es, das Thema Nationalsozialismus in der Schule zu unterrichten?

DK – Man muss sich informieren über das, was geschehen ist. Nur wenn man das weiß, kann ein solches Verbrechen in Zukunft verhindert werden. Aber das sollte nicht nur theoretisch im Unterricht in der Schule sein.

Ich war entsetzt, als ich erfuhr, dass Schüler hier aus der Umgebung nie in Bergen-Belsen waren. Dabei liegt es doch in ihrer Nähe. Junge Menschen sollten die Gedenkstätten in den ehemaligen Konzentrationslagern besuchen, denn dort können sie besser begreifen, was geschah.

Das ist mir selbst so ergangen. Ich hatte so viel über Auschwitz gehört und gelesen, aber als ich dann dort war, hat es mich völlig überwältigt. Diese Berge von Haaren und Brillen, von Prothesen von Juden, die für Deutschland im Ersten Weltkrieg gekämpft hatten – das ist furchtbar. Mich macht das Ausmaß des Völkermordes an den Juden immer wieder fassungslos.

Ich habe auch die Holocaust-Gedenkstätte *Yad Vashem* in Jerusalem besucht. Da spielt Bergen-Belsen nur eine untergeordnete Rolle, ich hätte gedacht, dass es größer herausgestellt wird. Dort befindet sich auch ein Mahnmal für die ermordeten Kinder. Es ist ergreifend gestaltet. Es ging mir so unter die Haut, mir kamen die Tränen.

WK – Im Konzentrationslager waren viele Kinder und Jugendliche. Das hat mich immer wieder sehr beschäftigt. Meine Geschwister und ich sind ohne Vater aufgewachsen. Er ist so jung gefallen. Aber davon abgesehen hatten wir im Grunde eine behütete und glückliche Kindheit. Und gleichzeitig lebten nur wenige Kilometer von uns entfernt Kinder, die nur wenig älter waren als wir, und sie gingen durch die Hölle auf Erden. Wie soll man das begreifen?

Anne Frank wurde 1929 in Frankfurt am Main als zweite Tochter einer gebildeten jüdischen Familie geboren. Als die Schikanen gegen Juden 1933 nach der Machtergreifung der Nationalsozialisten begannen, zog die Familie nach Amsterdam. Der Vater gründete dort eine Firma. Nachdem die deutsche Wehrmacht 1940 die Niederlande erobert hatte, begann auch dort die Diskriminierung der Juden.

Als die ältere Schwester Margot am 5. Juli 1942 den Aufruf zum Transport in ein Arbeitslager in Deutschland erhielt, zog das Ehepaar Otto und Edith Frank mit ihren Töchtern am nächsten Tag in ein vorbereitetes Versteck im Hinterhaus des Firmensitzes an der Prinsengracht 263. Der Durchgang wurde mit einem Aktenregal getarnt. Außerdem versteckten sich dort das befreundete Ehepaar Hermann und Auguste van Pels mit ihrem Sohn Peter sowie Fritz Pfeffer.

Miep Gies, die ehemalige Sekretärin des Vaters, war eine der Helferinnen, die die Versteckten mit Lebensmitteln versorgte.

Das Versteck wurde verraten, von wem, wurde nie geklärt. Die Familie wurde am 4. August 1944 verhaftet und über das Lager Westerbork nach Auschwitz deportiert. Otto Frank überlebte als einziger der Versteckten den Holocaust. Die Mutter starb in Auschwitz. Anne und Margot gelangten in einem Transport nach Bergen-Belsen. Die Schwestern starben, wahrscheinlich an Entkräftung und Typhus, im März 1945, einen Monat vor der Befreiung des Lagers.

Zum 13. Geburtstag hatte Anne ein Tagebuch geschenkt bekommen, das sie im Hinterhaus weiterführte. Sie nannte es Kitty und es wurde für das eingesperrte Mädchen, das keine Freundin mehr haben konnte, zur besten Freundin. Die hochbegabte Anne, deren Traum es war, Schriftstellerin zu werden, schilderte in ihrem Tagebuch nicht nur anschaulich den bedrückenden Alltag im Versteck, sondern zeigt sich in ihren Beobachtungen auch als eine ungewöhnlich reife und kluge Persönlichkeit.

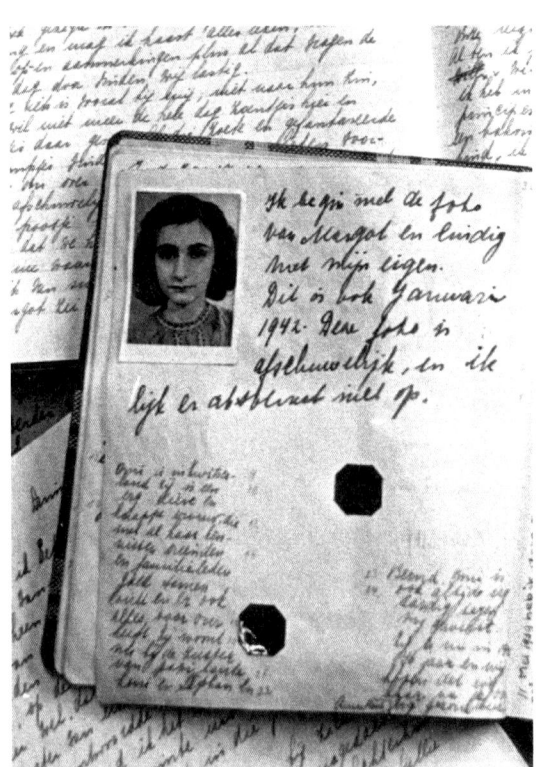

Das Tagebuch von Anne Frank mit einem eingeklebten Porträtfoto

Anne hatte gewollt, dass ihr Tagebuch nach dem Krieg veröffentlicht werden sollte. Deshalb überarbeitete sie es in den letzten Wochen im Versteck und gab ihm den Titel »Het Achterhuis«, das Hinterhaus.

Margot hatte ebenfalls Tagebuch geschrieben, das aber nicht erhalten ist. Annes Tagebuch hatte Miep Gies nach der Deportation der Familie gefunden und an sich genommen. Sie überreichte es Otto Frank nach seiner Rückkehr.

Das Tagebuch wurde 1947 in den Niederlanden erstmals veröffentlicht. Inzwischen ist es in über 60 Sprachen erschienen. Es ist eines der bewegendsten Dokumente über das Schicksal der Juden im Nationalsozialismus.

Überlebende im DP-Camp

Kinder sind in Kriegen immer Opfer. Aber es ist ein Unterschied, ob ein Regime ihren Tod in Kauf nimmt oder ob es ihnen jedes Recht auf Leben abspricht. So geschah es den Juden im Dritten Reich. Sie wurden 1935 in den *Nürnberger Gesetzen* zu Menschen zweiter Klasse degradiert. Auf der Wannseekonferenz am 20. Januar 1942 beschloss die NS-Führung die sogenannte *Endlösung* der *Judenfrage*: den systematischen Massenmord an den Juden in Europa. Insgesamt fielen rund sechs Millionen Juden dem Holocaust zum Opfer.

Die zweite große Opfergruppe der nationalsozialistischen Rassenideologie waren die Völker in Osteuropa. Millionen Polen, Russen und Ukrainer wurden in Zwangsarbeiter- und Konzentrationslager deportiert, wo sie wie Sklaven für die Deutschen arbeiten mussten.

In den Konzentrationslagern hatten selbst gesunde, arbeitsfähige Erwachsene nur eine Lebenserwartung von wenigen Wochen. Jugendliche hatten kaum eine Überlebenschance. Den Zwangsarbeitern erging es nur unwesentlich besser.

Als die Alliierten 1944 und 1945 die Vernichtungs- und Konzentrationslager in Polen und Deutschland sowie die Zwangsarbeiter befreiten, fanden sie neben Leichenbergen auch etwa zehn Millionen halb verhungerte, todkranke Menschen vor. Sie mussten monatelang medizinisch versorgt und ernährt werden, bevor an eine Rückkehr in ihre Heimat überhaupt zu denken war. Sie wurden *Displaced Persons (DP)*, heimatlose Menschen, genannt. In den drei Westzonen gab es rund sieben Millionen Überlebende, die in für sie eingerichteten sogenannten DP-Camps untergebracht und versorgt wurden. Meist waren dies Schulen, Kasernen, Baracken, oft in unmittelbarer Nähe der ehemaligen KZs.

Da die jeweiligen alliierten Militärbehörden mit der Betreuung der Millionen DPs schnell überfordert waren, übernahm die Hilfsorganisation UNRRA der Vereinten Nationen die Verwaltung der Lager und versorgte die Heimatlosen mit Lebensmitteln, Medikamenten und Kleidung. Sie war auch zuständig für die Rückkehr der DPs in ihre Heimat.

Aber viele ehemalige Zwangsarbeiter und Kriegsgefangene aus Osteuropa konnten und wollten nicht nach Hause zurück in die sozialistische Diktatur der

Sowjets. Dorthin zurückkehrende Kriegsgefangene wurden in ihren Heimatländern zu jahrelanger Lagerhaft verurteilt, denn sie galten als deutsche Kollaborateure und Spione.

Für die überlebenden Juden aus den osteuropäischen Ländern war der Weg zurück ebenfalls versperrt. Ihre Heimat war zerstört, ihre Familien überwiegend ermordet. Über hunderttausend Juden flohen aus den östlichen Gebieten vor dem weiterhin bestehenden Antisemitismus in die DP-Camps.

In Deutschland wollte kaum jemand bleiben. Die jüdischen DPs warteten auf ein Visum für die USA, Australien oder Palästina. Hauptsache, so weit weg wie möglich von dem Ort des Grauens, den sie überlebt hatten. Viele Juden waren davon überzeugt, dass sie in Zukunft nur in einem jüdischen Staat sicher waren vor Diskriminierung und Verfolgung. In den DP-Camps bereiteten deshalb jüdische Organisationen die Bewohner auf das Leben in Palästina vor. Sie erhielten Hebräischunterricht und Schulungen in Handwerksberufen und in der Landwirtschaft.

Palästina war bis zur Gründung des Staates Israel am 14. Mai 1948 britisches Mandat. Um Probleme mit der palästinensischen Bevölkerung vor Ort zu vermeiden, reglementierten die Briten den Zuzug von Juden streng. So mussten Überlebende des Holocaust teilweise Jahre in den DP-Camps warten, bis sie endlich auswandern konnten. Viele Paare fanden sich dort, ihre Kinder wurden in den Lagern geboren. Die letzten Camps wurden erst Anfang der 1950er-Jahre geschlossen.

Befreiung eines Konzentrationslagers durch alliierte Truppen | 1945

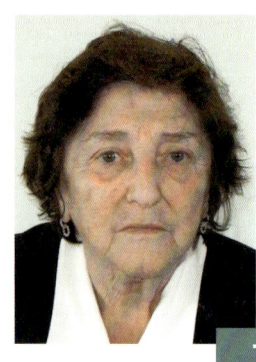

1925	Geburt in Tschenstochau als Matla Rozenberg
1940–1944	Getto Litzmannstadt
1944–1945	KZ Auschwitz, KZ Neuengamme, KZ Bergen-Belsen
1945	DP-Camp Bergen-Belsen
1945	Rückkehr nach Polen
1948–1950	Ausbildung zur Krankenschwester
1950–1956	Krankenschwester
1956	Ausreise nach Frankreich

Teresa Stiland   Erzählen gegen das Vergessen

Teresa Stiland engagiert sich seit vielen Jahren als Zeitzeugin, hält Vorträge in Schulen und berichtet den Schülern von ihrem Schicksal. Denn sie hat den Holocaust überlebt und war in den Konzentrationslagern in Auschwitz und Bergen-Belsen. Sie ist die einzige Überlebende ihrer großen Familie. Ihre Eltern und Großeltern, Geschwister und Cousinen, die vielen Tanten und Onkel gehören zu den sechs Millionen ermordeter Juden.

»Nur von wenigen meiner Angehörigen weiß ich, wann und wo sie gestorben sind. Keiner hat ein Grab, an dem ich um ihn trauern kann. Ich bin einer der überlebenden Zeitzeugen. Ich erzähle meine Geschichte, damit niemand behaupten kann, den Holocaust hätte es nicht gegeben.«

Schikanen gegen Juden
Teresa Stiland wuchs im polnischen Lodz auf. Als sie sich am 1. September 1939 morgens auf den Weg zur Schule machte, schrien die Menschen aufgeregt auf der Straße: »Es ist Krieg!« Mit dem Angriff der deutschen Wehrmacht auf Polen begann an Teresas erstem Schultag nach den Sommerferien der Zweite Weltkrieg. Für Teresa begann gleichzeitig ein Leidensweg, der sie bis in die Hölle von Auschwitz führen sollte.

»Das Leben wurde für uns sehr hart, denn mit dem Einmarsch der Deutschen begannen die Schikanen gegen uns Juden. Wir durften zum Beispiel nicht mehr auf dem Bürgersteig gehen, nur in der Mitte der Straße, wo die Autos fuhren. Darauf wurde streng geachtet. Aber wie sollten wir aus dem Haus auf die Straße kommen, ohne den Bürgersteig zu betreten?«

Es gab kaum Brennmaterial. Die Familie musste ihre Möbel verheizen. Auch die Versorgung mit Lebensmitteln wurde immer schwieriger. Die ganze Nacht stand die Familie abwechselnd beim Bäcker an. »Ein deutscher Soldat hat in der Reihe der Wartenden nach Juden gesucht. Aber er konnte nicht zwischen Polen und Juden unterscheiden. Da hat ihm ein Polc, cin Katholik, geholfen: ›Das ist ein Jude und der da auch.‹ Die Juden wurden aus der Warteschlange geworfen und bekamen kein Brot. Ich wurde nicht entdeckt und konnte Brot kaufen.

Am fünften Tag nach ihrer Ankunft in Lodz errichteten die Deutschen auf dem großen Marktplatz einen Galgen. Neun Männer haben sie aufgehängt. Alle mussten zugucken, wie sie diese Unschuldigen ermordet haben. Wir sollten sehen, was die Deutschen mit uns machen können. Da ist eine große Panik in der Stadt aufgekommen unter der jüdischen Bevölkerung. Ein Teil meiner Familie ist deshalb nach Tschenstochau zu unseren Verwandten gezogen.«

Im Getto Litzmannstadt

Im Frühjahr 1940 wurde im Armenviertel von Lodz, von den Deutschen in Litzmannstadt umbenannt, ein Getto für die Juden errichtet.

»Die armen Leute, die da wohnten, hat man rausgeschmissen. Dann mussten wir unsere Wohnungen verlassen und ins Getto umziehen. Wir bekamen ein kleines Zimmer zugeteilt. Darin wohnten mein Großvater, zwei Onkel, eine Tante mit ihrer kleinen Tochter und ich.«

Das Getto wurde streng abgeriegelt. Ein Kontakt mit der Außenwelt war für die Bewohner nicht möglich. »Wir hatten kein Radio, keine Zeitung. Wir haben gedacht, wir sind die letzten Juden, die noch leben auf der Welt.«

Im Getto lebten rund 200 000 Menschen, vor allem Juden, aber auch Sinti und Roma. Es herrschten Hunger und Krankheiten. Die Bewohner mussten für die Deutschen arbeiten. Von den insgesamt 200 000 Bewohnern haben nur rund 5000 überlebt. Die meisten wurden in Vernichtungslager deportiert und dort ermordet.

»Reiche Leute konnten Brot auf dem Schwarzmarkt kaufen, aber meine Familie war sehr arm.

Getto Litzmannstadt: Ein Vertreter der deutschen Getto-Verwaltung und ein Gettobewohner mit dem Judenstern | 1942

Deshalb habe ich mit allem gehandelt, was ich kriegen konnte. Anfangs, als es noch eine Post gab, mit Karten und Briefmarken, dann mit Zigaretten und später mit den gelben Sternen, die wir alle tragen mussten. So habe ich für die ganze Familie etwas Geld verdient und wir konnten Essen kaufen. Dann kam der Frost. Wir hatten nichts zum Heizen, keine Kohlen. Manchmal gab es Holz in ganz kleinen Zuteilungen. Die Deutschen ordneten an, dass wir in den Fabriken im Getto arbeiten mussten. Ich war in der Sattlerei eingeteilt. Für die Arbeit bekamen wir Lebensmittelkarten. Wer nicht arbeitete, wie mein Großvater und meine kleine Nichte, erhielt keine Karten. Meine Onkel, meine Tante und ich haben unser Brot mit den beiden geteilt. Dabei hat es schon für einen allein nicht gereicht, so klein waren die Rationen. Es war unmöglich, davon zu leben. Viele Leute starben vor Hunger. Auch mein Großvater ist verhungert. Er ist in meinen Armen gestorben.«

Die Liquidierung des Gettos

Im Getto wurde ein Judenrat eingerichtet, dessen Vorsitzender Chaim Rumkowski war. Der Judenrat hatte die Vorgaben der deutschen Besatzer umzusetzen. Dazu gehörte auch das Erstellen von Deportationslisten, um im überfüllten Getto Platz für Neuankömmlinge zu schaffen.

Mordechai Chaim Rumkowski
Vorsitzender des Judenrates im Getto; er wurde nach der Liquidierung des Gettos mit seiner Familie in Auschwitz vergast. Er musste die Befehle der deutschen Besatzer ausführen. Trotzdem ist er heute umstritten und wird als autoritärer Handlanger der Deutschen angesehen.

»Das Getto war wie ein Miniaturland und Rumkowski war unser König. Viele sagen, er war nicht gut. Aber ich bin anderer Meinung, denn er hat alles gemacht, damit das Getto so lange existieren konnte. Ohne ihn wäre es früher liquidiert worden.«

Die SS ordnete im September 1942 den Abtransport von Kindern, Kranken und Alten an.

»Sie haben 10 000 Kinder bis zehn Jahre deportiert, alle über 60 Jahren und alle Kranken. Niemand wollte freiwillig gehen. Da hat die SS das Getto abgesperrt. In jedes Haus ging ein SS-Mann, hat geschossen und alle mussten raus. Meine Tante hat meine kleine Cousine auf dem Dachboden verstecken können. Aber das ist nicht allen Eltern gelungen. SS-Männer haben Müttern die Kleinkinder aus den Armen gerissen und aus dem dritten Stock geworfen. Das habe ich gesehen.«

In mehreren Deportationswellen wurden 1942 über 70 000 Menschen aus Lodz ins Vernichtungslager Kulmhof gebracht und dort ermordet. Der Judenrat unter Rumkowski hoffte, durch die Erfüllung aller Auflagen der SS und die Arbeit in den kriegswichtigen Fabriken die Liquidierung des Gettos zu verhindern. Aber im August 1944 wurde das Getto geräumt.

»Wer nicht freiwillig ging, den haben sie mit Gewalt aus dem Haus geholt. Mit Lastwagen haben sie uns zum Bahnhof gefahren. Dort mussten wir in Viehwaggons steigen. Es hieß, wir fahren nach Deutschland. Dort sollten wir arbeiten, genau wie in Lodz. Die Reise war sehr lang und sehr schlimm, denn wir hatten kein Wasser. Es gab kein Fenster, so konnten wir nicht sehen, wohin wir fuhren.«

Auf der Rampe in Auschwitz-Birkenau

»Wir kommen frühmorgens an, es ist noch nicht hell. Die Waggons werden aufgemacht. Alle Leute, die vorne stehen, fallen heraus auf die Rampe. SS-Männer schießen auf jeden, der hingefallen ist. Sie schreien uns an: ›Schnell, schnell!‹ Wir müssen uns zu fünft in Reihen aufstellen. Männer und Frauen getrennt. Mein Onkel steht weit drüben bei den Männern. Ich kann ihm noch kurz winken: Auf Wiedersehen! Dann ist er verschwunden. Das war das letzte Mal, dass ich einen meiner Verwandten gesehen habe.

Überall stehen SS-Männer mit ihren großen Hunden. Mit Peitschen schlagen sie uns und treiben uns vorwärts zur Selektion. Dort gehen einige

Strážni věž "SS"
Část II. úseku Birke
Cesta ke krematoriuI
Krematorium II.

Ein Transport mit ungarischen Juden trifft an der Rampe in Auschwitz ein. | 1944

Leute nach links, andere nach rechts. Ich weiß nicht, was das bedeutet. Was ist gut, rechts oder links? Keiner sagt mir etwas. Welche Seite bedeutet Leben, welche Tod? Ein SS-Mann packt mich am Arm. Ich sage: ›Ich bin gesund, ich möchte arbeiten.‹ Da nimmt er mich raus und schubst mich auf die Seite. Dort finde ich eine Kameradin aus Lodz. Wir stehen nebeneinander und weinen, weil man uns von unseren Familien weggerissen hat. Dann führen sie uns von der Rampe hinein ins Lager. Wo sind wir? Was passiert hier? Hier sollen wir arbeiten? Das ist unmöglich! Wir haben nichts verstanden.«

»Der Mensch war kein Mensch mehr«
In einem Gebäude mussten die Häftlinge alles ausziehen und verbliebene Wertgegenstände wie Uhren oder Ringe abgeben. Dann wurden sie kahl geschoren und kamen in einen Duschraum. »Ein Mädchen schrie nach seiner Schwester. Es stand direkt neben ihr, aber ohne Haare hat sie die eigene Schwester nicht erkannt.«

Nach dem Duschen erhielten sie Gefangenenkleider: einen Kittel und ein Paar Holzschuhe. »Ich bekam einen sehr großen Kittel, aber ich war klein und mager. Ich habe einen Strick gefunden, damit habe ich ihn festgebunden.«

Anschließend wurden sie zu den Baracken gebracht. 500 Frauen teilten sich eine Baracke. Es gab nicht genügend Platz in den Stockbetten. Eng zusammengekauert mussten sie halb im Liegen, halb

Die Rampe in Birkenau
Die Gleise für die Transporte ins Vernichtungslager Auschwitz-Birkenau führten durch das Lagertor zur sogenannten Rampe. Die Gefangenen mussten sich dort in Reihen aufstellen, Männer und Frauen getrennt. SS-Ärzte sortierten die Arbeitsfähigen aus. Alle anderen, vor allem Mütter und ihre Kinder, Kranke und alte Menschen, gingen direkt in die Gaskammern.

> »Wie konnte eine Kulturnation wie die deutsche mit ihren berühmten Musikern und Philosophen einen solchen Massenmord begehen? Die Deutschen sind Hitler nachgelaufen. Alles, was er gesagt hat, haben sie gemacht. Das kann man nicht verstehen.«

TERESA STILAND | 14. MAI 2012

im Sitzen schlafen. Den ganzen Tag hatten sie weder Essen noch Trinken bekommen. Erst am nächsten Morgen gab es etwas.

»Wir mussten uns zu fünft aufstellen. Die erste hielt den Topf hin und bekam Ersatzkaffee oder Suppe. Davon hat sie getrunken und dann den Topf an die übrigen vier weitergereicht. Ich war in einer Gruppe mit Kameradinnen aus dem Getto. Wir haben geteilt. Aber in anderen Gruppen kannten sich die Frauen nicht. Da hat die erste den Topf ausgetrunken und den anderen nichts abgegeben. Denn in Auschwitz herrschte entsetzlicher Hunger. Als wir ins Lager kamen, standen am Zaun Frauen. Die haben keinen Laut von sich gegeben, aber angedeutet, wir sollten etwas über den Stacheldraht werfen, und auf ihren Mund gezeigt. Sie benahmen sich seltsam. Ich habe zu meiner Kameradin gesagt: ›Vielleicht sind das die Frauen aus der Psychiatrie in Lodz. Die sind meschugge.‹ Sie waren tatsächlich verrückt. Verrückt vor Hunger. Ein normaler Mensch zu bleiben, war in Auschwitz sehr schwer.«

Der Tod war in Auschwitz immer präsent. »Alle zwei Tage mussten wir zum Appell, manchmal mitten in der Nacht. Immer wieder gab es Selektionen. Sie haben alle herausgenommen, die nicht mehr jung waren oder nicht gesund. Wer eine Brille trug, hatte kein Recht zu leben. Der Mensch war kein Mensch mehr in Auschwitz. Wir waren nichts. Eine Fliege war mehr wert als wir.«

Der Gruppe wurden keine Nummern in den Arm tätowiert, wie es sonst üblich war in Auschwitz. »Zur selben Zeit kamen die vielen ungarischen Juden nach Birkenau. Deshalb waren die Gaskammern überlastet. Wir blieben in Quarantäne, bis Platz sein würde, um uns zu vergasen. So haben wir jeden Tag auf den Tod gewartet.«

Der elektrische Lagerzaun in Auschwitz | 1990

Die Häftlingsbaracken in Auschwitz-Birkenau | 1990

Schwerstarbeit in Hamburg

Teresa Stiland war knapp zwei Wochen in Auschwitz-Birkenau. Dann wurde sie in einer Gruppe von 500 Frauen zum Arbeitseinsatz nach Hamburg transportiert.

Zunächst kam sie ans Dessauer Ufer, einem Außenlager des Konzentrationslagers Neuengamme, danach ins Außenlager Sasel. Sie musste in der von Bomben zerstörten Stadt Ziegel klopfen und im Winter Schnee räumen. Dabei hatte sie keine warme Kleidung. Der Schnee verklumpte unter den Holzpantinen, sodass es kaum möglich war zu gehen. Im Stadtteil Poppenbüttel arbeitete sie beim Bau von kleinen Plattenhäusern, die als Behelfsheime für Ausgebombte dienen sollten. Die Häftlinge mussten körperliche Schwerstarbeit leisten und Betonplatten schleppen, obwohl sie völlig unterernährt und geschwächt waren. In der Mittagspause durften sie sich eine halbe Stunde ausruhen, bekamen aber nichts zu essen.

Das alles fand mitten in Hamburg statt. »SS-Frauen führten uns zum Arbeitseinsatz. Da fragten die Leute: ›Was sind denn das für Frauen?‹ Uns war es verboten, mit der Bevölkerung zu reden. Die SS-Wärterinnen haben geantwortet: ›Das sind Prostituierte.‹ Viele Hamburger haben uns gesehen, wir haben mitten in der Stadt gearbeitet, sind durch die Straßen gegangen. Aber nach dem Krieg haben sie gesagt: ›Wir wussten von nichts.‹«

Solche Plattenbauten als Behelfsheime für Ausgebombte musste Teresa Stiland in Hamburg errichten. | 2012

»Ich will nicht mehr leben!«

»Eines Tages im Winter, es ist sehr kalt, gehen wir in Fünferkolonne zur Arbeit. Ich bin in der Mitte der Straße, da sehe ich vor meinen Füßen eine gefrorene kleine Kartoffel. Ich bücke mich und stecke sie in die Tasche. Aber ich bin nicht schnell genug. Die SS-Wärterin hat es gesehen. Sie schlägt mir zweimal hart ins Gesicht und nimmt mir die Kartoffel weg. Meine Kameradinnen müssen mich stützen, sonst würde ich fallen. Ich kann kaum mehr laufen.«

Bei Fliegerangriffen liefen ihre Bewacher von der SS in den Bunker. Die Gefangenen mussten draußen bleiben und waren den Bomben schutzlos ausgeliefert. »Ich habe die Flugzeuge gesehen und gedacht: Werft die Bombe auf mich. Ich kann nicht mehr. Bitte bombardiert mich, ich will nicht mehr leben!«

Aber Teresa Stiland überlebte die Strapazen in Hamburg. Im Frühjahr wurden die Frauen in Viehwaggons in ein anderes Lager gebracht. Die Fahrt dauerte sehr lang, weil Schienen bombardiert waren und auf die Reparatur gewartet oder auf Nebenstrecken ausgewichen werden musste.

»Wir haben nicht gewusst, wohin wir kamen. Leider war es Bergen-Belsen.«

Warten auf den Tod

»Wir mussten raus aus dem Zug. Da war eine Pfütze. Ein Mädchen war so durstig und wollte daraus trinken. Da hat sie ein SS-Mann erschossen. Als wir ins Lager kamen, habe ich keine lebenden Menschen gesehen, nur Tote. So viele Tote, Berge von Toten. Da habe ich gewusst: Das ist das Ende.«

Es gab keine Pritschen, kein Essen, kein Wasser. »Tagelang habe ich weder zu essen noch zu trinken gehabt. Da habe ich verstanden, dass wir nach Bergen-Belsen gebracht worden waren, um hier zu sterben. Wir sollten vor Hunger krepieren.«

Im Lager wütete eine Typhus-Epidemie. Teresa Stiland erkrankte nicht, aber sie magerte ab, war nur noch Haut und Knochen.

»Eines Nachts schreit plötzlich eine Frau in unserer Baracke. Sie bekommt ein Kind. Eine Frau war Hebamme, die hat ihr geholfen und mit den Zähnen die Nabelschnur abgebissen. Sie hatte nichts, um den kleinen Jungen einzuwickeln, keinen Stoff, nicht einmal ein Stückchen Papier. Die Mutti war so unterernährt, sie hatte in den Brüsten keinen Tropfen Milch. Morgens früh fängt das Kind an zu weinen. Die SS-Wärterin hat draußen gehört, dass ein Kind schreit. Sie kommt rein und brüllt: ›Ihr versteckt hier ein Kind!‹ Dann hat sie zur Mutter gesagt: ›Gib mir das Kind. Ich werde ihn ein paar Tage behalten, ihn anziehen und füttern. Dann kriegst du ihn zurück.‹ Die Mutter hat das Kind nie wieder gesehen. Das war drei Tage vor der Befreiung. Wir haben alle mit ihr geweint. So warteten wir in Bergen-Belsen auf den Tod.«

Häftlinge in Bergen-Belsen nach der Befreiung | April 1945

»Ich war viel zu schwach, um mich zu freuen«
Am 15. April 1945 wurde Bergen-Belsen von britischen Truppen befreit. »Ich war fast tot. Ich habe nicht mehr reagiert, mich nicht mehr gerührt. Die Engländer kamen und man hat uns gesagt, dass wir frei sind. Aber da war keine Freude. Ich habe nichts gefühlt. Ich blieb liegen und weinte.

Die Engländer hatten Angst, ins Lager zu kommen, weil sie wussten, dass wir Typhus hatten. Deshalb durften wir zuerst auch nicht raus. Sie haben das Tor aufgemacht, große Kessel mit Suppe hingestellt und sind weggegangen. Die Leute warfen sich auf das Essen. Sie hatten keine Schüsseln, keine Teller. Sie haben sich die Hände verbrannt und die Lippen, die Suppe verschüttet. Es war furchtbar. Sie haben so hastig gegessen, das haben sie nicht vertragen. Sie haben entsetzliche Bauchschmerzen bekommen, Durchfall. Viele sind daran gestorben. Mich hat gerettet, dass ich so schwach war und liegen blieb.«

Im DP-Camp
»Es hat ein, zwei Tage gedauert, bis man uns wieder zu Menschen gemacht hat. Die Engländer haben DDT versprüht gegen das Ungeziefer. Später haben sie alle Baracken verbrannt, wegen der Seuchengefahr.«

Da die britische Armee sich nach der Befreiung des Lagers um Tausende Überlebender kümmern musste, bekamen nur Schwerstkranke einen Platz im Krankenhaus. Teresa Stiland war nicht an Typhus erkrankt. Deshalb kam sie, obwohl sie bis auf 26 Kilogramm abgemagert war, nicht in eine Krankenstation, sondern in das neu eingerichtete DP-Camp in einer nahe gelegenen Wehrmachtskaserne bei Bergen.

»Ich war nicht krank, aber schwach. Wir wurden nach ein paar Tagen aus dem Lager in die Kaserne geführt. Da standen noch die Pritschen der Soldaten. Wir haben frisches Stroh bekommen und dann konnten wir zum ersten Mal nach langer Zeit wieder normal schlafen.«

»Ich habe jede Nacht die entsetzlichsten Albträume. Für mich ist der Krieg bis heute nicht zu Ende.«

TERESA STILAND | 14. MAI 2012

Für viele Gefangene kam allerdings jede Hilfe zu spät. Über 14 000 starben allein in den Wochen nach der Befreiung an Typhus und anderen Krankheiten oder waren so ausgezehrt, dass ihre Körper keine Nahrung mehr aufnehmen konnten.

»Die ersten Tage waren gefährlich, denn sie haben uns Essen gegeben, das zu fett war. Daran sind viele Menschen gestorben, die das nicht mehr vertragen haben. Später haben wir Brot und Suppe bekommen, so viel wir wollten. Ich kam wieder zu Kräften, habe gut geschlafen, bin im Lager spazieren gegangen. Im DP-Camp ging es mir allmählich besser. Wir haben keine Deutschen gesehen, das war gut. Wir waren befreit, wir lebten, wir hatten keine Angst mehr. Auch wenn es gedauert hat, sich wieder als Mensch zu fühlen.«

Suche nach der Familie

Für die Überlebenden begann die verzweifelte und oft vergebliche Suche nach ihren Angehörigen.

»Jeder hat gefragt: ›Hast du den gesehen? Hast du die getroffen? Warst du mit dem zusammen? Vielleicht kennst du meine Eltern, meinen Bruder, meine Tante?‹ So haben wir nach unseren Familien gesucht. Dann habe ich einen Mann getroffen, der kannte meinen Onkel, dem ich auf der Rampe noch einmal zuwinken konnte. Er hat gesagt: ›Ich war mit deinem Onkel zusammen in Dachau. Er ist drei Tage vor der Befreiung gestorben.‹

Einer, habe ich gedacht, vielleicht ist mir wenigstens einer geblieben. Deshalb wollte ich zurück nach Polen. Ich habe gehofft, dort noch jemanden aus meiner Familie zu finden. So war ich nur sechs Monate im DP-Camp. Ich habe die Zeit meist mit den Kameraden aus dem Getto verbracht, wir haben diskutiert und uns viel erzählt.

Ein Mann musste in Auschwitz im Sonderkommando arbeiten. Das war das schlimmste Kommando, denn diese Häftlinge mussten die Toten aus den Gaskammern holen und verbrennen. Der Mann hat berichtet: ›Ich habe meine Frau im Gas gefunden und habe sie allein ins Krematorium getragen.‹ Da habe ich begriffen, dass es noch Schlimmeres gegeben hatte als das, was ich erlebt hatte.

Ich glaube seitdem nicht mehr an Gott. Denn wenn es ihn geben sollte: Wieso hat er das geschehen lassen? Wie konnte er zusehen, als die Juden ermordet wurden?«

Denkmal für die in Bergen-Belsen ermordeten Juden | 2012

1927	Geburt in Warschau
1944	KZ Neuengamme
1945–1946	Aufenthalt in verschiedenen DP-Camps
1946	Rückkehr nach Polen
1946–1952	Chemie-Studium und Klavier-Studium
seit 1950	Pianist
1952–1958	Studium Klavier und Komposition
1954–1994	Pianist und Kapellmeister am Warschauer Operettentheater

Janusz Kahl Mit 17 im Konzentrationslager

Der 1. September 1939 war für Janusz Kahl das jähe Ende einer glücklichen Kindheit. »Mein Vater war Richter am höchsten administrativen Gericht in Warschau. Ich wuchs behütet in einer gebildeten Familie auf.« So erhielt der musikalisch begabte Janusz Kahl Klavierunterricht.

All das endete schlagartig mit Beginn des Zweiten Weltkrieges. Über zwei Millionen Polen wurden bis 1945 als Zwangsarbeiter allein ins Deutsche Reich verschleppt. Darunter war auch Janusz Kahl.

»Wie kann es sein, dass eine Kulturnation wie Deutschland solche Verbrechen begeht? Alles fängt im Kleinen an! Darum muss man bei der Erziehung der Kinder beginnen, um zu verhindern, dass noch einmal etwas so Schreckliches passiert.« Janusz Kahl reist deshalb jedes Jahr nach Deutschland und spricht in Schulen über sein Leben im besetzten Polen und im Konzentrationslager. Die Schüler sind etwa so alt, wie er damals war, als er ein Opfer von Hitlers Rassenwahn wurde.

Nur bis 500 zählen dürfen

Janusz Kahl war zwölf Jahre alt, als die deutsche Wehrmacht in Polen einmarschierte. Fünf Tage nach Kriegsbeginn verließ seine Familie Warschau in Richtung Osten, denn auf Anweisung der Behörden wurde das Gericht evakuiert.

»Als unser Zug bombardiert wurde, fuhren wir mit einem Pferdewagen weiter. Aber am 17. September bekamen wir die Nachricht, dass die Russen Polen von Osten her angriffen. Wir fürchteten die Russen sehr. Der Einmarsch der Sowjetarmee konnte nur Schlimmes bedeuten, besonders für die Intelligenz, zu der meine Familie zählte.«

Von Westen rückte die deutsche Wehrmacht vor, von Osten die Rote Armee. Deshalb floh die Familie in den Süden, nach Krakau. Am 6. Oktober ergaben sich schließlich die letzten polnischen Truppen. Das Deutsche Reich und die Sowjetunion teilten Polen unter sich auf. Der Staat existierte nicht mehr.

»Im November kamen wir nach Warschau in unsere Wohnung zurück, die nicht zerstört war. Mein Vater verlor seine Arbeit. Wir hatten kein Geld und haben gehungert. Das waren schwere Zeiten für uns. Erst später konnte er wieder ein bisschen verdienen und wir konnten davon leben.«

Janusz Kahl durfte nicht mehr zur Schule gehen. »Wir sollten nur das lernen, was nötig war, um den Deutschen zu dienen: bis 500 rechnen und etwas schreiben und lesen. Deshalb wurden die Mittelschulen verboten. Ich musste geheim Unterricht nehmen. Wir waren sechs Schüler und trafen uns mit unseren Lehrern jeden Tag in einer anderen Wohnung. So habe ich den Stoff der allgemeinbildenden Schule gelernt und konnte in dieser Untergrundschule im Juni 1944 das Abitur machen.«

Der Aufstand von Warschau

Am 1. August 1944 begann die polnische Heimatarmee *Armia Krajowa* den bewaffneten Aufstand gegen die deutsche Besatzung in Warschau.

»Am zehnten Tag des Aufstandes wurden wir aus den Häusern gejagt. SS-Einheiten haben Haus für Haus die Bewohner mit großer Gewalt vertrieben. Wir wurden erst zu einem Sammelpunkt in Warschau gebracht. Dann kamen wir in ein Lager in Pruszkow. Dort wurden wir Warschauer aufgeteilt: Die meisten wurden nach Deutschland verschleppt, manche kamen dort als Zwangsarbeiter in Fabriken, andere in Konzentrationslager. Nach welchen Kriterien das entschieden wurde, weiß ich nicht. Vielleicht war es Zufall. So erging es auch meiner Familie.«

Das zerstörte Zentrum von Warschau

Warschauer Aufstand

Die polnische Heimatarmee begann am 1. August 1944 einen Aufstand gegen die deutschen Besatzer, um die Hauptstadt zu befreien. Der Aufstand wurde brutal niedergeschlagen. In 63 Tagen wurden rund 150 000 Menschen getötet. Hunderttausende wurden deportiert, etwa 60 000 kamen in Konzentrationslager. Warschau wurde anschließend von den Deutschen fast völlig zerstört.

Meine Eltern und ich wurden in Konzentrationslagern inhaftiert. Meine Schwester Irene, die 30 Jahre alt war, kam als Zwangsarbeiterin nach Berlin.«

Nach zwei Tagen Fahrt kam die Familie im KZ Sachsenhausen an. Dort wurden Männer und Frauen getrennt. Die Mutter kam in das Frauen-Konzentrationslager Ravensbrück. Vater und Sohn blieben zusammen zehn Tage in Quarantäne in Sachsenhausen, dann wurden auch sie getrennt. Denn im KZ wurde ein Transport zusammengestellt: 500 Männer sollten

in Alt Garge an der Elbe ein Kohlekraftwerk errichten. Janusz Kahl wurde für diesen Transport ausgewählt. Sein Vater blieb in Sachsenhausen.

Zwangsarbeit in Alt Garge

»Es war sehr schwer, von den Eltern getrennt zu sein. Zum ersten Mal war ich allein, noch dazu in einer fremden, feindlichen Umgebung.«

Die Arbeit in Alt Garge, einem Außenlager des KZ Neuengamme, war hart. Janusz Kahl war mit 17 Jahren einer der jüngsten Häftlinge. »In den ersten Wochen bekamen wir Jugendliche noch etwas leichtere Arbeit. Aber danach mussten wir genau so arbeiten wie die Erwachsenen.«

Der Arbeitstag dauerte zwölf Stunden. Wenn die Häftlinge zurückkamen, mussten sie zum Appell antreten. Jeden zweiten Sonntag brauchten sie nicht zur Baustelle, aber das bedeutete nicht, dass sie arbeitsfrei gehabt hätten. Dann mussten sie auf

In solchen Waggons wurden die Häftlinge nach Neuengamme gebracht. | 2012

dem Lagergelände arbeiten. »Ich musste im Werk als Kabelleger sowie als Schwerarbeiter in der Sand- und Kiesgrube arbeiten. Ich war es nicht gewöhnt, physisch zu arbeiten, und die Arbeit war schwer. Wer kurz ausruhte, wurde aufgeschrieben und später bestraft. Bei Verstößen gab es 25 Schläge. Denn Disziplin war in Alt Garge Teil des Terrors. Ich war bald nur noch müde und erschöpft und hatte keine Kraft mehr.«

Zur deutschen Bevölkerung gab es keinen Kontakt. »Aber manchmal, wenn wir zur Baustelle gingen, schrien die Dorfkinder ›Banditen, Banditen!‹ und bespuckten uns.«

Wegen der schlechten hygienischen Bedingungen im Lager bekam Janusz Kahl Krätze und am ganzen Körper große Geschwüre. Ihn quälte dauernd ein entsetzlicher Hunger. Die tägliche Essensration reichte für die Häftlinge, die körperliche Schwerstarbeit leisten mussten, kaum zum Leben.

»Wir bekamen morgens einen halben Liter Ersatzkaffee, mittags eine wässrige, dünne Suppe, meist aus Steckrüben, und abends nochmals einen halben Liter Getreidekaffee sowie 250 Gramm Brot mit wenig Margarine. Später wurden die Brotrationen sogar auf 100 Gramm gekürzt.«

Einmal in der Woche durften die Gefangenen ein Paket erhalten. »Meine Schwester hat meinen Eltern und mir Lebensmittel geschickt. Kleine Päckchen, denn sie hatte selbst nichts, aber damit hat sie uns das Leben gerettet. Ohne das zusätzliche Essen von ihr wäre ein Überleben unmöglich gewesen. Trotzdem waren wir ausgezehrte Skelette.«

Einmal war ein Paar Handschuhe in seinem Paket. »Das war eine große Hilfe für mich. Denn wir haben sehr gefroren. Wir mussten im kalten Winter im dünnen KZ-Anzug draußen arbeiten, mit der Spitzhacke sollten wir einen Kanal für das Kühlwasser im gefrorenen Boden graben. Ohne die Handschuhe wären mir die Finger erfroren.«

Mitte Februar wurde das Lager aufgelöst und die verbliebenen Häftlinge ins Stammlager nach Neuengamme gebracht.

Im Konzentrationslager Neuengamme

»Als wir in Neuengamme ankamen, mussten wir zur Selektion. Wir mussten unsere Hände vorzeigen, ob wir arbeitsfähig waren. Mein Körper war in schlechtem Zustand. Ich zeigte meine Geschwüre und kam deshalb in den Schonungsblock. Dort durften wir liegen, mussten nicht arbeiten und konnten etwas ausruhen. Aber nach zwei Wochen entschied ein Arzt, dass ich wieder arbeitsfähig war. Ich kam in den Block Nummer 7, eine Holzbaracke.«

Die Baracken waren mit rund 500 Gefangenen völlig überfüllt. Jede Baracke wurde von Blockältesten beaufsichtigt. Das waren in der Regel Kriminelle, die die Häftlinge brutal schikanierten. »Da gab es sehr böse Leute. Aber später hatten wir auch politische Gefangene als Blockälteste. Damit wurde der Umgangston anders und es gab weniger Schläge.«

Janusz Kahl sprach Deutsch, was hilfreich war. »Eigentlich brauchte man im KZ kein Deutsch zu können, denn mit uns wurde nicht viel geredet, sondern wir wurden geschlagen. Knüppel und Peitsche waren stärkere Argumente als Worte. Aber natürlich hat es geholfen, wenn man die gebrüllten Befehle verstehen konnte.«

Auch in Neuengamme waren die hygienischen Zustände katastrophal. »Wir wurden nur alle zwei Wochen zum Duschen geführt. Dafür mussten wir bei der Eiseskälte lange draußen warten und bekamen weder Seife noch Handtücher.«

Janusz Kahl musste auf dem Gelände des Konzentrationslagers Erdarbeiten ausführen. »Die Arbeit in Neuengamme war für mich etwas leichter als in Alt Garge. Nach der Arbeit mussten wir auf dem Appellplatz stehen. Da habe ich gesehen, wie

KZ Neuengamme

Das Konzentrationslager Neuengamme östlich von Hamburg bestand seit 1938. Die Häftlinge mussten im Stammlager sowie den 86 Außenlagern für die Kriegswirtschaft arbeiten. Neuengamme hatte eine der höchsten Todesraten aller Konzentrationslager: Von den rund 100 000 Insassen starb jeder Zweite.

Der Appellplatz in Neuengamme, im Hintergrund der Schonungsblock. | 2012

viele weitere Warschauer hierher verschleppt worden waren. Denn ich hatte eine 47 000 er Nummer. Die meisten Polen dort hatten Nummern über 70 000.«

Schwerstarbeit

Am 23. März kam Janusz Kahl mit anderen Gefangenen nach Wöbbelin in Mecklenburg. Dort gab es ein kleines Barackenlager, das zu einem Lager für alliierte Kriegsgefangene ausgebaut werden sollte.

»Wir waren 500 Mann und sollten die Steinbaracken, die noch im Rohbau waren, fertigstellen. Ich meldete mich als Elektriker. Das war eine gute Idee, weil ich meistens innen arbeiten konnte. Aber ich musste auch beim Aufstellen der großen Pfähle für die Stromversorgung mitarbeiten. Ich war sehr groß. Wenn zehn Mann den Pfahl trugen, ruhte das Gewicht des Pfahls hauptsächlich auf meinen Schultern. Ich beugte deshalb meine Knie, damit

ich auf einer Höhe war mit den anderen. Als ein Kapo das sah, schlug er mich und schrie: ›Warum trägst du nicht?‹ Aber wenn ich meine Beine gerade machte, trug ich den Pfahl allein.«

Es kamen keine Kriegsgefangenen nach Wöbbelin. Stattdessen füllte sich das Lager mit Häftlingen aus Neuengamme und seinen Außenlagern, denn die SS begann mit der Evakuierung dieser Lager.

»Am Ende waren es über 5000 Menschen, die hineingepfercht wurden. Die Steinbaracken hatten keine Fenster. Es gab nur wenige Betten. Die meisten mussten auf dem nackten Boden schlafen. Für die vielen tausend Häftlinge gab es kaum Lebensmittel. Ein Kilogramm Brot wurde auf zehn oder zwölf Menschen verteilt. Wir hatten schrecklichen Hunger. Viele sind dort umgekommen.«

Am 1. Mai wurden die Insassen des Lagers in Waggons verladen. Sie sollten wie die Häftlinge aus Neuengamme auf die *Cap Arcona*, ein Schiff in der Lübecker Bucht, gebracht werden.

»Ich glaube nicht, dass die Deutschen nichts von den Konzentrationslagern gewusst haben. Sie haben versucht, nichts zu wissen von dem, was vor ihren Augen geschah.«

Janusz Kahl | 10. Mai 2012

»Aber der Zug fuhr nicht ab. Entweder war die Lokomotive kaputt oder das Gleis beschädigt. Das hat uns das Leben gerettet. Wären wir auf das Schiff gekommen, wären wir ertrunken. In den Mittagsstunden des 2. Mai sahen wir dann das erste amerikanische Fahrzeug.«

Endlich befreit

»Wir weinten und umarmten uns. Das Ende unseres Elends war gekommen. Bevor ich ins KZ kam, wog ich 77 Kilo, bei der Befreiung nur noch 43. Ich war schwach, aber nicht so, dass ich mich nicht bewegen konnte. Deshalb kam ich nicht ins Krankenhaus.«

In einer leerstehenden Kaserne bei Schwerin wurden die Häftlinge untergebracht und versorgt. »Die Lebensmittelpakete waren nicht gut für uns ausgehungerte Häftlinge. Viele starben, weil ihr Organismus nicht mehr an fettes Essen gewöhnt war. Nun hatten wir endlich wieder etwas zu essen und durften es nicht anrühren. Auch ich habe Durchfall bekommen. Ich habe mich mit eisernem Willen gezwungen, einige Wochen lang nur Haferflocken zu essen. Das hat mich gerettet. Die Kameraden, die im Krankenhaus lagen, hatten es leichter. Sie bekamen das richtige Essen zugeteilt.«

Irrfahrt durch diverse DP-Camps

Mecklenburg wurde Teil der sowjetischen Besatzungszone. »Wer von uns nach Polen zurück wollte, ist dort geblieben. Aber ich wollte nicht. Ich war mir sicher, dass meine Eltern das KZ nicht überlebt hatten. Unsere Wohnung in Warschau war ausgebrannt. In Polen waren jetzt die Russen. Ich wollte nicht in einem kommunistischen Land leben. Deshalb bin ich mit einem Transport in den Westen gefahren.«

Janusz Kahl war heimatlos. Er gelangte in die Nähe von Hamburg in der britischen Zone. Dort begann für ihn eine Irrfahrt durch verschiedene DP-Camps, die ein Jahr dauerte.

»Ich weiß nicht, warum uns die Briten von einem Camp zum nächsten brachten. In einem Camp waren die sanitären Anlagen nicht ausreichend und einmal mussten wir Platz machen für vertriebene Deutsche aus den Ostgebieten. Jeder Umzug war ein schwerer Moment für uns.«

Das Leben im DP-Camp war für Janusz Kahl geprägt von Unsicherheit und Warten. Wohin sollte er gehen? Wie sein Leben gestalten? Es war aber auch eine Zeit der Erholung.

»Wir mussten nicht arbeiten und konnten uns ausruhen. Wir bekamen zu essen, nicht viel, aber es genügte. An eine medizinische Versorgung kann

Die Cap Arcona

Bei der Räumung des KZ Neuengamme wurden Tausende Häftlinge auf manövrierunfähigen Schiffen in der Neustädter Bucht untergebracht. Die britische Luftwaffe versenkte die Schiffe *Cap Arcona* und *Thielbeck*. Dabei starben 6600 Häftlinge. Sie ertranken, verbrannten oder wurden bei dem Versuch, sich in andere Boote zu retten, erschossen. Nur 450 Menschen überlebten.

»Es ist das Vermächtnis der im KZ Ermordeten,
dass wir Überlebende Zeugnis ablegen von dem,
was geschehen ist. Wir müssen wachsam sein,
damit so etwas nie wieder passiert.«

JANUSZ KAHL | 10. MAI 2012

ich mich nicht erinnern. Meine Geschwüre waren nach einem halben Jahr von allein verheilt. Ich bin viel in der Umgebung gewandert und habe freiwillig als Lagersekretär gearbeitet. DPs aus westlichen Ländern konnten schnell in ihre Heimat zurückkehren. In den Camps blieben die Menschen aus dem Osten – Ungarn, Ukrainer und viele Polen, die nicht mehr in ihre Heimat zurück wollten oder es nicht konnten. Es war eine Zeit der Erwartung. Dabei mussten wir nicht schnell entscheiden. Wir konnten abwarten, was kommen würde.«

Die Eltern leben!

Ein halbes Jahr nach Kriegsende erhielt Janusz Kahl endlich die für ihn wichtigste Nachricht vom Roten Kreuz: Seine Eltern lebten.

»Wir hatten uns alle beim Roten Kreuz gemeldet. Außerdem hatten wir einen Verwandten in Wien. Auch ihm haben wir alle geschrieben. So erfuhren wir, wer von unserer Familie den Krieg überlebt hatte. Aber es dauerte ein halbes Jahr, bis ich die erlösende Nachricht bekam.«

Die Mutter von Janusz Kahl war in einem Außenlager des KZ Ravensbrück befreit worden. Der Vater, der im KZ Sachsenhausen geblieben war, war an seinem 60. Geburtstag von der SS entlassen worden und konnte zu seiner Tochter nach Berlin gelangen.

»Mein Vater benötigte für die Entlassung eine Adresse. Ohne meine Schwester wäre er nicht freigelassen worden. Vielleicht hat auch unser Wiener Verwandter geholfen, dass er endlich freikam. Auf jeden Fall war es ein großes Glück, denn er hätte in seinem Alter, so geschwächt und krank, wie er durch die Haft war, den Todesmarsch sicherlich nicht überlebt.«

Hochzeitsfeier im Lager

»Da kam die Liebe, das war das Wichtigste.« Janusz Kahl lernte im DP-Camp in Stern Buchholz seine Frau Teresa kennen. Sie kam ebenfalls aus Warschau und hatte dort nur zwei Straßen weiter gewohnt. Beim Warschauer Aufstand wurden sie und ihre Mutter vier Tage vor Janusz Kahl verhaftet und waren nach Ravensbrück gekommen.

Bis Anfang April mussten die beiden Frauen Zwangsarbeit in einer Fabrik leisten. Sie überlebten die Strapazen des Todesmarsches und erreichten Anfang Mai das Lager in Wöbbelin. Die SS-Wachmannschaft sperrte die Frauen in Baracken und überließ sie ihrem Schicksal, ohne Essen, ohne Wasser. Nach ihrer Befreiung durch die US-Truppen wurden sie nach Stern Buchholz gebracht. Teresas Mutter starb dort nur wenige Tage nach ihrer Befreiung. Nach der langen Hungerzeit konnte ihr Körper keine Nahrung mehr aufnehmen.

Im DP-Camp Geesthacht heirateten Janusz Kahl und Teresa nach sechs Monaten. »Von der Verwaltung bekamen wir für die Hochzeit Lebensmittel, in Pulverform oder in Dosen, etwas anderes gab es nicht. Es war auch nicht viel, aber es genügte, um mit den anderen Polen im Camp zu feiern. Meine Frau hatte sich sogar ein weißes Kleid besorgt, ich weiß nicht woher. So gingen wir zum deutschen

Das Mahnmal in der Gedenkstätte Neuengamme | 2012

Standesamt in Geesthacht. Wir hatten ja keine Papiere. Wir mussten unsere Namen sagen, dann hat uns der deutsche Beamte verheiratet. Als ich in den 1980er-Jahren zum ersten Mal wieder in Hamburg war, bin ich nach Geesthacht gefahren. Da habe ich das Standesamt besucht und statt der alten provisorischen Urkunde eine neue internationale Heiratsurkunde bekommen. 63 Jahre lang waren meine Frau und ich verheiratet. Das war eine schöne Zeit.«

Man muss zusammenbleiben

Teresa und Janusz Kahl überlegten lange, wohin sie ziehen sollten. »Nachdem wir von meinen Eltern gehört hatten, dass sie wieder in Polen waren, haben wir ein halbes Jahr mit der Heimkehr gewartet. Es war eine schwere Entscheidung, denn wir hörten, was die Kommunisten in Polen machten. Das waren keine guten Nachrichten. Aber ich hatte trotzdem Sehnsucht nach der Heimat. Deshalb haben wir entschieden: Wir gehen nach Polen, weil dort die Familie ist. Man muss doch zusammenbleiben.«

Am 17. Mai 1946 fuhren die beiden nach Polen. Allerdings konnten sie nicht gleich in Warschau leben, da die Stadt von den Deutschen völlig zerstört worden war.

Wegen seiner Haftzeit im Konzentrationslager wurde Janusz Kahl als Kriegsinvalide anerkannt. »Ich hatte jahrelang die schlimmsten Albträume. Es dauerte lange, bis für mich wieder ein normales Leben begann.«

Die Todesmärsche

Die SS räumte vor den heranrückenden Alliierten die Konzentrationslager, um alle Beweise für ihre Verbrechen zu vernichten. Die Häftlinge wurden in Waggons abtransportiert oder in quälend langen Märschen zu Fuß von der heranrückenden Front weggetrieben. Wer nicht mehr laufen konnte, wurde erschossen.

1937	Geburt vermutlich in Czernowitz als Rosa Fischer
1941	Flucht in die Ost-Ukraine oder Russland
1944–1947	Flucht in den Westen
1947–1948	DP-Camp Feldafing
1948	Ausreise nach Israel
1960–1989	Lehrerin für Hebräisch
1989–1993	Aufbau jüdischer Schulen in Russland
seit 1993	Hebräisch- und Religionslehrerin in Hamburg

Shoshana Lasowski   Odyssee in die Freiheit

Fast alle Verwandten der Jüdin Shoshana Lasowski wurden während des Holocaust ermordet. Für ihren Vater stand deshalb fest: Ein Leben in Europa konnte es für seine Familie nicht mehr geben. Nur in einem eigenen Staat wären die Juden sicher vor Verfolgung. Sein Wunsch, nach Palästina auszuwandern, führte zu einer mehrjährigen Odyssee quer durch Europa, bis die Familie im Winter 1948 endlich Israel erreichte.

Czernowitz

Czernowitz ist die Hauptstadt der Region Bukowina, sie liegt heute in der Ukraine. Ihre Glanzzeit erlebte die Stadt im 19. Jahrhundert, als sie zum österreichisch-ungarischen Kaiserreich gehörte. Ein Drittel der Bevölkerung waren Juden. Aus Czernowitz stammen u. a. die Dichter Rose Ausländer und Paul Celan.

Flucht in den Osten

»Mein Vater war ungarischer Jude, meine Mutter stammte aus Bessarabien. Ich nehme an, dass sie in oder bei Czernowitz gewohnt haben und dass ich dort geboren bin, aber es gibt keine Dokumente mehr. Ich weiß nur, dass wir Verwandte in Rumänien und Ungarn hatten, und dass zu Hause Jiddisch gesprochen wurde.«

Als die Wehrmacht im Juni 1941 die Sowjetunion überfiel, beschloss der Vater, mit Frau und Tochter in den Osten der Ukraine zu fliehen.

»Er hat gesagt: ›Nur dort bleiben wir am Leben.‹ Leider hat er Recht gehabt. Von den Verwandten in Czernowitz wollte niemand mit uns fliehen. Sie sind dort geblieben und später alle von den Deutschen ermordet worden.«

Shoshana war bei der Flucht erst vier Jahre alt. Sie kann sich deshalb an vieles nicht erinnern.

»Ich weiß nicht, wohin die Eltern mit mir geflohen sind. Ich erinnere nur, dass wir in ein Lager kamen. Vermutlich war es ein Arbeitslager. Meine Eltern mussten hart arbeiten. Ich habe sie kaum gesehen. Ich war in der Zeit sehr viel krank und lag auf einer Krankenstation. Ich bin erblindet, wahrscheinlich aus Vitaminmangel. Aber im Lager war eine Ärztin, die sich für mich eingesetzt hat. Sie hat meine Augen gerettet. Eines Tages habe ich zu ihr gesagt: ›Ich kann meine Hand sehen.‹ Meine Mutter kam mich besuchen, wenn es die Arbeit erlaubte und brachte mir etwas zu essen. Für mich war es eine Katastrophe, wenn sie nicht kommen konnte, denn das bedeutete, dass ich hungern musste. Ich habe auf das Brot gewartet, nicht auf die Mutter. Mein Traum war, eines Tages so viel Brot zu haben, dass ich gar nicht alles aufessen kann. Dass ich satt bin und sogar noch etwas übrig bleibt.«

Rückkehr nach Czernowitz

1944 wurde im Lager Shoshanas Schwester Lea geboren. Der Krieg ging zu Ende. Es war für die Familie nicht möglich, gemeinsam aus dem Lager

Shoshana Lasowski vor dem Krieg

zu entkommen. Deshalb floh zuerst die Mutter mit den beiden Töchtern.

»Wir sind nachts in einem Kohlenzug abgehauen. Wir waren ganz schwarz. Als am nächsten Morgen im Lager entdeckt wurde, dass wir nicht mehr da waren, wurde mein Vater verhört und geschlagen. Er hat gelogen und gesagt: ›Ich hatte Probleme mit meiner Frau, sie hat mich mit den Kindern verlassen. Ich weiß nicht, wo sie jetzt sind.‹ Er wurde ins Gefängnis geworfen, hat aber nichts gesagt, damit wir uns in Sicherheit bringen konnten. Auf der Flucht nach Czernowitz haben wir uns unterwegs bei einem alten Ehepaar in dem Ort versteckt, in dem meine Großeltern früher gelebt hatten. Meine Mutter erfuhr, dass ihre Eltern deportiert und ermordet worden waren.

Die Eltern hatten sich in Czernowitz verabredet in der Hoffnung, dass der Vater nach Kriegsende aus dem Lager freikäme. »Eines Tages hat meine Mutter mich geweckt und gesagt: ›Der Krieg ist vorbei.‹ Mein allererster Gedanke war: Papa kommt.«

Die Mutter hatte mit ihren Töchtern in Czernowitz Unterschlupf gefunden in einem Keller. Obwohl der Krieg zu Ende war, fühlten sie sich als Juden nicht sicher. Als sie eines Tages in der Stadt unterwegs waren, wurden sie plötzlich von einem Mann angesprochen. Die Mutter erschrak, sah ihn gar nicht an, sondern hielt nur schützend das Baby fest. Aber Shoshana sah den Mann an und rief: »Mami, das ist Papa.« Nach monatelanger Trennung traf sich die Familie zufällig auf der Straße wieder.

Die Suche nach Verwandten

Der Vater erkundigte sich beim Roten Kreuz nach überlebenden Verwandten. »Meine Eltern kamen aus orthodoxen jüdischen Familien und hatten beide jeweils sieben ältere Geschwister, die vor dem Krieg bereits verheiratet waren und viele Kinder hatten. Hätten sie überlebt, wären wir eine riesengroße Familie gewesen.«

>»Als ich meinen Vater gefragt habe, warum sechs Millionen Juden ermordet wurden, hat er gesagt: ›Du sollst nicht glauben, dass wir etwas falsch gemacht haben. Wir haben nur einen anderen Glauben. Vergiss nie, dass du Jüdin bist.‹«»

Shoshana Lasowski | 24. März 2012

Aber von den Verwandten der Mutter hatte nur eine Schwester in Rumänien überlebt. Von der Familie des Vaters lebten noch ein Bruder und eine Cousine. Beide waren in Auschwitz befreit worden und wohnten nun wieder in Budapest.

Eine der Schwestern des Vaters lebte seit den 1920er-Jahren mit ihrem Mann in den USA. Der Vater nahm mit ihr Kontakt auf und schrieb ihr, dass er mit seiner Familie noch am Leben war. Sie antwortete ihm:

»Mein lieber Bruder, du hast das große Feuer (so nannte sie den Holocaust) überlebt. Ich schicke dir vier Schiffskarten, komm nach Amerika, wir werden euch helfen.« Sie schickte auch einen Zeitungsartikel, in dem stand, dass einer ihrer Söhne für seine Verdienste als Bomberpilot im Krieg als *Hero of America* ausgezeichnet worden war. »Sein Name wird euch helfen«, meinte sie.

»Aber mein Vater schickte ihr die Schiffskarten zurück. ›Für uns gibt es nur einen Platz, wo wir leben können, und das ist Palästina‹, schrieb er ihr. So ist es dann auch gekommen. Mein Vater ist nie nach Amerika gefahren, aber meine Tante hat uns jedes Jahr in Israel besucht.«

Marsch in den Westen

Für die Eltern stand fest, dass sie nicht in der Sowjetunion bleiben wollten. »Meine Eltern haben sehr unter dem Antisemitismus in Russland gelitten. Deshalb haben wir uns schon bald, nachdem mein Vater nach Czernowitz gekommen war, auf den Weg gemacht. Zuerst haben wir die Tante in Rumänien besucht. Dann sind wir in einer großen Gruppe losmarschiert.«

Der Marsch in den Westen sollte zwei Jahre dauern. Niemand hatte Papiere, Aufenthaltsgenehmigungen oder eine offizielle Ausreiseerlaubnis. Deshalb konnten die Flüchtlinge nur nachts gehen, tagsüber mussten sie sich verstecken. Sie hatten kaum Gepäck dabei. Shoshana trug einen kleinen Rucksack. Darin waren Windeln und ein Kissen für die Schwester.

»Zu essen hatten wir nur, wenn wir etwas auf dem Weg gefunden haben. Einmal fing mein Vater ein Huhn. Er konnte ihm aber nicht den Hals umdrehen und hat es laufen lassen. Da waren alle böse mit ihm. Aber schlimmer als der Hunger war die Kälte. Ich hatte keine Schuhe. Ich habe mir Lappen um die Füße gewickelt. Im Winter sind mir die

Füße erfroren. Ich hatte Wunden, die haben die ganze Zcit geblutet. Ich besaß auch keinen Mantel. Lumpen zu tragen hat mich nicht gestört, das gehörte irgendwann zu meinem Leben. Aber an die entsetzliche Kälte konnte ich mich nicht gewöhnen. Sie ist meine Haupterinnerung an den Marsch. Dabei ging es meiner Schwester noch schlechter. Mir wurde beim Laufen wenigstens ein bisschen warm. Aber sie war so klein, sie konnte noch nicht gehen. Meine Mutter hat sie die ganze Zeit getragen, da hat sie gefroren und geweint. Das war eine Gefahr für uns, denn durch das Weinen konnten wir entdeckt werden. Einmal haben uns Leute in ihrem Garten ausruhen lassen, aber da fing sie wieder an zu weinen. Die Leute bekamen Angst und wir mussten gehen, bevor man uns entdeckte.«

»Ich dachte, ich bin gleich tot«

Die Flüchtlinge wurden mehrfach von Soldaten der Roten Armee aufgegriffen.

»Einmal haben russische Soldaten uns in ein Lager gesperrt. Dann sind sie mit Lastwagen gekommen und haben gesagt, sie brächten uns an die Grenze. Aber mein Vater hat ihnen nicht geglaubt. Er wusste, dass sie uns in ein Arbeitslager bringen würden. Da sind wir heimlich geflohen. Ein anderes Mal wurden mein Vater und ich geschnappt. Mein Vater hat so getan, als könne er kein Russisch. Er hat immer nur wiederholt: ›Ich bin Ungar.‹ Dann haben sie versucht, mit mir zu sprechen. Ich konnte Russisch, das hatte ich im Lager gelernt. Aber in dem Moment war ich gelähmt vor Angst und habe kein Wort herausgebracht. Das hat uns

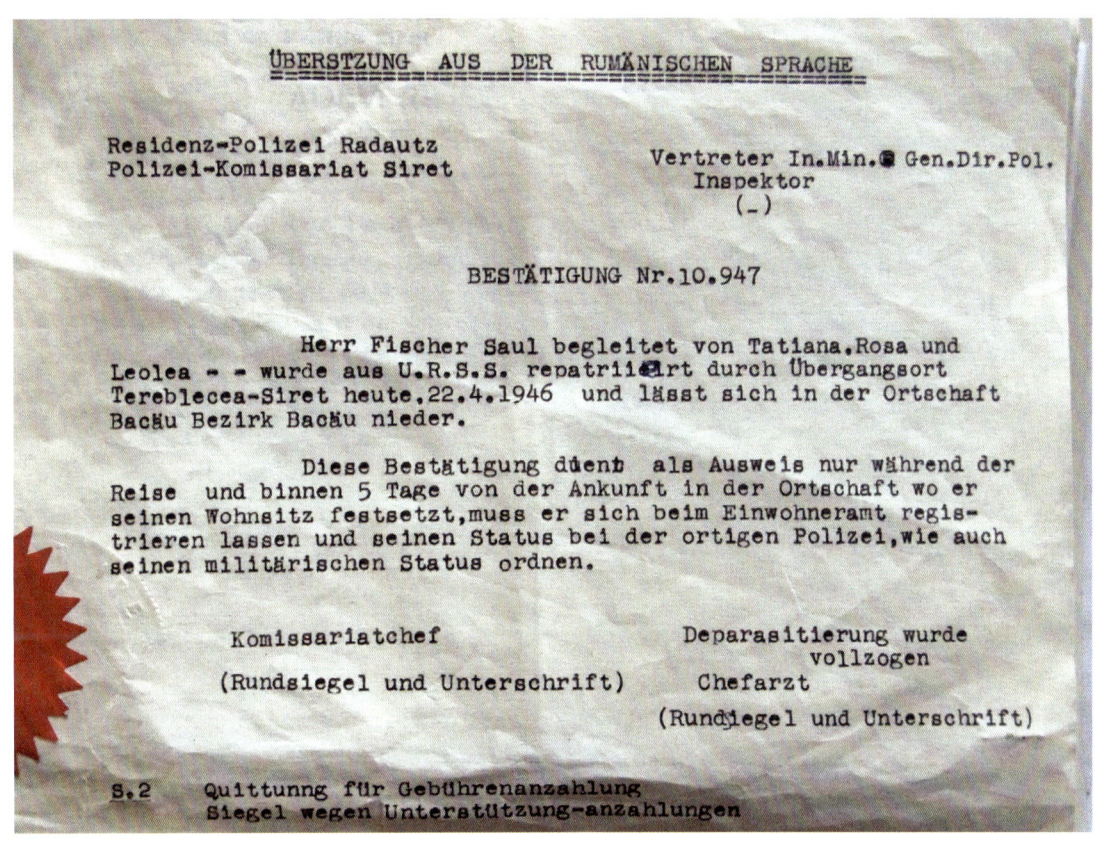

Urkunde von der Ankunft der Familie in Rumänien

gerettet, denn sie glaubten uns, dass wir keine Russen waren, und ließen uns laufen. Auf der langen Flucht haben wir aber auch anständige Soldaten getroffen, die sich menschlich verhielten.

In der Nähe einer Grenze hat uns einmal ein Trupp mit Scheinwerfern verfolgt. Wir rennen in ein Maisfeld und verstecken uns. Ich ducke mich tief, aber ein Hund entdeckt mich. Ich kann seinen Atem im Nacken spüren. Da kommt ein Soldat und sieht mich. Ich habe gedacht, jetzt bin ich gleich tot. Aber er dreht sich um und ruft: ›Hier ist alles sauber, wir gehen zurück.‹ Dabei hat er ganz sicher gewusst, wo ein Kind ist, da sind noch mehr Leute.«

Nicht immer konnten die Flüchtlinge entkommen. Immer wieder wurden sie verhaftet und eingesperrt, oft in Kuhställen. Für Shoshana waren die Zeiten in diesen improvisierten Gefängnissen die schönsten Momente auf der Flucht. Denn die Ställe waren warm, es gab Stroh, auf dem sie schlafen konnte, und Wasser zum Waschen.

»Dann hat meine Mutter mich hübsch gemacht. Wir hatten keinen Kamm, so hat sie meine Locken mit den Fingern gekämmt und mir Zöpfe geflochten. Aber das Wichtigste war, dass ich nicht frieren musste. Das hatte nur einen Nachteil: Wenn die Kälte weg war, kam der Hunger. Dann hatte ich Zeit, darüber nachzudenken, wie hungrig ich war. Wenn wir gelaufen sind, habe ich meinen Hunger vor Kälte und Erschöpfung vergessen.«

Aufnahme ins DP-Camp Feldafing

Im Herbst 1947 erreichte die Familie Wien. Nach zwei Jahren auf der Flucht kamen sie im DP-Camp Arzberg unter und wurden dort notdürftig ver-

sorgt. Aber schon nach einem Monat zogen sie weiter, um den Bruder des Vaters in Budapest zu besuchen.

»Dort gab es die *Hachschara*, das war eine jüdische Bewegung, die Auswanderer auf das Leben in Palästina vorbereitete. Aber meinen Eltern ging das zu langsam. Deshalb haben wir uns wieder auf den Weg gemacht und kamen Mitte Dezember in Feldafing bei München an.

Aber dort hieß es: Das Lager ist voll. In dieser verzweifelten Lage hörten wir von Leuten, die das Lager bereits wieder verlassen hatten, und beschlossen, ihre Namen anzunehmen. Mein Vater wurde Josef Fischman, ich hieß Golda Fischman. Meine Mutter war Regina Horowitz und meine Schwester Rachel Horowitz. Die ganze Nacht über haben unsere Eltern die neuen Namen mit uns geübt. Am nächsten Morgen konnten wir endlich das Tor zum Camp passieren. Drinnen haben wir dann wieder unsere eigenen Namen angenommen. Dabei hatten wir keine offiziellen Papiere, sondern waren staatenlose Flüchtlinge. Wir bezogen ein Zimmer in einer Baracke und bekamen Bettzeug, Kleidung und Essen. Mein Vater meinte: ›Wir vier können uns hier nicht kostenlos durchfüttern lassen. Wir müssen etwas für unser Essen tun.‹ Deshalb ist er Polizist im Camp geworden.«

Das erste Spielzeug

»Im Lager begann für mich ein wunderschönes Leben. Ich hatte keine Angst mehr. Ich war endlich ein Mensch. Ich konnte mit anderen Kindern spielen, hatte ein warmes Bett, konnte mich satt essen und bekam hübsche Kleider. Das kannte ich ja alles nicht. Das erste Mal in meinem Leben war es für mich wichtig, was ich trug. Ich hatte ja nur Lumpen gehabt und wusste nicht, dass man mehr als ein Kleid besitzen kann und wie viel Freude es macht, sich hübsch anzuziehen. Ich erinnere mich noch gut an den ersten Rock, den ich bekam. Er hatte ein schönes Rosenmuster und gehörte mir ganz allein. Ich war sehr stolz auf ihn. Zum ersten Mal seit Jahren bekam ich auch ein Paar Schuhe. Lackschuhe, die trug ich mit weißen Söckchen. Auf meine schicken Schuhe war ich fast noch stolzer als auf den Rock.«

Die Kinder im Lager erhielten von amerikanischen Hilfsorganisationen auch Spielzeug. »Ich bekam keine Puppe, aber einen Tennisball. Das war das erste richtige Geschenk in meinem Leben. Was habe ich mich gefreut! Dann erhielt ich Bauklötzchen und habe sogar Fahrradfahren gelernt. Ganz wichtig waren für mich auch Papier und Stifte zum Malen und Schreiben. Ich wusste bis dahin nicht, dass es so etwas gibt auf der Welt. Es war ein herrliches Leben.«

»Das sind auch Menschen«

Das Leben der jüdischen Bewohner spielte sich ausschließlich im Lager ab. Aber der Vater ging mit Shoshana auch oft am nahen Starnberger See spazieren. Dort trafen sie auf die deutsche Bevölkerung.

»Wir bekamen Dosen mit Lebensmitteln im Lager. Sardinen, Fleisch, alles war in Dosen. Die Deutschen hatten nichts. Mein Vater sagte: ›Die haben mehr Hunger als wir.‹ Also hat er meine Mutter gebeten, sparsam zu kochen. Wir haben von da an regelmäßig den Deutschen Dosen gebracht. Sie waren sehr nett zu uns und haben uns dafür Obst gegeben, Äpfel und Birnen. Zum Dank hat

Shoshana mit ihrer Mutter und kleinen Schwester im DP-Camp Arzberg | 1947

mir eine Frau einen Pullover gestrickt, der war ganz bunt in allen Farben. Die Leute im Camp waren entsetzt, dass mein Vater den Deutschen etwas abgab. Aber er meinte: ›Das sind auch Menschen. Sie haben Kinder, sie müssen auch essen.‹ Er hat damals zu mir gesagt: ›Wenn ich ein Deutscher gewesen wäre, hätte ich im Krieg den Juden geholfen. Jetzt helfe ich als Jude den Deutschen.‹ Ich glaube ihm das, er war so ein hilfsbereiter Mensch.

Er hat mir im Lager auch Deutsch beigebracht, er sprach es fließend. Auch darüber waren alle anderen empört. Wieso ich ausgerechnet Deutsch lerne? Er hat nur gesagt: ›Wieso nicht? Es ist nur gut, wenn sie noch eine Sprache kann.‹

Einmal machte der Vater mit seiner Familie einen Ausflug nach München. »Er hat die Zerstörungen sehr bedauert. ›Guckt nur, wie alles bombardiert wurde,‹ hat er immer wieder gesagt. ›Guckt, wie arm die Leute sind.‹ Aber in Israel hat er nie wieder über Deutschland und die Vergangenheit geredet, kein einziges Wort. ›Vorbei ist vorbei‹, hat er nur geantwortet, wenn ich ihn danach gefragt habe.«

Vorbereitung auf das Leben in Palästina

Die Familie hatte nur ein Ziel: nach Palästina auszuwandern. Denn nur in einem jüdischen Staat wären sie endlich sicher vor Antisemitismus und Verfolgung.

»Das Camp war wie ein Dorf. Es gab auch eine Schule. Unsere Lehrer waren nicht besonders gut, aber sie haben uns etwas über jüdische Religion, die Riten und Feiertage beigebracht. Wir haben hebräische Lieder gesungen, denn es war wichtig, dass wir ein bisschen Hebräisch lernten. Wir haben gelernt, Hebräisch zu schreiben. Wir hatten auch Mathematikunterricht, aber kein Deutsch. Denn allen war klar: Das Leben im Camp ist nur vorübergehend. Wir wollen nicht in Europa bleiben, in Deutschland erst recht nicht. Wir wollen nach Palästina.«

Ein Jahr lang lebte die Familie im DP-Camp Feldafing. »Selbst wir Kinder wussten, dass der Aufenthalt nicht von Dauer war. In Feldafing haben wir gewartet, bis wir endlich wegkonnten. Und diese Wartezeit wurde genutzt, um uns auf unser neues Leben vorzubereiten.«

Ein Staat für die Juden

Am 29. November 1947 verabschiedete die Generalversammlung der Vereinten Nationen eine Resolution, die einen jüdischen und einen arabischen Staat auf dem Gebiet Palästinas vorsah. Damit bekamen die Juden das Recht auf einen eigenen Staat zugesprochen. Am 14. Mai 1948 endete um Mitternacht das britische Protektorat über Palästina. Ben Gurion, der erste Ministerpräsident Israels, verkündete die Unabhängigkeit des Staates.

»Was war das für eine Freude! Endlich hatten wir ein eigenes Land. Im Camp gab es eine große Feier. Unsere Nachbarin hatte ein Fass Bier organi-

Registrierung im DP-Camp Feldafing | 1947

siert. Wir bekamen israelische Flaggen, mit denen sind wir Kinder herumgelaufen. Wir haben uns alle gefreut.«

Aber die Freude währte nur kurz, denn in derselben Nacht griff eine Allianz arabischer Staaten Israel an, die einen jüdischen Staat auf palästinensischem Gebiet nicht akzeptieren wollten.

»Im Lager hingen damals riesige Plakate: *Deine Freunde sind an der Front, und Du?* Viele wollten sofort nach Israel, um auch zu kämpfen. Wir müssen unseren Brüdern helfen, hieß es. Aber so schnell kamen wir nicht weg. Es war nach wie vor schwierig, nach Israel zu kommen.«

Shoshanas Vater blieb seiner pazifistischen Haltung treu. »Er hat immer wieder gesagt, wir müssten einen Weg finden, in Israel zu leben ohne zu kämpfen. Die Araber wären unsere Nachbarn, wir müssten lernen, mit ihnen zu leben.«

Endlich nach Israel

Am 27. Dezember 1948 war es endlich soweit. Mitten in der Nacht bestiegen die Auswanderer ein Transportflugzeug mit dem Ziel Israel.

»Das geschah natürlich nicht auf normalem Wege. Wie konnte bei der Fluchtgeschichte meiner Familie auch irgendetwas normal sein? Im Nachhinein glaube ich, dass wir illegal ausgereist sind.

Wir sind auf einem Flugplatz. Es ist dunkel. Jemand ruft: ›Schnell, schnell, lauft zum Flugzeug!‹ Ich renne mit allen anderen los. Da steht ein Flugzeug. Ich laufe die Laderampe hoch. Es ist kein Passagierflugzeug mit Sitzen, sondern ein großer dunkler Raum für Pakete. Ich bin völlig allein in diesem Flugzeug. Niemand ist da. Wo sind meine Eltern? Ich bekomme Panik und renne die Rampe wieder hinunter. Da sehe ich ein anderes Flugzeug in der Nähe. Ein Mädchen geht dort die Rampe hoch, sonst ist niemand mehr zu sehen. Ich renne schnell zu dem anderen Flugzeug, die Rampe hinauf, und da sind alle. Meine Eltern, meine Schwester, all die anderen aus dem Camp. Ich bin die Letzte, die ins Flugzeug kommt. Wir fliegen sofort

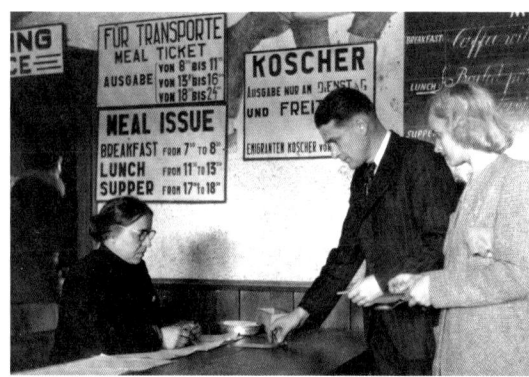

Bewohner des DP-Camps Feldafing holen Essensgutscheine. | 1948

los. Hätte ich es nicht in letzter Minute gemerkt, wäre ich allein in Deutschland zurückgeblieben.

Vor Angst und Schrecken musste ich mich immer wieder übergeben. Meine Eltern dachten, mir wäre übel, weil das Flugzeug so schaukelte. Sie hatten nicht mitbekommen, was passiert war, und mich in der Aufregung und Eile gar nicht vermisst.

Dann landeten wir endlich in Israel. Soldaten holten uns schnell aus dem Flugzeug, denn es war ja immer noch Krieg. Ein junger Soldat nahm mich in die Arme und trug mich hinaus. Ich habe ihn immer wieder gefragt: ›Sind Sie Jude? Sind Sie ein jüdischer Soldat?‹ Ich konnte es nicht glauben. Soldaten, das waren die anderen, Deutsche, Russen, Ukrainer. Juden in Uniform hatte ich noch nie gesehen.«

Während der langen Wanderung aus der Ukraine in den Westen hatte der Vater Shoshana von Palästina erzählt. Wenn das kleine Mädchen fror, malte er ihr aus, dass sie in der Wüste leben würden. »Da ist es heiß, und du wirst nie wieder frieren.« Wenn ihr die Füße schmerzten und bluteten, erzählte er ihr, dass sie in Palästina nie wieder laufen müsste. »Dort wirst du auf einem Esel reiten.«

»Jetzt endlich, nach all den Jahren waren wir im Paradies angekommen, von dem er immer geschwärmt hatte. Vom Flughafen wurden wir mit Bussen abgeholt. Ich war total enttäuscht. Er hatte mir doch einen Esel versprochen.«

Alltag in Schutt und Asche

Die ganze Nacht beim Pferdemetzger anstehen, den Ehering beim Bauern gegen einen Sack Kartoffeln tauschen: Der Hunger war das größte Problem in den Nachkriegsjahren. Bereits im Krieg hatte es Lebensmittelkarten gegeben. Die Rationen wurden im Laufe des Krieges zwar immer kleiner, aber die Bevölkerung musste nicht hungern. Nach der Kapitulation im Mai 1945 brach die Versorgung mit Lebensmitteln jedoch völlig zusammen.

Dies hatte mehrere Gründe: Mit dem Kriegsende existierte keine staatliche Ordnung mehr. Es herrschte Chaos. Die Besatzungsmächte benötigten Monate, bis in den jeweiligen Zonen neue Strukturen aufgebaut und funktionsfähig waren. Erschwerend kam hinzu, dass viele Betriebe, wie Bäckereien oder Schlachthöfe, Großmarkthallen und Geschäfte zerstört waren, und auch Straßen und Bahngleise zum Transport erst wiederhergestellt werden mussten. Darüber hinaus fehlten die Lieferungen von Lebensmitteln aus den ehemals besetzten Gebieten sowie die Agrarflächen jenseits der Oder-Neiße-Linie, die nun zu Polen beziehungsweise zur Sowjetunion gehörten. Auf dem Land arbeiteten während des Krieges Millionen Zwangsarbeiter und Kriegsgefangene. Diese Arbeitskräfte fehlten jetzt. Gleichzeitig mussten zwölf Millionen Flüchtlinge aus den ehemaligen deutschen Ostgebieten ernährt werden.

Die Alliierten gaben Lebensmittelkarten in verschiedenen Kategorien aus: Je nach Kalorienbedarf waren sie gestaffelt vom Kleinkind bis zum Schwerarbeiter. Aber die vorhandenen Lebensmittel reichten trotz der Rationierung nicht aus. Die täglichen Rationen sanken im Winter 1945/46 von 1500 auf 700 Kalorien. Die Lebensmittelknappheit machte sich besonders in Ballungsgebieten wie dem Ruhrgebiet und in Großstädten wie Köln oder Berlin bemerkbar. Es kam zu Protesten. Den Besatzungsmächten blieb nichts anderes übrig, als die deutsche Bevölkerung mit Lebensmittellieferungen zu unterstützen. Dabei halfen ihnen private US-Hilfsorganisationen wie *CARE*, die Millionen Pakete schickten. Trotzdem war der Mangel akut. Dies führte zu Schwarzmarkthandel, Hamsterfahrten aufs Land und weitverbreitetem Diebstahl, der beschönigend »Organisieren« genannt wurde.

Die beiden ersten Nachkriegswinter waren besonders hart. Die anhaltende Kälte führte zu einem weiteren Problem: Es gab nicht genug Heizmaterial.

Kohle war Mangelware und für die städtische Bevölkerung war Brennholz nur schwer zu beschaffen. Familien stellten kleine Öfen auf und lebten nur noch in dem einen Zimmer, das sie notdürftig heizen konnten. Wenn sie überhaupt noch eine Wohnung hatten. Denn rund ein Viertel des Wohnraumes in Deutschland war durch den Bombenkrieg zerstört, in manchen Städten war noch nicht einmal mehr die Hälfte aller Häuser bewohnbar. Wer noch ein Dach über dem Kopf hatte, bekam deshalb Wohnungslose als Zwangseinquartierung zugewiesen. Außerdem wurden Notunterkünfte errichtet. Die Briten stellten beispielsweise in Hamburg auf Sportplätzen und geräumten Ruinenfeldern Wellblechbaracken auf.

Wegen des Mangels an Lebensmitteln, Heizmaterial und Wohnraum in den Städten brachten die Behörden Flüchtlinge und Vertriebene überwiegend auf dem Land unter, da die meisten Dörfer noch intakt waren und die Bauern sich selbst versorgen konnten.

Die Versorgungslage verbesserte sich 1948 zumindest in den drei Westzonen mit der Währungsreform. Mit Einführung der D-Mark gab es wieder etwas zu kaufen. Gleichzeitig starteten die USA ein Hilfsprogramm zum Wiederaufbau Westeuropas. In der 1949 gegründeten Bundesrepublik begann damit das sogenannte Wirtschaftswunder. Im Mai 1950 endeten in Westdeutschland die letzten Lebensmittelrationierungen. In der 1949 gegründeten DDR wurden die Lebensmittelmarken erst im Jahr 1958 abgeschafft.

Mit der Bahn fahren die Menschen aufs Land zum »Hamstern«

1933 Geburt in Hamburg
1947 Volksschulabschluss
1947–1949 Hausmädchen im Hotel
1950–1957 Fabrikarbeiterin
60er-Jahre Heimarbeiterin
1970–1993 Küchenhilfe im Kindergarten

Elfriede Wippel   Zu Hause in der Nissenhütte

Den Terror der Nazi-Herrschaft erlebte Elfriede Wippel bereits in frühester Kindheit, denn 1940 wurde ihr Vater verhaftet. »Auf einmal hörte ich abends schwere Schritte im Treppenhaus. Dann kamen Männer und haben ihn abgeholt. Ich war sieben Jahre alt. Mein jüngster Bruder war gerade geboren. Meine Mutter hat mir eingeschärft: ›Das darfst du nie erwähnen.‹ Wenn die Erwachsenen darüber geredet haben, mussten wir drei Kinder in die Küche.« Die Mutter musste sich noch im selben Jahr scheiden lassen, sonst, so die Drohung, würden ihr die Kinder weggenommen. Erst ein Jahr später erfuhr Elfriede von ihrer Mutter, dass der Vater ins Konzentrationslager Neuengamme gekommen war. »Warum, hat sie mir nie gesagt.«

Dann kam ein Brief aus Neuengamme, dass der Vater nach sechs Wochen im Lager an einem Magengeschwür gestorben sei. »Dabei war er ein kräftiger junger Mann gewesen. Der hatte nie etwas mit dem Magen gehabt.«

In den Wirren der Nachkriegsjahre ging diese offizielle Benachrichtigung verloren. »Meine Mutter ging zur Behörde, um eine Wiedergutmachung zu erhalten. Aber da hieß es, wenn die Urkunde weg sei, müsse sie drei Zeugen aufbringen, die gesehen haben, dass mein Vater im KZ ermordet wurde. Wie sollte sie das denn machen? Deshalb haben wir nie etwas bekommen. Zu den Trauerfeiern in der Gedenkstätte Neuengamme gehe ich nicht hin. Wir haben zu sehr gelitten.«

Im Hamburger Feuersturm

»Als die Bombardierung von Hamburg begann, schliefen wir immer halb angezogen. Die Strümpfe behielten wir an, die Schuhe standen neben dem Bett, die Tasche war gepackt. Wenn die Sirenen gingen, setzten wir uns ins Treppenhaus. Dann kam der Blockwart: ›Sie müssen in den Keller.‹ Meine Mutter war eine sehr energische Frau. ›Nein, ich bleibe hier sitzen. Aus dem Keller komme ich nicht wieder heraus‹, sagte sie jedes Mal. Als ob sie eine Ahnung gehabt hätte.« Am 25. Juli 1943, der ersten Nacht des großen Bombenangriffs auf Hamburg, wurde ihr Stadtteil Eimsbüttel schwer getroffen. »Das Haus ist abgebrannt, aber wir konnten fliehen, weil wir auf der Treppe saßen. Meine Mutter hatte nur noch meine Brüder und mich, ihre Tasche und die Kinderkarre.

›Weg hier, Kinder‹, ruft Mutti. Sie setzt die Brüder in die Kinderkarre, nimmt mich an die Hand, und dann rennen wir zum Bahnhof nach Wandsbek. Quer durch die zerstörte Stadt. Alles ist verkohlt, überall Trümmer, es gibt kaum ein Durchkommen. In Wandsbek ist ein Sammellager, dahin flüchtet alles. Dann kommt ein Zug. Es ist eine furchtbare Hektik. Alle wollen nur eins: raus aus Hamburg. Der Zug ist sofort voll. Die Menschen hängen außen an den Waggons. Meine Mutter schiebt mich rein und schreit: ›Die Karre brauche ich noch.‹ Helfer hieven sie durchs Fenster. So ent-

kommen wir. Alle unsere Verwandten im Hamburger Osten sind in den folgenden Nächten umgekommen. Da war nur noch Schutt und Asche. Als meine Onkel aus dem Krieg kamen, waren ihre Familien nicht mehr da.«

»Hättet ihr mehr gebetet«

Der Familie wurde in Belsdorf in Sachsen-Anhalt ein Zimmer in einem Bauernhaus zugewiesen. »Wir waren nun Flüchtlinge und nicht willkommen. ›Hättet ihr mehr gebetet, hättet ihr die Bomben nicht auf den Kopp gekriegt‹, haben die Leute dort zu uns gesagt. Meine Mutter war entsetzt. Wir konnten doch nichts dafür. Aber mit der Zeit wurde es besser, denn sie hat die Ärmel hochgekrempelt und dem Jungbauern bei der Arbeit geholfen. Der wollte sie sogar heiraten, aber sie hat gesagt: ›Nein, ich bin Hamburgerin, ich will zurück.‹«

Bei Kriegsende zogen die Flüchtlinge aus dem Osten durch das Dorf, denen die Mutter außer

Das brennende Hamburg nach dem Bombenangriff | 1943

Wasser nichts geben konnte. Die westlichen Alliierten zogen sich aus Sachsen-Anhalt zurück und übergaben Anfang Juli das Gebiet an die sowjetischen Truppen. »Meine Mutter wollte nicht bei den Russen bleiben, weil wir gehört hatten, dass Schlimmes passiert. Die Russen kamen mit kleinen Pferdewagen. Mutter hatte verboten, dass wir zu ihnen gehen. Aber wie Jungs nun mal sind, wollten meine Brüder zu den Pferden. Ich bin auch an die Dorfstraße, bis mich ein Gaul getreten hat.«

Irgendwann kam dann der Befehl, dass alle Flüchtlinge das Dorf verlassen mussten. Die Familie kam mit vielen anderen nach Magdeburg. »Das war so eine Art Abschiebelager. Wir waren wieder Flüchtlinge. Wir vier schliefen in zwei Betten, die Toiletten waren verstopft. Für jeden gab es am Tag einen halben Liter Graupensuppe. Aber das aß mein kleiner Bruder nicht und wir anderen mochten es auch nicht. Wir wollten nur noch raus, nach Hause. Dann kriegten wir den Aufruf: Wir sollen den Zug besteigen, es geht nach Hamburg.«

Der Hamburger Michel, umgeben von Ruinen | 1945

Exkurs: Der Hamburger Feuersturm

Hamburg wurde als erste deutsche Großstadt im Sommer 1943 bei einem Flächenangriff von amerikanischen und vor allem britischen Bombern weitgehend zerstört. Die abgeworfenen Spreng- und mit Phosphor gefüllten Brandbomben entfachten einen Feuersturm, in dem rund 37 000 Menschen starben.

Der Angriff wurde befohlen vom britischen Luftmarschall Arthur Harris, genannt »Bomber Harris«. Die Flächenbombardierungen der Briten ab 1942 galten nicht nur strategischen Zielen und der Infrastruktur, sondern auch den Wohngebieten. Die deutsche Zivilbevölkerung sollte durch die Bombardierungen zermürbt, ihre Moral und der Widerstandswillen gebrochen werden, in der Hoffnung, dass der Krieg so schneller beendet würde. Dies geschah nicht. Im

Gegenteil, die Bevölkerung rückte enger zusammen, der Durchhaltewillen wurde stärker.

Die Angriffe waren ein Verstoß gegen das Kriegsrecht. Allerdings hatte das Deutsche Reich mit dem Terror gegen Zivilisten begonnen, als es 1940/1941 englische Städte bombardierte. Bei den »The Blitz« genannten Angriffen starben über 40 000 Briten, rund eine Million Häuser wurden zerstört.

Arthur Harris ist in England bis heute umstritten. Sein 1992 von Veteranen finanziertes Denkmal in London wurde mehrfach beschädigt. Er selbst war überzeugt, das Richtige getan zu haben. So schrieb er 1947 in seinen Memoiren: »Trotz allem, was in Hamburg passiert ist, bewies sich das Flächenbombardement als relativ humane Methode.«

Rückkehr nach Hamburg

An der Zonengrenze in Helmstedt mussten sie umsteigen. »›Dawai, dawai, los, los‹, riefen die Russen. Wir hatten zum Glück einen Schlitten, denn der Schnee lag so hoch, meine Mutter hätte mit der Kinderkarre nicht fahren können.« Sie kamen bis Osnabrück, wo sie zwei Nächte in einer Scheune schlafen mussten. »Da haben wir auf Stroh gelegen und die Kühe muhten. Wir Kinder fanden das schön. Wir waren froh, dass es warm war und wir uns ausruhen konnten.«

In Hamburg fanden sie Unterschlupf bei einer Tante. »Sie hatte mit ihrem Mann eine kleine Zwei-Zimmer-Wohnung. Wir haben auf dem Fußboden geschlafen. Meine Mutter beschloss, dass das nicht ging, und wandte sich an das Wohnungsamt. ›Tja‹, sagte der Beamte mit seinem dicken Stempel für die Einweisung, ›Sie sind keine Hamburgerin.‹ Denn als meine Mutter geschieden war, hatte sie den Mietvertrag nicht von meinem Vater auf sich umschreiben lassen. Deshalb wollte der uns nicht den Stempel für Hamburg geben. Da antwortete meine Mutter: ›Wenn Sie das jetzt nicht machen, da fahr ich auf.‹ Der Beamte sah meinen jüngsten Bruder an, der gerade so über den Tresen gucken konnte, und meinte: ›Na ja, dann will ich Ihnen mal den Stempel geben.‹

Als Zwölfjährige habe ich damals schon gesehen, wie die Behörden sind. Wenn der wusste, dass wir in der Heinrichstraße ausgebombt und jetzt Flüchtlinge waren, wieso machte der uns dann solche Schwierigkeiten? Heute würde ich dem Mann anrechnen, dass er einfach überlastet war. Für uns war damals aber nur eines wichtig: Wir waren nicht nur in Hamburg. Wir waren auch wieder Hamburger.«

Nissenhütten

Der kanadische Offizier Peter Norman Nissen entwickelte im Ersten Weltkrieg die nach ihm benannten Wellblechbaracken als einfache Unterkünfte für Soldaten. Die britische Armee nutzte Nissenhütten nach dem Zweiten Weltkrieg als Wohnungen für die zahlreichen Ausgebombten und Flüchtlinge. Mehrere Familien teilten sich eine Nissenhütte mit 40 Quadratmeter Wohnraum.

Historische Nissenhütte im Freilichtmuseum am Kiekeberg | 2012

Das neue Zuhause

Die Familie wurde in eine Nissenhütte in der Bismarckstraße in Eimsbüttel eingewiesen. In Reihen standen die Hütten auf einem ehemaligen Sportplatz. In der Mitte des Platzes befand sich das Waschhaus. »Da war ein langer Trog mit einem Ablauf, an dem man sich waschen konnte, und außerdem eine Reihe Toiletten.

Uns stand eine halbe Nissenhütte zu. Damit wir die Nachbarn nicht immer sahen, haben wir unsere Hälfte mit Wolldecken abgetrennt. Es gab auch eine Kochstelle. Wir sollten Strohsäcke haben, aber erst mal haben wir auf den Bettrosten geschlafen. Wir haben die Jacken daraufgelegt. Na ja, wir waren Kinder. Wie meine Mutter das überstanden hat? Ich glaube, sie hat nachts mehr gesessen als gelegen. Im Winter 1945/46 hingen große Eiszapfen von der Decke, wir haben nur so geschlottert vor Kälte. Denn die Nissenhütten, die waren ja nur dünnes Wellblech. Meine Mutter ist dann wieder zum Wohnungsamt gegangen. Dann hieß es: Wir kommen raus.«

Innenansicht der Nissenhütte am Kiekeberg | 2012

Sie erhielten Platz in einer Nissenhütte im Stadt-tcil Dulsberg. Auch dort standen die Hütten auf einem Sportgelände. Hinter ihrer Wolldecke hörten sie das Geschrei der Nachbarskinder. »Da sind wir Steine kloppen gegangen. Rundherum waren ja genug Trümmer. Damit haben wir unsere Hälfte abgemauert. Dann kam der nächste Winter. Was haben wir gefroren! Der *Tommy*, so haben wir die englischen Soldaten genannt, machte dann noch einen halben Ring Wellblech rein. Damit wir nicht wieder solche Eiszapfen hatten. Dazwischen kam Glaswolle als Dämmung. Da rieselte immer mal was raus. Das hat vielleicht gejuckt in der Nacht!«

Die Familie schlief in drei Stockbetten übereinander auf Matratzen aus Stroh. »Wir Geschwister haben uns nicht gestritten. Wir haben in den engen Betten geschlafen wie die Ratzen. Wir waren das ja so gewohnt. Wenn es hieß ›ab ins Bett‹, war Ruhe. Es gab doch keinen Fernseher oder Radio.«

Die Kinder besaßen kaum Kleidung. Elfriede hatte gegen die Kälte nur ein dünnes Mäntelchen und Strümpfe, die ans Mieder geknöpft wurden. »Wir haben nicht bemerkt, wie abgerissen wir aussahen. Wir hingen ja alle in der Reling.«

Die Mutter ging in die Fabrik, um Geld zu verdienen. So konnte sie auch Schulhefte für ihre Tochter kaufen. »Die waren sehr teuer für uns. Aber die Lehrer haben das meiste mündlich gemacht, damit wir nicht viel Papier brauchten.«

Die Versorgung war generell sehr schlecht. Wer kein Geld oder Wertgegenstände besaß, die er auf dem Schwarzmarkt eintauschen konnte, konnte nur mühsam überleben. »Wir kriegten nichts. Da waren so viele mittellose, ausgebombte Menschen. Es sind ja nicht nur Hamburger gewesen, sondern auch die Flüchtlinge, die in Heerscharen nach Hamburg kamen.«

Kohleklau am Bahndamm

In der Nissenhütte stand ein kleiner Ofen, aber es gab kaum Brennmaterial. »Mit einem kleinen Rucksack bin ich Kohlen hamstern gegangen.« In

Nachempfundene Koch- und Essecke in der Nissenhütte am Kiekeberg | 2012

der Nacht lief Elfriede zu den Elbbrücken, denn dort mussten die Züge langsamer fahren. Männer sprangen auf die Güterwaggons und öffneten sie. Briketts fielen heraus und wurden so schnell wie möglich eingesammelt.

Der Weg durch die zerstörte nächtliche Stadt war mühsam. »Hamburg war ein Trümmerhaufen. Es gab Schleichwege durch die Trümmer, die hatten sich irgendwann festgetreten. Es dauerte ja, bis alles abgeräumt wurde, und zuerst waren nur die Hauptstraßen frei. Im Winter streute keiner mehr. Einmal schleppte ich den Rucksack bis zur Krausestraße. Es war so glatt, ich kam nicht mehr weiter. Da stand ich auf dem Berg und schrie: ›Mutti, Mutti komm!‹ Nur ab und zu gab es mal eine Leuchte auf der Straße. Aber ich hatte keine Angst vor der Dunkelheit. Es waren viele Leute auf den Straßen. Ich war selbstständig. Wer sollte mir was tun?«

Nur einmal bekam Elfriede Angst: »Eines Nachts, ich sammle gerade Briketts in meinen Rucksack, da schmeißen die anderen auf einmal die Säcke weg und verschwinden. Ich will den Rucksack nicht hergeben, obwohl ich so einen Schiss hab. Da kommt auch schon der *Tommy*. Oh Gott, auch das noch. Ich kann ihn nicht verstehen und sage immer nur: ›Wir frieren, Nissenhütte auf dem Dulsberg! Es ist so ein kalter Winter. Ich bin doch noch klein, 13 Jahre alt.‹ Aber er nimmt mich nicht mit, sondern ist menschlich. Er packt mir sogar einen zweiten Sack mit Kohle. Ich freue mich, aber ich kann die Säcke kaum heben. Ich schleppe mich zu Fuß zum Hauptbahnhof, in die S-Bahn bis Friedrichsberg und dann mit letzter Kraft nach Hause.

Meine Mutter sagte: ›Wenn die Währungsreform kommt, hörst du auf.‹ Sie hatte Sorge, weil ich so jung war und so schwer schleppte. Ich hab das nachher gemerkt, das hat sich ausgewirkt. Aber was sollten wir machen? Der Winter in der Nissenhütte war lang.«

Organisieren

Ihre Mutter lernte bald ihren zweiten Mann kennen, mit dem sie im Sommer 1947 ihr viertes Kind bekam.

»Wir nannten so etwas ›Bratkartoffelverhältnis‹. Es ging nicht um die große Liebe. Man hat sich eben gegenseitig unterstützt. Es war ja jeder froh, wenn er Halt hatte. Der Stiefvater hat abends beim *Tommy* geklaut. Ich musste am Bahndamm sitzen und Wache schieben. Er huschte dann hinten in ein Lagerhaus der Briten rein, das war lebensgefährlich. Er wäre verknackt worden. Aber was macht man nicht in der Not! Mit dem gestohlenen Holz hat mein Stiefvater, der Zimmermann war, dann zwei Betten und einen hölzernen Boden gebaut, damit wir in der Nissenhütte nicht länger auf dem Zementboden standen. Meine Mutter fuhr spät-

abends mit dem Dampfer nach Stade und hat bei den Obstbauern geklaut. Morgens kam sie mit den ersten Arbeitern zurück. Alles was sie ›organisiert‹ hatte, wurde auf dem Schwarzmarkt gegen Brot eingetauscht. Meine Brüder verdienten auch dazu. Die turnten überall in den Trümmern rum, bis in den vierten Stock hoch. Sie haben Kupfer rausgeholt und was sonst noch zu verwerten war. Es gab Händler, die alles aufkauften.«

Anstehen für ein Stück Fleisch

Um etwas mehr Fleisch zu bekommen, als es auf Lebensmittelmarken gab, standen die Hamburger stundenlang für sogenanntes Freibank-Fleisch am Schlachthof an. Das Fleisch stammte von verletzten Tieren, die notgeschlachtet werden mussten. Ihr Fleisch durfte nicht im Handel verkauft werden.

»Mein Stiefvater stand die ganze Nacht Schlange. Meine Mutter hat ihn morgens abgelöst. Ich war zu jung zum Anstehen. Außerdem wurde ich zu Hause gebraucht. Ich musste solange auf das Baby und meine beiden Brüder aufpassen. Das Fleisch wurde bereits im Schlachthof abgekocht. Meine Mutter brachte dann soviel, wie sie bekommen konnte. Die guten Sachen, zum Beispiel Hühnchen, kriegten wir nicht. Wir bekamen nur das Abgekochte. Das wurde dann geschnippelt und wieder angebraten. Und damit sind wir groß geworden. Ganz einfach.

Der Stiefvater ging dann stempeln, es gab keine Arbeit. Es war ein Freudentag, wenn er einmal in der Woche sein Geld holte. Da wurde am Abend vorher schon fantasiert. Er brachte uns immer eine Brötchentüte mit. Und dann haben wir gefrühstückt. Das war so was Herrliches! Sonst aßen wir nur Brot mit Margarine oder Marmelade. Aufschnitt gab es nicht. Was Warmes gab es auch mal: Nudeln, aber nicht mit Tomatensoße. Oder es gab Brenner. Dafür taten wir etwas Fett in die Pfanne, bisschen Mehl rein, angeschwitzt und mit Wasser abgelöscht, fertig. Besser wurde es erst nach der Währungsreform. Plötzlich war dann alles da. Sogar Käse stand ab und zu auf dem Tisch.«

Nissenhütten in Hamburg-Barmbek | 1949

Die eigene Wohnung

Der Alltag in der halben Nissenhütte war für die Familie mit vier Kindern sehr beengt. Als Elfriede 17 Jahre alt war, fragte die Mutter einen Nachbarn, der eine ganze Nissenhütte hatte, ob er ihr ein Viertel abgab. »Den Teil der Hütte haben wir dann abgemauert. Es waren schöne Zeiten, denn nun war ich ein freier Mensch. Ich brauchte auch nicht mehr im Haushalt zu arbeiten. Ich hatte mein Viertel. Ich hatte meine eigene Bude. Um 1954 herum sollten die Nissenhütten auf dem Dulsberg dann abgerissen werden. Wir konnten eine Wohnung kriegen. Es hieß, man muss verheiratet sein, um eine Wohnung zu bekommen. Da habe ich ganz jung geheiratet. Ich hatte dann zwar einen Ehemann, aber auch meine erste Wohnung.

Weil ich so lange gehungert habe, ist bei mir heute immer was im Schrank und wenn es nur ein paar Nudeln sind. Man kann zaubern: Aus wenig mach viel. Das kann ich. Bis heute kann ich es nicht ab, wenn einer was wegschmeißt. Aber wir haben nicht nur ans Essen gedacht. Alle, die in den Trümmern lebten, haben von Haus und Garten geträumt. Das war doch der Wunschtraum von Millionen. Auch mein Traum war ein Häuschen. Aber den habe ich mir schnell abgeschminkt. Ging ja nicht.

Trotz allem möchte ich die Zeit in der Nissenhütte nicht missen. Ich habe gelernt, immer wieder aufzustehen. Es hat privat ein paar Pannen gegeben, aber die habe ich gut überstanden. Ich habe mir immer gesagt: Sieh zu, dass du gesund über die Runden kommst. Gearbeitet habe ich immer. Ich hab dafür gesorgt, dass ich eine Wohnung hatte, mein Leben lang. Heute bin ich stolz drauf, als Frau so dazustehen. Jetzt lebe ich in einer betreuten Wohnanlage. Es ist richtig schön. Hier erhole ich mich von meiner ganzen Vergangenheit.«

Zeitgemäße Spar-Rezepte

für den Winter 1945/46

30 Pfg. | Als Manuskript gedruckt | **30 Pfg**

Abwechslungsreiche Kost

trotz zeitbedingter Nahrungsmittelknappheit!

Zeitgemäße Spar-Rezepte
für den Winter 1945/46

Abwechslungsreiche Kost trotz zeitbedingter Nahrungsmittelknappheit
»Das ist eine der Hauptforderungen an die Hausfrau von heute. Nicht nur sparsam zu wirtschaften heißt es, nicht nur ständig zu versuchen, die vorhandenen knappen Lebensmittel bis zum Letzten auszuwerten, sondern auch alles daranzusetzen, dass nach wie vor eine möglichst abwechslungsreiche Kost geboten wird. Denn die angespannte Ernährungslage führt leicht zur Eintönigkeit des Küchenzettels und Eintönigkeit in der Küche macht eine ohnehin einfache Kost nur noch dürftiger. Das aber darf nicht sein!

Wir hoffen, dass unsere Sammlung Ihnen viel Nutzen bringt. Im Übrigen wollen wir uns alle mit ganzer Kraft für den Wiederaufbau Deutschlands einsetzen, denn je mehr Hände kräftig zupacken, um so sicherer überwinden wir die gegenwärtigen Schwierigkeiten und umso früher können wir wieder zu normalen Zeiten – auch auf dem für uns alle so wichtigen Gebiete der Ernährung! – zurückkehren.«

Knäckebrot aus Kartoffelschalen

Nicht nur zum Eindicken von Soßen usw. können Sie das aus Kartoffelschalen gewonnene Mehl verwenden, sondern auch zur Herstellung eines knäckebrotähnlichen Gebäcks. Dem Mehl wird etwas Wasser, sowie Salz, Kümmel und etwas Hefe hinzugesetzt (es geht aber auch ohne Hefe) und das Ganze zu einem festen Teig verrührt. Diesen Teig walzen Sie dünn aus und backen ihn auf einem Blech etwa 40 Minuten scharf aus. Die fertige Masse wird in rechteckige Stücke geschnitten und ist lange haltbar.

Künstliche Marmelade

Sie verwenden hierzu 2 Esslöffel Kaffee-Ersatz, 2 Esslöffel Essig, 1 Esslöffel Mehl, anderthalb Tassen Wasser, eine halbe Tasse Zucker und eine Prise Salz. Alle diese Zutaten werden gut miteinander verrührt und unter Zusatz eines beliebigen Geschmacksaromas (Backaroma) zum Kochen gebracht. Das Ergebnis wird Sie überraschen, denn die so gewonnene Marmelade schmeckt bestimmt ausgezeichnet!

Bratkartoffeln ohne Fett

Sie schneiden die gekochten Kartoffeln wie üblich in die Pfanne und gießen dann, um das Anbrennen der Kartoffeln zu verhüten, etwas schwarzen Kaffee darüber. Gewiss, wiederum nur eine Notlösung, aber sie hilft sparen und erlaubt uns gebratene Kartoffeln, auf die wir sonst vielleicht verzichten müssten.

Falscher Wurstaufstrich

Für den Fall, dass Sie einmal Sardellen oder Sardellenpaste zugeteilt erhalten, können Sie mit einem Teil einen falschen Wurstaufstrich bereiten. Sie weichen eine abgeschälte Semmel ein und drücken sie fest aus. Dann schmoren Sie in ganz wenig Fett eine mittelgroße geriebene Zwiebel, vermischen sie mit der ausgedrückten Semmel und rühren etwas Sardellenpaste und so viel Brühe daran, dass eine geschmeidige Masse entsteht. Diese wird so lange gerührt, bis sie sich vom Topfboden löst. Schließlich wird mit Salz und Thymian nachgewürzt.

Fleischaufstrich

Für alle diejenigen, die bereit sind, für einen Brotaufstrich einen Teil ihrer Fleischzuteilung zur Verfügung zu stellen, ein sehr vorteilhaftes Rezept für einen Fleischaufstrich: Sie drehen das Fleisch, es braucht nicht viel zu sein, zweimal durch den Fleischwolf, mischen es mit einer dicken Mehltunke und schmecken mit Salz, Kräutern und Thymian ab. Man erhält einen gut schmeckenden Aufstrich, der sich jetzt im Winter auch gut einige Tage hält.

Kartoffelkeulchen

Obwohl die Haushalte in den Städten, für die diese Rezepte im Wesentlichen bestimmt sind, in ihrer überwiegenden Mehrzahl kaum über Obst verfügen werden, soll doch aus der Reichhaltigkeit der Kartoffelspeisen, zu denen Äpfel verwendet werden, gewissermaßen »für alle Fälle«, auch eines dieser Rezepte hier angeführt werden: die sehr schmackhaften Kartoffelkeulchen! Hierzu benötigt man etwa zwei Pfund gekochte Kartoffeln, dreht diese durch, mengt etwas Salz sowie 2–3 mittelgroße, in kleine Stücke geschnittene oder geraspelte Äpfel hinzu, formt das Ganze zu einer Rolle und bäckt den Teig scheibenweise in der Pfanne; die Kartoffelkeulchen werden dann mit Zucker bestreut serviert.

Florentiner Kartoffeln

Zu den seltenen Gemüsegenüssen, die es in diesem Winter vielleicht einmal geben wird, gehört wahrscheinlich eine Zuteilung von Winterspinat. Zur möglichst vorteilhaften Auswertung dieses Spinates empfehlen wir Ihnen die Zubereitung von Florentiner Kartoffeln. Sie verwenden hierzu etwa ein Kilo Kartoffeln, kochen sie in der Schale, ziehen sie ab und drehen sie noch heiß durch. Der Spinat wird gründlich gewaschen, grob gewiegt und in einer Pfanne mit Zwiebeln angedünstet. Dann mischt man den Spinat unter die durchgedrückten Kartoffeln und schmeckt mit etwas Salz ab. Schon mit relativ wenig Spinat erhalten Sie mit diesem Rezept ein ansprechendes Mittagsgericht.

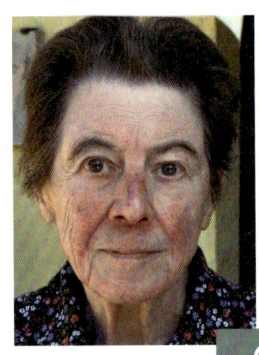

1933 Geburt in Rieg (Slowenien)
1941 Flucht nach Graz
1949 Schulabschluss Handelsschule
1949–1958 Sekretärin
1955 Heirat mit Karl Heinz Ritschel

Gina Ritschel   Kindheit als Staatenlose

Enteignet, vertrieben, obdachlos: Was Millionen Deutsche bei Kriegsende 1945 erlebten, geschah Gina Ritschel bereits vier Jahre zuvor. Ihre Familie stammt aus der Gottschee, einem deutschen Siedlungsgebiet in Slowenien, das damals zu Jugoslawien gehörte. Als die deutsche Wehrmacht 1941 Jugoslawien überfiel, wurde ihr Vater von den Slowenen eingezogen. Er aber wollte als Deutscher nicht gegen Deutsche kämpfen, desertierte deshalb nach Österreich und wurde Soldat in der Wehrmacht. »Meine Mutter hatte ständig die slowenische Feldgendarmerie im Haus,

Die Gottschee

Die Gottschee war ein Lehen der Grafen von Ortenburg im heutigen Slowenien. Im 14. Jahrhundert wurden dort Bauern angesiedelt, vor allem aus Kärnten und Tirol, die das Waldgebiet urbar machten. Sie sprachen bis ins 20. Jahrhundert einen mittelalterlichen deutschen Dialekt. Die Gottscheer mussten 1941 in einer Umsiedlungsaktion ihre Heimat verlassen.

die meinen Vater suchte und von ihr verlangte, ihn zu verraten. Meine Mutter hat dann einen Rucksack, einen Koffer und ihr Kind gepackt, und mit einem Schlepper sind wir über die Grenze nach Österreich geflohen, das damals zum Deutschen Reich gehörte. Gelandet sind wir in Graz.«

Italien, das mit Deutschland verbündet war, beanspruchte große Gebiete Jugoslawiens für sich, darunter die Gottschee. Die Volksdeutschen, die dort lebten, wurden deshalb umgesiedelt in die Untersteiermark im Norden Sloweniens.

»Das hat auch meine Großeltern betroffen. Die Gottscheer haben in der Untersteiermark Bauernhöfe angeboten bekommen, deren slowenische Bewohner vertrieben worden waren. Obwohl meinem Großvater als Großbauern viel Land zugestanden hätte, hat er dort nur ein winziges Häuschen genommen. Denn er hat gesagt: ›Das wird schlimm ausgehen. Die Leute, die hier gelebt haben, kommen bestimmt wieder.‹«

Die achtjährige Gina und ihre Mutter kamen in einem Obdachlosenheim in Graz unter. »In einem Riesensaal standen die Betten nebeneinander. Es gab ein Bett und ein Nachtkastel für jeden – aus. Und Wanzen! Ich habe dann auch noch Läuse bekommen. Aber das ist auch vorübergegangen. In einer Küche hat es ein paar Kochstellen gegeben, aber da musste man sich durchsetzen, um Platz zu bekommen. Wir hatten die Ellbogen nicht. Wir waren zu höflich. Das ist manchmal nicht unbedingt das Beste.«

Eines Tages kam die Mutter als Typhusbakterien-Trägerin ins Krankenhaus auf die Isolierstation. Die achtjährige Gina durfte ihre Mutter dort nicht besuchen und blieb allein im Obdachlosenheim zurück. Ihre Mutter bezahlte eine Frau dafür, Gina zur Schule zu bringen. Anschließend konnte sie in einen Kinderhort gehen, wo sie auch ein Mittagessen bekam. Aber abends musste sie zurück ins Obdachlosenheim.

»Ich war doch noch ein Kind. Ein dreiviertel Jahr haben wir im Obdachlosenheim gelebt. Meine Mutter hat dann geschaut, dass sie ein Zimmer bekommt, das war sehr bescheiden, aber besser als das Heim.«

Gina Ritschel wurde in Graz eingeschult. »Ich sprach ein schönes Deutsch, aber ich konnte nicht lesen und schreiben, weil wir in Slowenien mit lateinischen Buchstaben geschrieben hatten, in Österreich wurde aber noch Sütterlinschrift gelehrt. Ich habe eine Lehrerin gehabt, die war ›dunkelbraun mit Parteiabzeichen‹, aber da ich Deutsche war, hat sie sich meiner angenommen und ich habe sehr schnell gelernt. Nur mit den anderen Kindern hatte ich ein Problem, weil ich den steirischen Dialekt nicht verstand.«

Der Bollerwagen wurde in der Nachkriegszeit vom Kinderspielzeug zum wichtigsten Transportmittel

Flucht vor den russischen Soldaten

Die Mutter hatte bei Kriegsende ein Zimmer im nahe bei Graz gelegenen St. Radegund gemietet, denn sie war der Meinung, dass es besser sei, auf dem Land zu leben als in der Stadt. Sie hatte Angst vor den russischen Soldaten. Aber die Soldaten der Roten Armee kamen auch bis in die Dörfer.

»Die russische Besatzung dauerte nicht so lange. Es hat Vergewaltigungen gegeben und Plünderungen. Ich habe einen Russen gesehen, der hatte sich ein Fahrrad geholt, auf dem war keine Bereifung, aber er ist trotzdem damit gefahren.«

In St. Radegund beschlagnahmten die Russen eine Villa. Die Dorfbevölkerung musste für sie arbeiten. »Meine Mutter musste in dieser Villa sauber machen. Aber sie war clever. Wenn sie ein Zimmer betreten hat, hat sie immer den Schlüssel umgedreht. Mich hat sie in den Garten gestellt und hat zu mir gesagt: ›Kind, du bleibst da, du gehst nicht weg. Und wenn ich komm, dann müssen wir sehr schnell sein.‹ Einmal hat sie ein Zimmer geputzt, da hat plötzlich ein Russe geklopft und wollte

hinein zu ihr. Sie hat ihn sehr freundlich ins Zimmer gelassen, hat sich umgedreht und ist weggelaufen, so schnell sie konnte, hat ihr Kind geschnappt und ist mit mir davongerannt.

Weil es in St. Radegund zu gefährlich war, sind wir wieder nach Graz zurück. Alle unsere Sachen, die wir ins Dorf transportiert hatten, mussten wir zu Fuß zurück in die Stadt schleppen.«

Die Rettung der Großeltern

Mit dem Kriegsende kehrten die vertriebenen Slowenen zurück in die Untersteiermark und nahmen ihre Höfe wieder in Besitz. Die dort angesiedelten Gottscheer wurden zusammengetrieben und in Lager transportiert. Dieses Schicksal traf auch Ginas Großeltern.

»Eine glückliche Fügung wollte, dass ihr Transport durch Graz führte. Der Zug war schon drei Tage unterwegs gewesen. Meine Großeltern waren in dem Viehwaggon ohne Essen und ohne Trinken. Als ihr Zug am Bahnhof hielt, ist es ihnen irgendwie gelungen, meine Mutter zu verständigen. Unsere Adresse kannten sie ja. Meine Mutter ist natürlich sofort zum Bahnhof gerast. Der Zug war streng bewacht. Meine Mutter ist hingerannt und hat die Großeltern gesucht. Ein slowenischer Jungpartisan kam und schrie sie an: ›Das geht nicht!‹ Meine Mutter konnte Slowenisch. Sie hat ihn fest angeschaut und ruhig und bestimmt gesagt: ›Hast du keine Eltern? Dreh dich um!‹ Und er hat sich umgedreht. So hat meine Mutter ihre Eltern aus dem Zug bekommen. Später haben wir erfahren, dass der Transport weiter nach Ungarn ging. Keiner hat ihn überlebt. Die Leute sind alle umgekommen.«

Die Großeltern waren gerettet. Aber mit ihrem geringen Einkommen musste die Mutter nun auch ihre Eltern ernähren. In dem kleinen Zimmer in Graz war nicht genügend Platz für vier Personen. Deshalb mietete sie in St. Radegund in einer ehemaligen Pension ein Zimmer für die Großeltern.

»Die Mutter musste arbeiten. Da habe ich die Großeltern nach St. Radegund gebracht. Mit einem

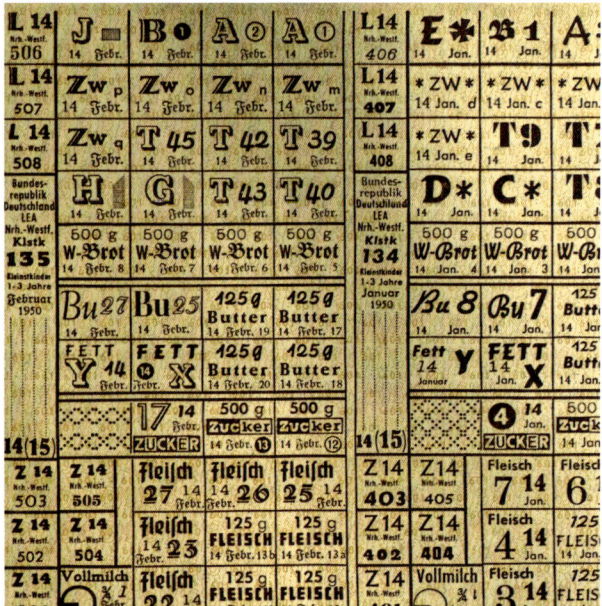

Lebensmittelkarte für Fleisch, Vollmilch, Butter, Fett und Weißbrot | 1950

GINA RITSCHEL | 28. AUGUST 2011

kleinen Rucksack mit Lebensmitteln, mehr hatte
man ja nicht. Die Großeltern waren völlig verhungert. Deshalb habe ich zwischendurch Halt gemacht
und geschaut, dass die Großeltern ein Glaserl Milch
oder so etwas gekriegt haben. Mein Großvater war
in der Gottschee ein wohlhabender Großbauer gewesen. In St. Radegund hat er dann als Knecht arbeiten müssen, um ein bisschen was zu verdienen.
Aber er hat nie geklagt.«

Verwandte in Kanada holten die Großeltern
nach einiger Zeit zu sich. »Sie haben dort relativ
lang gelebt und es ist ihnen gut gegangen.«

Putzen, um nicht zu verhungern

Nach Kriegsende wurden die Probleme für die
zwölfjährige Gina und ihre Mutter immer größer.
Denn Österreich erkannte die sogenannten Volksdeutschen, die aus deutschen Siedlungsgebieten
außerhalb der Reichsgrenzen stammten, nicht an.

»Wir waren staatenlos und damit in allem benachteiligt. Es ging ja allen schlecht, da wollten die
Leute uns nicht auch noch haben. Meine Mutter ist
einmal am Markt eine Stunde angestanden für
einen Chinakohl. Als die Leute gehört haben, dass
sie keinen Grazer Dialekt sprach, haben sie sie beschimpft, sie solle verschwinden. Sie ist dann weggegangen ohne den Kohl. Wir besaßen nichts mehr

und hatten keine Wertgegenstände zum Eintauschen. Wir haben allein von den Zuteilungen leben
müssen und die waren gering. Für ein Kind hat
man am Tag einen Viertelliter Milch bekommen.
Ein Erwachsener hat einen Achtelliter Magermilch
erhalten. Wir waren ziemlich ausgehungert. Meine
Mutter hat dann auch noch die Ruhr bekommen.«

Während des Krieges war ihre Mutter in einem
Rüstungsbetrieb beschäftigt gewesen. Jetzt war sie
arbeitslos, ihr Mann war in Kriegsgefangenschaft.
Mutter und Tochter drohten zu verhungern.

»Was machen? Geld war keins da und Arbeit
finden war schwer. Es gab zwar genügend Menschen, aber keine Arbeitsstellen. Wir sind spät
nachts losgelaufen, wenn die Zeitung ausgeliefert
wurde, und haben geschaut, dass wir die erste Zeitung gekriegt haben. Dann haben wir die Stellen-
angebote durchgesehen. Meine Mutter war damals
36 Jahre alt und hat alles angenommen, jede Putz-
arbeit, alles. Sie hat bei einer Frau geputzt, die hat
ihr statt Geld Einweckgläser gegeben. Ohne Inhalt
natürlich. Was sollten wir mit Einweckgläsern? Wir
hatten ja weder Obst noch Gemüse, das wir hätten
einwecken können. Sie hat auch in einer Zahnarzt-
praxis geputzt. Ich habe ihr geholfen und den
Spucknapf ausgewaschen. Später hat meine Mutter
Arbeit in einer Küche gefunden.«

»Man zeigt nicht, wie schlecht es einem geht«

In Ginas Klasse gab es Schülerinnen, die von Bauernhöfen stammten. Der Vater einer Mitschülerin besaß eine Mühle, ein anderer einen Gasthof. Diese Kinder bekamen zu Hause mehr zu essen. Die Lehrerin ordnete deshalb an, dass diese Schülerinnen zwei Brote für die Pause mitbringen sollten, damit sie eins abgeben konnten.

»So bekamen auch die Schüler, die wie ich gar nichts hatten, ein Jausenbrot. Die Zeit war so schlecht, ich habe ja damals nicht einmal ein Frühstück gehabt.«

CARE-Pakete

Um den Millionen hungernden Menschen in Europa zu helfen, gründeten amerikanische Wohlfahrtsverbände Ende 1945 die Hilfsorganisation *CARE*. Rund zehn Millionen Pakete mit Nahrungsmitteln, jedes hatte den Nährwert von 40 000 Kalorien, schickten die Amerikaner in den Nachkriegsjahren vor allem nach Deutschland und Österreich. Die *CARE*-Pakete wurden zum Symbol der Versöhnung und zum Beginn der deutsch-amerikanischen Freundschaft.

CARE-Pakete werden verteilt | 1953

Bald kamen die ersten *CARE*-Pakete in Graz an. Die Lehrerin verteilte sie in der Klasse an bedürftige Kinder.

»Einige Schülerinnen, die zu Hause gut versorgt waren, haben Pakete bekommen, nur ich nicht. Die Lehrerin hat gemeint, ich wäre gut aufgehoben. Denn ich habe den Kopf immer gerade getragen. Man zeigt eben nicht, wie schlecht es einem geht. Meine Mutter hat dann mit der Lehrerin geredet und die war ganz erstaunt, als sie erfuhr, wie es uns wirklich geht. Aber da war die Aktion vorbei. Für uns waren keine *CARE*-Pakete mehr übrig.«

Weil Gina so unterernährt war, verschrieb ihr der Arzt zusätzliche Lebensmittelmarken. Sie erhielt größere Zuteilungen für Haferflocken, Mais- und Weizengrieß. Trotzdem hungerten und froren Mutter und Tochter. Heizen konnten sie nur mit einem kleinen Öfchen. »Während des Krieges gab es durch die vielen Bombenschäden Holz, das mussten wir sägen. In den folgenden Jahren sind wir im Herbst in den Wald gegangen und haben große Säcke voller Fichtenzweige gesammelt. Die verbrannten sehr schnell. Aber Kohle, die besser und länger heizt, war für uns ein unerschwinglicher Luxus. Zum Kochen hat es noch so ein Behelfsöferl gegeben, das haben wir auf den kleinen Heizofen gestellt. Es hatte eine ganz kleine Öffnung, da konnten wir ein bisschen was hineinschieben. So konnte man kochen, wenn man es geschickt gemacht hat.«

Brennnesselspinat und Löwenzahnsalat

»Meine Mutter war eine Künstlerin, aus nix hat sie etwas gemacht. Wir haben in der Nähe vom Fußballplatz gewohnt, da waren riesige Wiesen. Wir haben Löwenzahn ausgestochen, das war unser Salat. Dann haben wir Heidelbeeren und Schwammerln gesucht. Wir haben Brennnesseln gepflückt, sie blanchiert und gehackelt. Das ergab eine Art Spinat und schmeckte recht gut. Wenn wir das Glück hatten, irgendwo Fallobst zu finden, hat meine Mutter Apfelknödel gemacht. Aber wenn

Brennholz mussten Frauen und Kinder selbst beschaffen.

gar nichts mehr ging, haben wir Einbrennsuppe gekocht, ohne Fett natürlich, wir hatten ja keins. Wir haben Mehl angeröstet, ziemlich dunkel, mit kaltem Wasser aufgegossen, dazu als Würze ein bisschen Kümmel und einen Maggi-Würfel, wenn wir einen hatten. Das war nicht viel, aber es war ein bisschen Mehl in der Suppe und man hat was in den Magen gekriegt.«

Außerdem aßen die beiden Würstelsuppe. Die bekam man beim Metzger ohne Lebensmittelkarten. Allerdings war es keine Suppe mit Würstchen, sondern nur das Wasser, in dem der Metzger Würste gekocht oder abgebrüht hatte. Dieses Wasser hatte ein wenig den Geschmack der Würste angenommen und es schwammen auch ein paar nahrhafte Fettaugen darauf. »Im Nachhinein habe ich mir gedacht: Ich habe doch damals immer die Würstelsuppe geholt. Aber wir haben nie Würstchen gehabt! Wer hat denn bitte die Würstel gegessen?«

Um gelegentlich Fleisch zu essen, standen die beiden stundenlang beim Pferdemetzger an, denn dort bekam man für Lebensmittelkarten die doppelte Portion Fleisch.

»Einmal hat meine Mutter Fleischmarken gespart und zusammengelegt, so konnte sie für Ostern ein Stückchen Schweinefleisch kaufen. Da hatten wir einen richtigen Osterbraten. Ich habe ihn gern gegessen, er hat mir geschmeckt. Aber dann habe ich laufen müssen, so schnell hab ich gar nicht schauen können, solchen Durchfall habe ich bekommen. Ich habe nach dem vielen Hungern das fette Fleisch nicht mehr vertragen.«

Ein seltenes Glück: ein Ei

Eines Tages hielten Gina und ihre Mutter auf ihrem Weg nach St. Radegund an einem Bauernhaus.

»Wir waren ganz schwach vor Hunger. Meine Mutter bat die Altbäuerin um ein Glas Wasser oder Milch. Die Bäuerin hat mir ein Brot gegeben, ich weiß nicht mehr, vielleicht war es ein Schmalzbrot, und ein Glas Milch, und als wir hinausgingen, hat sie mir ein Ei in die Hand gedrückt. Etwas, was wir schon lange nicht mehr gesehen hatten. Wir haben lange überlegt, was wir mit dem Ei machen könnten. Dann haben wir beschlossen, wir machen Wasserspatzen aus Teig und Wasser und drüber geben wir das Ei. So hatten wir beide etwas vom Ei.«

Ein anderes Mal sahen sie viele Menschen, die zu einem Bauernhof strömten. Neugierig gingen sie hin und sahen, dass ein Pferd notgeschlachtet worden war. Auch sie bekamen zwei Kilo Pferdefleisch ohne Lebensmittelmarken.

»Das war ein großes Glück. Wie wir bezahlt haben, weiß ich nicht mehr. Es war eine schlimme Zeit. Zum einen haben die Leute gehungert, zum anderen gab es eine furchtbare Verschwendung. Ich habe oft tote Kühe am Wegesrand liegen sehen. Ich weiß nicht, ob sie verhungert oder verdurstet sind, oder ob die Russen sie angeschossen und liegen gelassen haben. Ihr Fleisch ist sinnlos verrottet.«

Schuhe aus Autoreifen

Gina besaß nur noch ein paar zerschlissene Turnschuhe. Der Winter 1946 war hart. Sie bekam Frostbeulen, unter denen sie lange litt. Eine US-Hilfsorganisation verteilte einmal Schuhe an Kinder, die barfuß gehen mussten. Die anderen Kinder erhielten zum Ausgleich einen Bezugsschein für Schuhe.

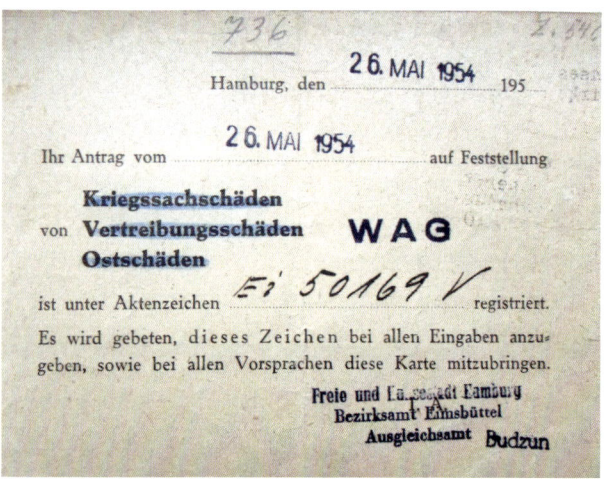

Verlustmeldung | 1954

»Es war ein großer Festakt, als die Schuhe verteilt wurden. Selig waren wir. Die Schuhe haben wunderschön ausgesehen, mit einem Krokomuster geprägt und glänzend. Aber nach dem ersten Regen waren die Schuhe hin. Es waren nur Pappendeckel. Jetzt hatte ich wieder keine Schuhe und auch keinen Bezugsschein.«

Glücklicherweise war ihr Großvater gelernter Schuster. Nun fertigte er Schuhe für sie an. »Nach dem Krieg gab es viele liegen gebliebene Armeefahrzeuge. Die hat mein Großvater verwertet. Er hat Leisten geschnitzt, die Autoreifen hat er zu Sohlen verarbeitet und die Sitzbezüge als Oberleder verwendet.«

Der Weihnachtsbaum brennt

Zu Geburtstag und Weihnachten schenkten sich Mutter und Tochter Selbstgebasteltes. Die Mutter strickte ein Paar Fäustlinge. Einmal schenkte sie ihr eine Flöte, die sie irgendwo hatte auftreiben können. Gina bemalte für sie im Kinderhort ein Stopfholz. Wenn sie Glück hatten, fanden sie ein paar Blumen für den Geburtstagstisch.

»Ich weiß nicht mehr, ob es das erste oder zweite Weihnachten nach dem Krieg war, da kam meine Mutter mit einem ganz kleinen Christbäumchen nach Hause. Ein paar Kerzen haben wir aufgetrieben. Aber wir hatten keinen Christbaumschmuck. Da hat die Hausmeisterin, das war eine liebe alte Frau, gesagt: ›Ach komm, ich gebe dir ein bisschen Watte, die tust du drauf, dann sieht es auch schön aus.‹ Das habe ich gemacht. Kaum haben die Kerzen gebrannt, hat erst die Watte Feuer gefangen und dann das ganze Bäumchen. Denn es war medizinische Watte, die war mit Alkohol getränkt. Das armselige, verbrannte Christbäumchen musste noch am Heiligabend raus aus dem Zimmer.«

Pullover aus Armeesocken

Ende Juli 1945 übergaben die Sowjets die Steiermark an die Briten. Das Leben in der britischen Zone verbesserte sich allmählich. Es gab keine

Übergriffe mehr auf die Bevölkerung. Die Versorgung mit Lebensmitteln blieb allerdings noch lange schwierig und verbesserte sich nur langsam.

»Das extreme Hungern hörte auf. Es ging allmählich bergauf, auch wenn wir immer noch Lebensmittelmarken hatten. Aber es gab zumindest eine Grundversorgung. Hin und wieder konnten wir von den Bauern sogar Kartoffeln bekommen.«

Kleidung nähte die Mutter selbst. Dafür verwendete sie den Stoff von alten Wehrmachtsmänteln, färbte Wehrmachtsdecken um und nähte aus ihnen Jacken und Röcke. Eines Tages kam sie mit einem Vorrat englischer Armeesocken nach Hause.

»Wie meine Mutter zu den Socken gekommen ist, weiß ich nicht. Die meisten Socken waren grau, ein paar waren blau. Die Wolle war sehr gut und sehr schön. Meine Mutter hat die Socken aufgetrennt, das war mühsam, denn die Wolle war sehr fein. Dann hat sie sie nass gemacht, aufgehängt und zum Trocknen beschwert, damit die Fäden wieder glatt wurden. Aus dieser Sockenwolle hat meine Mutter für mich einen Pullover gestrickt. Aber sie hatte nicht genügend Wolle von einer Farbe, sondern musste beide Farben verwenden. Der Pullover war abwechselnd blau und grau, auch die Ärmel. Das hat richtig Schick gehabt.«

Das Waschen der Kleidung war mühsam, denn es gab kein Waschpulver. »Ich musste als Kind natürlich mithelfen. Wir haben Rosskastanien gesammelt, geschält, fein geschnitten und getrocknet. Das haben wir als Lauge verwendet. Die Kastanienstückchen waren als Waschpulverersatz nicht schlecht. Besser noch hat es mit Holzasche funktioniert. Dafür haben wir die Asche aus dem Ofen genommen, gesiebt, in ein Tuch gegeben und ins Wasser gelegt. Das war schlimm, denn die Holzasche war scharf. Wenn wir damit gewaschen haben, hatten wir buchstäblich Löcher in den Händen. Aber die Wäsche war danach sehr sauber.

Wir hatten keine Wohnung, wir hatten nichts zum Anziehen, wir hatten nichts zu essen. Meine Strümpfe haben wir hundertmal gestopft. Aber als Kind nimmt man vieles nicht so wahr. Für vieles war ich einfach noch zu jung. Ich erinnere aber noch, dass meine ganze Klasse zum Skikurs ging. Ich konnte als Einzige nicht mit. Denn ich hatte keine Ausrüstung und die Fahrtkosten hätte ich auch nicht bezahlen können. Aber das war nicht weiter schlimm. Über so kleine Probleme grämt man sich nicht, wenn man viel größere Sorgen hat.«

Gina beendete 1949 die Schule. Sie hätte anschließend gern eine Ausbildung in einer privaten Haushaltsschule begonnen, aber das war für sie nicht möglich. Als Staatenlose hätte sie das dreifache Schulgeld bezahlen und außerdem für die Kochkurse die Lebensmittel mitbringen müssen. Stattdessen besuchte sie die Handelsschule und ließ sich zur Sekretärin ausbilden.

»Es war sehr schwierig, Arbeit zu finden, weil die vielen Heimkehrer auch arbeiten wollten. Wenn einer in seinem erlernten Beruf tätig sein konnte, war das ein großes Glück. Aber den meisten ist es so gegangen wie mir. Man hat genommen, was man kriegen konnte.«

Als Staatenlose war sie auch bei der Arbeitssuche benachteiligt, denn ihr Arbeitgeber musste alle drei Monate einen Antrag auf Verlängerung ihrer Arbeitsgenehmigung stellen. Erst durch ihre Heirat 1955 erhielt sie die österreichische Staatszugehörigkeit.

»Man muss seine Würde behalten«

Obwohl es Mutter und Tochter ab 1950 etwas besser ging, blieb ihre finanzielle Situation weiter angespannt. Für das in der Gottschee zurückgelassene Vermögen erhielten sie keinen Ausgleich.

»Aber egal, wie schlecht es uns ging, wir wollten kein Mitleid. Denn Mitleid ist das Schlimmste. Wir waren zwar arm, aber es galt: Lass es dir nie anmerken. Das haben meine Mutter und meine Großeltern mir vorgelebt. Und das war für mich prägend: Für sich selbst muss man eine gewisse Würde behalten!«

Warten auf den Vater

Millionen Kinder wuchsen in Deutschland ohne Vater auf. Die meisten Väter waren als Soldaten im Krieg und danach mitunter jahrelang in Gefangenschaft. Viele Kinder kannten ihre Väter nur von alten Fotos und aus den Erzählungen der Mutter. Wenn der so lange sehnsüchtig erwartete Vater endlich nach Hause kam, war in vielen Fällen die Enttäuschung groß. Der Vater war ein Fremder geworden, der Schwierigkeiten hatte, sich nach der langen Zeit wieder in die Familie zu integrieren. Viele Ehen wurden geschieden.

Zwischen elf und zwölf Millionen deutsche Soldaten gerieten insgesamt in Gefangenschaft. Ihr Schicksal war sehr unterschiedlich. So behandelten die Amerikaner ihre Gefangenen überwiegend gut. Die Mannschaftsgrade wurden relativ bald entlassen. Die Todesrate war gering. Ähnlich erging es auch den übrigen Soldaten, die von westlichen Alliierten gefangen gehalten wurden. Die meisten von ihnen wurden bis Ende 1947 entlassen.

Ein deutlich härteres Schicksal traf die Gefangenen in Südosteuropa und der Sowjetunion. Von ihnen überlebte ein gutes Drittel die schweren Haftbedingungen nicht. Sie büßten dafür, dass russische Kriegsgefangene von den Nationalsozialisten als »slawische Untermenschen« behandelt worden waren. 3,3 Millionen russische Soldaten waren unter den elenden Bedingungen der deutschen Kriegsgefangenschaft gestorben.

Rund drei Millionen deutsche Soldaten gerieten an der Ostfront in russische Gefangenschaft. Genaue Zahlen sind schwierig zu ermitteln, denn die Sowjets registrierten die Gefangenen erst bei ihrer Ankunft in einem Lager. Deutsche Soldaten, die auf dem Transport ins Gefangenenlager starben, wurden nicht erfasst. Tatsächlich ist bis heute das Schicksal von rund einer Million deutscher Soldaten ungeklärt. Die meisten fielen wahrscheinlich in den letzten Wochen des Krieges. Sie gelten nach wie vor als vermisst.

Die Sowjetunion entließ die meisten Kriegsgefangenen bis 1950. Wer in die DDR zurückkehrte, durfte nicht über die schweren Haftbedingungen und Entbehrungen in den Lagern sprechen. Wegen der deutsch-sowjetischen Freundschaft war es verboten, den mächtigen sozialistischen Bruder zu kritisieren.

Zum großen politischen Thema in der Bundesrepublik wurde das Schicksal von knapp 10 000 deutschen Soldaten, die noch bis in die 1950er-Jahre gefangen gehalten wurden. 1955 erhielt Bundeskanzler Konrad Adenauer die Einladung für eine Reise nach Moskau, denn die Sowjetunion wollte von der Bundesrepublik diplomatisch anerkannt werden. Adenauers Bedingung war die Freilassung der letzten Gefangenen. Der sowjetische Ministerpräsident Nikolai Bulganin gab ihm mündlich sein Ehrenwort. Tatsächlich kamen einen Monat später die ersten der zehntausend Spätheimkehrer im Grenzdurchgangslager Friedland in Niedersachsen an.

Die Rückkehr war für viele Ehepaare problematisch: Sie hatten sich in der langen Zeit der Trennung voneinander entfremdet, nicht wenige Frauen hatten längst einen neuen Partner. Erschwerend kam hinzu, dass die meisten Heimkehrer schwer traumatisiert waren: Sie hatten Albträume, gesundheitliche Probleme und Schwierigkeiten, sich wieder an ein normales Leben zu gewöhnen. Die Kinder verstanden das Verhalten ihrer Väter nicht, denn in den meisten Familien wurde über die Vergangenheit geschwiegen. Es galt, das zerstörte Land wieder aufzubauen, da war der Blick zurück auf Nationalsozialismus, Krieg und Gefangenschaft nur hinderlich. Dieses Schweigen endete erst mit der Studentenbewegung 1968, die von der Vätergeneration Auskunft über die Vergangenheit verlangte.

Deutsche Soldaten wandern auf der Autobahn in die amerikanische Gefangenschaft. | 1945

1933 Geburt in Königsberg
1945 Flucht nach Oberstdorf
1953 Abitur
1953–1955 Banklehre
1955–1960 Jura-Studium
1960–1962 Rechtsreferendar
1963–1996 Bankangestellter
2012 Tod in Starnberg

Klaus Buschenhagen   Elf Jahre ohne Vater

Klaus Buschenhagen hat nur positive Erinnerungen an seinen Vater, dabei hat er einen Großteil seiner Kindheit und Jugend ohne ihn verbracht. Denn der General der Infanterie Erich Buschenhagen war einer der letzten rund 10 000 Kriegsgefangenen in Russland.

»Ich hatte meinen Vater im Krieg zum letzten Mal gesehen, als ich zehn Jahre alt war. Als er aus der Gefangenschaft zurückkam, war ich 21 Jahre alt, erwachsen, studierte und wohnte nicht mehr zu Hause. Trotz dieser langen Unterbrechung hatten wir sofort wieder ein enges und außerordentlich nettes Verhältnis.«

Frühe Erinnerungen an den Vater

»Als Kind habe ich meinen Vater nur bis zum Kriegsausbruch erlebt. Wenn er abends nach Hause kam, setzte ich mich auf seinen Schoß und er erzählte mir Geschichten. Wir lebten damals in Potsdam. Eines Tages sahen wir auf der Glienicker-brücke einen Affen turnen, der aus dem Zoo ausgebrochen war. Danach musste sich mein Vater immer wieder Geschichten über das Äffchen ausdenken, denn die liebte ich besonders.«

Nach Kriegsbeginn kam Erich Buschenhagen nur noch für kurze Fronturlaube oder auf der Durchreise nach Hause.

Klaus Buschenhagen mit seinem Vater vor dem Krieg

»Wir haben ihn nur noch alle halbe Jahr gesehen. Das war dann natürlich immer sehr auf-
regend. Meine Mutter war außer sich vor Freude
und ich war auch völlig begeistert. Als kleiner Junge
wollte ich unbedingt, dass er mit mir in Uniform
spazieren geht, denn dann hätten ihn alle Soldaten
auf der Straße grüßen müssen. Aber den Gefallen
hat er mir nie getan. Wenn er dann wieder wegfuhr,
waren wir furchtbar traurig. Die Abschiede waren
immer tränenreich für Mutter und Sohn.«

Der Vater gerät in Gefangenschaft

Am 16. August 1944 nahm Klaus zum letzten Mal
für lange Zeit Abschied von seinem Vater.

»Er musste nach Rumänien an die Front. Am
Gartentor hat er zu meiner Mutter gesagt: ›Aus
diesem Kessel komme ich nicht wieder raus. Entweder ich falle oder ich gerate in Gefangenschaft.‹
Er wusste, wie hoffnungslos die Lage war. Am
nächsten Tag kam es zu einem schweren Luftangriff
auf Stettin. Das hat er auf der Fahrt erfahren und
uns angerufen. Erstaunlicherweise ging unser Telefon noch. Das war das letzte Gespräch, das meine
Mutter mit ihm führen konnte. Danach haben sie
sich elf Jahre lang nicht mehr gesprochen.«

Im Oktober 1944 wurde Erich Buschenhagen
von sowjetischen Truppen gefangen genommen.
Aber davon erfuhr die Familie offiziell nichts. Die
deutschen Behörden führten ihn als vermisst.

»Eines Tages kam eine Tante zu uns und erzählte, dass sie heimlich den englischen Sender
BBC gehört hatte. Die Engländer gaben immer die
Namen der gefangenen Generäle durch. Da wurde
auch mein Vater genannt. Meine Mutter war auf
der einen Seite sehr erleichtert, er hätte ja auch tot
sein können. Auf der anderen Seite stellte sich ihr
die bange Frage: Was kommt nun?«

Das erste Lebenszeichen

»Im Februar 1946 rief eine Bekannte meine Mutter
an und sagte: ›Wissen Sie, dass Ihr Mann in Nürnberg ist?‹ Meine Mutter fiel aus allen Wolken.«

Erich Buschenhagen war eine Haftverkürzung
versprochen worden, wenn er als Zeuge bei den
Kriegsverbrecherprozessen in Nürnberg aussagte.
An dieses Versprechen konnten sich die Russen allerdings nach seiner Aussage nicht mehr erinnern.
Er wurde wieder zurück in ein Gefangenenlager in
die Sowjetunion gebracht.

»Meine Mutter fuhr sofort los. Sie durfte das
Gerichtsgebäude nicht betreten. Nürnberg lag in
der amerikanischen Zone. Die Amerikaner erklär-
ten sich aber für nicht zuständig und rieten ihr, sich
an die russischen Behörden zu wenden. Deren Gefangene waren in einer
Villa außerhalb der
Stadt untergebracht,
denn Nürnberg be-
stand nur noch aus Ru-
inen. Als meine Mutter
die Villa erreichte, hieß
es, sie dürfe ihren
Mann nicht sehen.
Aber sie konnte einen
Brief mit Fotos abge-
ben. Diesen Brief hat
mein Vater tatsächlich
erhalten. So erfuhr er,
dass wir noch am Leben
waren und nach Oberstdorf geflohen waren. Damit hatte
er auch unsere Adresse, an die er später schreiben
konnte, als es den Gefangenen erlaubt wurde. Das
war der erste Kontakt nach anderthalb Jahren.«

Nürnberger Prozesse
24 hohe Funktionsträger des
NS-Regimes und des Militärs
wurden als Hauptkriegsverbre-
cher vor dem Internationalen
Militärtribunal in Nürnberg an-
geklagt. Zwölf Todesurteile wurden verhängt. Es folgten weitere
Prozesse gegen Ärzte, Juristen,
Industrielle und Mitglieder der
NSDAP, denen vorgeworfen
wurde, an Verbrechen beteiligt
gewesen zu sein.

Postkarten aus dem Gefangenenlager

Die Kriegsgefangenen in Russland durften vorge-
druckte Karten an ihre Angehörigen schicken, an
denen eine Antwortkarte hing. Auf den Karten war
ihre Lagernummer verzeichnet, sodass die Familien erfuhren, wo die Gefangenen waren.

»Zunächst durften wir nur einmal im Monat
eine Antwortkarte schreiben. Aber dann nahm sich
das Evangelische Hilfswerk der Sache an. Es druckte
die Karten einfach nach. Dadurch konnten wir viel

öfter schreiben, denn die Russen hatten keine Möglichkeit, die Antwortkarten zu kontrollieren. Plötzlich aber blieben Vaters Karten aus. Für meine
Mutter war es furchtbar bedrückend, ein Jahr lang
nichts von ihm zu hören. Wir mussten das
Schlimmste befürchten, denn in Russland starben
so viele Gefangene. Sie sind verhungert und erfroren. Erst viel später erfuhren wir, dass mein Vater
nicht schreiben durfte, weil er sich in Einzelhaft in
Moskau befand.

Später durften wir ihm Pakete schicken. Das
Evangelische Hilfswerk organisierte zunächst Stan-
dardpakete, in denen das Nötigste war, was die
Gefangenen brauchten. Damit die Lebensmittel auf
dem langen Transport nicht verdarben, schickten
wir alles in Dosen verpackt. Damit hatten die
Gefangenen nicht nur mehr zu essen, sondern auch
etwas zum Tauschen.

In den 1950er-Jahren wurden die Vorschriften
lockerer. Wir konnten oft schreiben und auch län-
gere Briefe auf normalem Briefpapier schicken. Als
mein Vater für den Winter Handschuhe benötigte
oder um eine warme Jacke bat, hat ihm das meine
Mutter geschickt und alles kam bei ihm an. Meine
Eltern haben immer alle Karten und Pakete durch-
nummeriert. Auch wenn gelegentlich eine Karte
von der Zensur geschwärzt war, ist, soweit ich weiß,
alles angekommen.«

Elf Jahre und zwei Monate ohne Vater
Die Mutter sprach in all den Jahren viel mit Klaus
über den Vater und hielt dadurch die Erinnerung
an ihn wach. Aber auch in den Zeitungen erschienen immer wieder Artikel über das Schicksal
der letzten rund 10 000 Kriegsgefangenen in der
Sowjetunion.

Klaus Buschenhagen mit seinen Eltern in Stettin

»Das Thema kam immer wieder hoch. In der Schule haben unsere Lehrer im Unterricht darüber gesprochen. Natürlich gab es auch ein paar blöde Jungs, die gehässig waren und mich hänselten. Aber das war die Ausnahme. Denn jeder wusste, dass mein Vater in russischer Gefangenschaft war. In manchen Situationen war sein Fehlen sehr deutlich spürbar. Zum Abschlussball beispielsweise kamen die meisten anderen Schüler mit ihren Eltern, ich kam eben nur mit meiner Mutter. Ich verstand mich gut mit meiner Mutter, aber sie war streng. Mein Vater war in der Erziehung viel gelassener gewesen. Ich habe ihn vermisst, aber nicht, weil ich Hilfe von ihm gebraucht hätte, sondern weil er nicht da war. Natürlich rückt ein Mensch, den man nicht täglich sieht, etwas in den Hintergrund. Aber mein Vater blieb mir immer nah und das nicht als ferne Sagengestalt, sondern sehr lebendig. Er war ja zum Glück nicht tot, wir wussten, dass er irgendwo in Russland lebte. «

Erkennungszeichen: die Zahnlücke

Am 8. Oktober 1955 wurde Erich Buschenhagen aus der russischen Kriegsgefangenschaft entlassen. Die Familie erhielt eine Benachrichtigung mit dem Datum, an dem die Männer im Auffanglager Friedland erwartet wurden. Die Mutter konnte nicht fahren, sie musste sich um eine alte, demente Tante kümmern, die bei ihnen wohnte. Deshalb fuhr Klaus allein nach Friedland, um seinen Vater abzuholen.

»Meine Hauptsorge war, wie wir uns erkennen, denn wir hatten uns elf Jahre und zwei Monate nicht gesehen. Aber im Nachhinein war es kein Problem. Er stieg aus dem Zug und ich wusste: Das ist der Papi. Für ihn war es viel schwieriger, denn als er mich das letzte Mal gesehen hatte, war ich noch ein kleines Kind. Jetzt war ich erwachsen. Er hat mich dann aber sofort wiedererkannt. Ich war nämlich während des Krieges gegen ein Eisengeländer gelaufen und hatte mir dabei die Ecke eines Zahnes abgebrochen. Da wir in der Nach-kriegszeit kaum Geld hatten, war das nicht repariert worden. Jetzt lächelte ich ihm entgegen und er hat mich sofort an der Zahnlücke erkannt. Es war ein ergreifendes Wiedersehen.

Die Ankunft der Freigelassenen wurde sehr feierlich begangen. Abends fand ein Gottesdienst statt. Das ganze Lager sang: *Nun danket alle Gott.* Dann läuteten die Glocken. Wir schliefen in Stockbetten in den Baracken. Mein Vater war das aus dem Gefangenenlager gewöhnt. Aber ich fand es furchtbar unbequem. Außerdem war ich so aufgeregt, dass ich die ganze Nacht nicht schlafen konnte.«

Am nächsten Morgen bat das Rote Kreuz die Kriegsgefangenen um Mithilfe bei der Suche nach Verschollenen. Auf langen Tischen waren Fotos von Vermissten ausgebreitet. Wer hatte jemanden bei welcher Truppe wann gesehen? Wer wusste, ob jemand in einem Frontabschnitt oder im Lager gestorben war? Wer wusste etwas über den Aufenthalt eines Kameraden in einem Lager? Erich Buschenhagen sah sich mit den anderen Heimkehrern die Bilder an und gab Informationen.

Grenzdurchgangslager Friedland

An der Schnittstelle von britischer, amerikanischer und sowjetischer Zone entstand auf Anordnung der Briten am 20. September 1945 in Niedersachsen das Lager Friedland zur Aufnahme von Flüchtlingen. Das Lager besteht bis heute. Es diente seit seiner Gründung als erste Anlaufstelle für mehr als vier Millionen Flüchtlinge in die Bundesrepublik.

Die Heimkehr des Vaters

»Am nächsten Morgen sind wir über die Autobahn nach Oberstdorf gefahren. Es war, als ob ich mit jemandem fuhr, der gerade vom Mars gekommen war. Mein Vater hatte ja Deutschland das letzte Mal im Krieg und völlig zerstört gesehen. Jetzt hatte das Wirtschaftswunder Deutschland verändert. Er hatte noch nie Neon-Straßenlampen gesehen. Er kannte keine modernen Tankstellen. Er staunte ununterbrochen Bauklötze.

offnen		
Die Fenster sind zu beleuchten	okna dolžny bytj ozwjeschtschenh	Окна должны быть освещены
Häuser, aus denen Einwohner schie-ßen, werden ver-brannt, die Ein-wohner erschos-sen	doma, ißkotorych žit-jeli ßtreljajut, bu-dut ßožženh ažitel-ji raßßtrjelanh	Дома, из которых жители стреляют, будут сожжены а жители рас-стреляны
Sie haften mit Ih-rem Kopf dafür	wh otwjetschajetje ßa äto golowoj	Вы отвечаете за это головой

Sprachführer für deutsche Soldaten im Russland-Feldzug

Seine Heimkehr war wahnsinnig bewegend. Meine Mutter konnte nach elf langen Jahren end-lich wieder ihren Mann in die Arme nehmen. Meine Eltern haben sich danach auch wieder sehr gut verstanden. Das war gar nicht selbstverständ-lich. Viele Ehen sind damals gescheitert. Natürlich gab es kleine Schwierigkeiten. Mein Vater wollte gleich am ersten Tag die Bankunterlagen sehen. Dabei hatte meine Mutter das jahrelang kompetent gemacht. Einiges hat sie ihm dann aber auch ganz gern überlassen.

Ich denke, meinem Vater hat bei der Einge-wöhnung in ein nor-males Leben sehr ge-holfen, dass er von morgens bis abends be-schäftigt war. Wenn er nichts zu tun gehabt hätte, wäre es sicherlich schwieriger gewesen. Aber davon konnte keine Rede sein. Schon am Tag nach seiner Ankunft klingelte frühmorgens der erste Journalist an unserer Tür. Danach gaben sich die Journalisten die Klinke in die Hand. Jeder wollte General Buschenhagen interviewen. Es ka-men auch viele ehemalige Kameraden zu Besuch, die ihm zur Heimkehr gratulierten. Vater beant-wortete unzählige Anfragen und verfasste schriftli-che Berichte über Krieg und Gefangenschaft. Er hatte ununterbrochen zu tun. Dadurch war sein Leben in Oberstdorf von Anfang an sehr öffentlich und sehr ausgefüllt.«

»Er redete und redete«

»Mein Vater sprach ein Jahr lang ununterbrochen von der Gefangenschaft. Beim Teekränzchen mei-ner Mutter, in der evangelischen Gemeinde – egal, wohin er kam, jeder wollte von ihm wissen: ›Herr General, wie war es denn? Wie waren die Russen? Wie war die Gefangenschaft? Erzählen Sie doch mal!‹

Ich habe nicht bemerkt, dass er verbittert gewe-sen wäre. Er hat nie über die Russen geschimpft. Er sagte immer: ›Natürlich war die Haft furchtbar lang, aber ich wurde, abgesehen von den Gefäng-nisaufenthalten, korrekt behandelt.‹ Mein Vater wurde beispielsweise nach seiner Gefangennahme von Nikita Chruschtschow vernommen. Der spätere Staatschef der Sowjetunion war im Krieg Politoffizier der ukrainischen Front. Mein Vater erzählte, dass Chruschtschow ihm zu Ehren ein Abendessen gegeben hätte.

Er berichtete, dass es im Lager wenig zu essen gab, dass aber die russische Zivilbevölkerung zum Teil noch mehr gehungert habe als die Gefangenen.

Man darf ja bei allem eins nicht vergessen: Wir haben die Sowjetunion überfallen, nicht anders herum. Und die russischen Gefangenen sind von den Deutschen entsetzlich behandelt worden. Zum Teil noch viel schlimmer als später die deutschen Soldaten in russischer Haft.

Mein Vater redete und redete und redete, ein Jahr lang. Dann hat er gesagt: ›Ich will nicht mehr.‹ Er hat nie wieder über die Gefangenschaft gesprochen und auch keine Memoiren geschrieben. Ich glaube, er hatte sich alles von der Seele geredet und dann war es gut.«

Gefangene deutsche Soldaten in den Trümmern von Stalingrad

Vater und Sohn lernen sich wieder kennen

Klaus studierte inzwischen in München und kam nur an den Wochenenden nach Hause. Diese Tage verbrachte er intensiv mit dem Vater.

»Meine Mutter hatte mir zum Abitur einen Motorroller geschenkt. Mein Vater setzte sich hinter mich und wir machten viele Ausflüge in die Umgebung. Wir sind auch oft zusammen in den Urlaub gefahren. Dann waren wir zwei, drei Wochen zusammen. Alles verlief harmonisch und wir haben die Zeit sehr genossen. Nur während der Autofahrten gab es Krach zwischen uns. Denn ich war ein eher vorsichtiger Fahrer. Dann rief er immer ungeduldig: ›Fahr schneller, überhol doch!‹ Und wenn er fuhr, dachte ich: Hoffentlich überleben wir das! Denn er fuhr wie der Henker.

Von seinem Fahrstil abgesehen, war er mir immer ein großes Vorbild. Seine Disziplinertheit, seine ungeheure Bildung, sein Organisationstalent. Ich habe ihn bewundert und wollte ihm nacheifern. Ich hoffe, das ist mir gelungen.«

Exkurs: Russische Kriegsgefangene

Sowjetische Soldaten waren in den Augen der Nazis keine Kameraden, sondern »slawische Untermenschen«. Deshalb galten für russische Kriegsgefangene nicht wie für die Gefangenen anderer Nationen die Haager Landkriegsordnung und die Genfer Konvention. Russische Politoffiziere wurden laut Kommissarbefehl sofort nach der Gefangennahme erschossen. In den ersten Wochen des Russlandfeldzuges nahm die Wehrmacht Hunderttausende sowjetische Soldaten gefangen, für deren Versorgung nichts geplant war. Sie mussten auf offenem Feld hausen, bekamen kaum zu essen, die hygienischen Verhältnisse waren katastrophal. Die Gefangenen starben zu Tausenden an Hunger und Seuchen. Sie wurden im Winter in offenen Viehwaggons transportiert und viele in Konzentrationslagern vergast. Allein innerhalb der ersten sechs Monate des Russlandfeldzuges starben zwei Millionen sowjetische Soldaten in deutscher Haft.

1942	Geburt in Hamburg
1957	Fachabitur
1957–1960	Ausbildung zur Verlagskauffrau
1961–1963	Volontariat
1964–1977	Leitende Redakteurin
seit 1977	Journalistin und Buchautorin
2000–2004	Ausbildung zur Familientherapeutin

Margret Uhle   Ein Familientyrann

Für Margret Uhle endete ihre glückliche Kindheit mit der Heimkehr des Vaters aus der englischen Kriegsgefangenschaft.

»Mein jüngerer Bruder und ich hatten eine vom Krieg weithin unbeschwerte Kindheit, denn obwohl wir mitten in Hamburg lebten, waren wir nicht ausgebombt. Bei Mutter und Großmutter wuchsen wir behütet auf. Wenn meine Mutter mit leuchtenden Augen vom Vater sprach, war er ein strahlender Held. Stattdessen kam 1950 ein Wrack nach Hause, ein durch Kriegserlebnisse und Gefangenschaft zutiefst traumatisierter Mann, der uns Kinder tyrannisierte. Meine Mutter erklärte uns sein Verhalten damit, dass er ein enttäuschter Idealist sei. Denn mein Vater war ein überzeugter Nazi gewesen. Aber was heißt das denn? Überfällt man als Idealist andere Länder und schikaniert dort die Menschen? Bringt man als Idealist sechs Millionen Juden um? Ich kann seitdem das Wort Idealismus nicht mehr hören.«

Ein strahlender Held

Margret und ihr anderthalb Jahre jüngerer Bruder Hans kannten den Vater kaum. Er war sofort bei Kriegsbeginn eingezogen worden und kam nur selten zu Heimaturlauben nach Hause. Daher stammt eine ihrer frühesten Erinnerungen an den Vater:

»Ich bin zwei Jahre alt und spiele mit anderen Kindern auf der Straße. Plötzlich hält ein Auto. Ein großer, gut aussehender Mann in Uniform steigt aus und kommt auf mich zu, beladen mit Geschenken. Mein Vater. Ein strahlender Held, genau wie meine Mutter ihn immer schilderte.«

Er war in Italien eingesetzt, brachte Florentiner Strohhüte mit und für Margret ein kleines Regal mit winzigen Pfannen und Töpfen.

»Ich nuckelte damals noch am Daumen. Da sagten meine Eltern: ›Wenn du damit aufhörst, bekommst du die Puppenküche.‹ Das hat sofort funktioniert.«

In britischer Gefangenschaft

Bei Kriegsende war der Vater vermisst. Es dauerte ein Jahr, bis die Familie erfuhr, dass er in Belgien von Kanadiern gefangen genommen worden war.

»Die Kanadier gingen nicht zimperlich mit deutschen Gefangenen um. Mein Vater musste mehrfach sein eigenes Grab schaufeln. Für eine Scheinhinrichtung. Die wurde dann in letzter Minute abgeblasen und auf den nächsten Tag verschoben.« Anschließend kam er in britische Gefangenschaft. »Zuerst geriet er in eine Art Umerziehungslager. Die Briten haben sich viel Mühe gegeben, die deutschen Offiziere zu guten Demokraten umzuerziehen. Danach hat er auf einer Farm gearbeitet. Ich glaube nicht, dass er dort unglücklich war, denn er hat nie ein böses Wort über diese Zeit gesagt. Ihm gefiel außerdem die britische Lebensart. Als er zurückkam, trank er jeden Tag *English Breakfast Tea*, der in Hamburg schwer zu besorgen war. Er war richtig britisch geworden.«

Margret mit ihren Eltern im Urlaub auf Föhr | 1943

Der Vater erhielt für seine Arbeit als Gefangener einen geringen Lohn, von dem er Geschenke für die Familie kaufte.

»Einmal im Monat kam ein Paket. Er schickte uns englische Schokolade, das war für uns der reine Luxus. Wir haben einiges behalten, anderes getauscht. Ich bekam ein Paar wunderbarer Sandalen von ihm. Am wichtigsten aber waren für mich die Bücher. Die Kriegsgefangenen konnten sehr preiswert deutsche Literatur kaufen, die hat er mir geschickt und mich damit jahrelang geistig ernährt, denn bei uns gab es kaum Bücher zu kaufen. Er war eigentlich ein sehr fürsorglicher Mann und seiner Familie, vor allem seiner Mutter, emotional tief verbunden. Deshalb hat ihn die Tragödie, die sich im Mai 1945, kurz nach der Kapitulation, ereignete, schwer getroffen.«

Familientragödie

Die jüngere Schwester des Vaters hatte einen hochrangigen Nazi geheiratet, mit dem sie drei kleine Kinder hatte. Die Familie lebte gemeinsam mit der Mutter der Frau auf einem Gut im Warthegau. Als sie vor der heranrückenden Roten Armee fliehen mussten, kam die Familie nach Hamburg.

»Zuerst haben sie bei uns gewohnt. Aber mit sechs Personen mehr in der Wohnung war es sehr eng. Sie bekamen dann in einer Siedlung am Stadtrand, die für die SS gebaut worden war, eine schöne Wohnung zugeteilt. Eines Tages, es muss Ende April gewesen sein, rief Großmutter bei meiner Mutter an. Sie sagte, sie habe Angst, denn ihre Tochter und der Schwiegersohn würden ständig davon reden, dass sie nach dem Zusammenbruch des nationalsozialistischen Regimes keine Zukunft mehr hätten, sie müssten sich umbringen. Meine Großmutter war sehr in Sorge und bat meine Mutter deshalb, mit den Kindern zu ihr kommen zu können.

Meine andere Großmutter mochte diese Verwandten nicht, weil sie Nazis waren. Sie überredete meine Mutter, unter einem Vorwand abzulehnen.

Deutsche Kriegsgefangene in England bei Bauarbeiten | 1948

Entnazifizierung

Die Siegermächte teilten die Deutschen in fünf Kategorien ein, von Hauptschuldigen über Mitläufer bis zu Entlasteten. Gesucht wurden vor allem hohe NS-Funktionäre, SS-Mitglieder und Kriegsverbrecher. Parteimitglieder wurden aus dem Staatsdienst entlassen. Allerdings blieb die Entnazifizierung unvollständig. Viele überzeugte Nazis konnten ihre Positionen behalten.

Meine Mutter hat dann behauptet, sie könnten nicht kommen, weil ich Scharlach hätte und das ansteckend sei. Ich hatte aber nie Scharlach.

Am 8. Mai kapitulierte Deutschland. Am 11. Mai klingelten zwei Kriminalbeamte bei uns an der Tür: In der Wohnung unserer Verwandten seien sechs Leichen gefunden worden: meine Großmutter, meine Tante, ihr Mann und die drei Kinder. Mein jüngster Cousin war nicht einmal ein Jahr alt.

Mein Vater hat in seinen Briefen natürlich auch nach den Verwandten gefragt. Meine Mutter schrieb ihm immer, dass es allen sehr gut ginge, dass sie nur nicht schreiben könnten, weil der Schwager noch nicht entnazifiziert sei. Mein Vater hat ihr das geglaubt.

Als Vater 1950 aus der Gefangenschaft entlassen wurde, holte ihn meine Mutter am Hamburger Dammtorbahnhof ab. Erst dann erzählte sie ihm, dass alle seine Verwandten tot waren. Denn auch sein älterer Bruder war umgekommen. Er kam hier an und hatte nur noch meine Mutter und uns Kinder. Ich denke, das erklärt auch seinen Zustand. Er war nicht nur traumatisiert vom Krieg, sondern auch durch diese Tragödie in seiner Familie.«

Der Familientyrann

Mit der Ankunft des Vaters war die liebevolle Atmosphäre zu Hause zu Ende. »Es war, als ob sich ein grauer, zäher Nebel über unser Leben gelegt hätte. Er explodierte bei jeder Kleinigkeit, als ob sich ein Ventil öffnen würde und das, was darin war, hinaus musste. Für uns Kinder völlig unbere-

»Diese Männer hatten entsetzliche Gewalt erfahren,
die viele in der Familie weitergaben, denn anstatt die
seelischen Verletzungen aufzuarbeiten, wurde geschwiegen.
Neuanfang und Wiederaufbau waren wichtig.
Die Vergangenheit störte dabei nur.«

MARGRET UHLE | 1. OKTOBER 2011

chenbar, kippte seine Stimmung von einem Moment zum anderen. Wir wussten oft nicht, warum er uns anbrüllte. Er stand immer unter Strom.«

Seine ständige Wut richtete sich vor allem gegen den kleinen Sohn, den er für verweichlicht hielt. »Er führte regelrecht Krieg gegen meinen Bruder, schikanierte und schlug ihn. Er erfand unsinnige Regeln, die strikt einzuhalten waren. Alles wurde kontrolliert, die Räume waren abgeschlossen, vor

Die Familie während des Fronturlaubs des Vaters in Hamburg | 1944

allem die Speisekammer, weil er uns verdächtigte, heimlich zu naschen. Wir haben ein Leben auf Zehenspitzen geführt aus Angst vor dem nächsten Wutanfall. Ich habe mit 14 Jahren in mein Tagebuch geschrieben: *Ich wünschte, er wäre tot.* Wenn er gefallen wäre, wäre ich weniger verzweifelt und unglücklich gewesen.

Im Grunde passte dieser Mann nicht mehr in unsere Familie. Das zeigte sich auch an Kleinigkeiten. Bei uns wurde beispielsweise viel Wert auf gepflegte Tischmanieren gelegt. Wir waren bitterarm und hatten kaum etwas zu essen, aber der Tisch wurde hübsch gedeckt mit schönem Geschirr und gestärkten Servietten. Meine Mutter ermahnte uns, korrekt mit Messer und Gabel zu essen und gerade zu sitzen. Nun kam mein Vater zurück, der doch eigentlich für uns ein Vorbild sein sollte, und hatte die schlimmsten Manieren. Er schlang das Essen hinunter. Das kam wahrscheinlich von der Zeit im Lager. Wir Kinder sahen nur, dass er etwas tat, was uns verboten war, und meine Mutter nichts dazu sagte. Darüber herrschte Schweigen, wie über so vieles.

Aus einem völlig nichtigen Anlass habe ich einmal eine Ohrfeige kassiert. Meine Deutschlehrerin las mit uns eine Erzählung von Thomas Mann. Ich war begeistert und erzählte davon beim Mittagessen. Da schrie mein Vater: ›Dir gefällt dieser Vaterlandsverräter?‹ Ich verstand das nicht und meinte: ›Er ist emigriert. Was ist daran so schlimm?‹ Daraufhin tobte mein Vater erst richtig. Ich wagte eine

Widerrede: ›Er ist ein fantastischer Autor. Schließlich hat er den Nobelpreis erhalten.‹ Da gab er mir eine solche Ohrfeige, dass ich durch den Raum flog. Meine Mutter saß schweigend dabei.«

Kein Schutz durch die Mutter

»Meine Mutter plagten entsetzliche Schuldgefühle, weil sie den Hilferuf ihrer Schwiegermutter nicht erhört hatte. Ich glaube, sie gab sich eine Mitschuld am Tod der Verwandten. Das hat wohl auch dazu beigetragen, dass sie kurz nach dieser Familientragödie eine schwere Tuberkulose bekam, die über Jahre nicht heilte. Es gab keine Medikamente. Meine Mutter war Krankenschwester und wusste, was es bedeutet, eine so ansteckende, schwere Krankheit zu haben. Wir durften nicht in ihre Nähe kommen, sie umarmte und berührte uns nicht. Das wäre für uns Kinder sehr schwer gewesen, wenn wir nicht unsere Großmutter gehabt hätten, die sich liebevoll um uns kümmerte und mit über 70 Jahren den Haushalt schmiss.

Margret und ihr Bruder Hans | 1958

Bis in die 1950er-Jahre war meine Mutter immer wieder weg zu langen Kuraufenthalten. Dann waren wir mit unserem Vater allein, was die Situation noch erschwerte. Aber auch wenn sie da war, beschützte sie uns nicht vor seinen Launen und Ausfällen. Vielleicht, weil sie durch die Krankheit geschwächt war, vielleicht, weil sie ihn sehr liebte. Meine Eltern waren 55 Jahre verheiratet. Sie lebten in einer Symbiose, die kaum Platz für uns Kinder ließ. Unsere Klagen über den Vater wollte Mutter nicht hören. Sie verlangte immer, wir sollten Rücksicht auf ihn nehmen, ihn nicht reizen. Wir müssten uns anpassen.

Der Vater ist der erste wichtige Mann im Leben eines Mädchens. Aber ich hatte ein völlig gestörtes Verhältnis zu meinem Vater. In den ersten, prägenden Jahren war er nicht da und danach bereitete er mir eine freudlose, schwierige Jugend. Später hat er versucht, das wieder gutzumachen. Er war, wenn ich in schwierigen Lebenssituationen war, ungeheuer hilfsbereit und ein hinreißender, liebevoller Großvater. Ich bin ihm erst näher gekommen, als er im Sterben lag. Erst da hat er mir sagen können, dass er mich immer geliebt hat.«

Zwei traumatisierte Generationen

Margret Uhle hat sich als Therapeutin intensiv mit Verhaltensmustern in Familien auseinandergesetzt.

»Mein Vater gehörte nicht zur ersten Generation kriegstraumatisierter Männer. Schon seine Generation hatte Väter erlebt, die schwer vom Ersten Weltkrieg gezeichnet waren. Mein Großvater hauste an der entsetzlichen Marne-Front monatelang im Schlamm von Schützengräben. Er wurde mit Kampfgas vergiftet und war deshalb zeitweise blind. Er muss Furchtbares erlebt haben. Mit diesen Erfahrungen kam er nach Hause. Damals hatte ein Mann ›hart wie Kruppstahl‹ zu sein. Seelische Verletzungen waren in diesem Menschenbild nicht vorgesehen. Er kam, genau wie 30 Jahre später mein Vater, aus dem fürchterlichen Gemetzel nach Hause und hatte wieder zu funktionieren, als ob nichts gewesen wäre. Heute würde man Heerscharen von Therapeuten losschicken, um diesen Männern zu helfen. Aber sie bekamen damals keinerlei Hilfe. Im Gegenteil: Verdrängen und Schweigen war das Gebot der Stunde.«

Das Motto der Familie: Schweigen

Auch Margrets Vater schwieg über die Vergangenheit. »Er hat mit uns Kindern nie über die Nazizeit geredet. Warum er an Hitler geglaubt hat. Auch über den Krieg hat er nicht gesprochen. Und wenn, dann waren es nur ein paar harmlose Anekdoten. So hat er aus einem zerstörten Haus in der Normandie einen kleinen Welpen gerettet und ihn mit Dosenmilch großgezogen. Als die Kämpfe heftiger wurden, konnte er den Hund nicht behalten. Da rannte er in ein Haus, setzte der verängstigten fran-

zösischen Familie den Hund mitten auf den Esstisch und rannte wieder ins Gefecht. So etwas hat er erzählt.«

Auch die Mutter sprach nicht über die Nazizeit. »Wenn ich etwas wissen wollte, hieß es immer: ›Danach frage ich nicht.‹

Bei uns im Haus wohnte in der Nazizeit eine Familie. Eines Tages war ihre Wohnung leer. Ich war damals noch ein kleines Kind und habe meine Mutter gefragt, was passiert war. Die Antwort war Schweigen. Später erfuhr ich, dass es Juden waren, die deportiert worden sind. Meine Mutter hatte jahrelang mit ihnen in bester Nachbarschaft gelebt. Als sie verschwanden, hieß es einfach nur: ›Danach frage ich nicht.‹ Alles wurde weggeschwiegen. Ich bin Journalistin geworden, um nachzufragen. Ich wollte endlich Antworten.«

Exkurs: Traumatisierte Generationen

Der Zweite Weltkrieg führte zur Traumatisierung von Millionen Menschen. Denn sie sahen, wie alles, was eine gesicherte Existenz ausmacht, zusammenbrach. Den Opfern des nationalsozialistischen Rassenwahns wurde sogar das Recht auf Leben abgesprochen. Millionen Menschen erlebten Entsetzliches: die Soldaten an der Front, aber auch Frauen und Kinder. Das verursachte schwerste seelische Verletzungen.

Für viele Menschen wirkte der Zweite Weltkrieg in ihrer Psyche Jahrzehnte nach. Die traumatisierten Menschen empfanden Schmerz, Wut, Trauer und Ohnmacht über das, was sie erlebt hatten. Doch nach dem Krieg wurde über das persönliche Leid geschwiegen. Man musste »funktionieren« und in ein einigermaßen geregeltes Leben zurückfinden.

Studien über die Erfahrungen von Kriegskindern belegen, dass die ins Unbewusste verdrängten Erinnerungen und Angstzustände zu Aggressionen führen können. Bis ins hohe Alter verursachen sie außerdem körperliche Beschwerden und Depressionen.

Aber nicht nur die unmittelbare Kriegsgeneration leidet unter seelischen Wunden. Eltern geben sie unbewusst an die nächste Generation weiter. Weil sie mit ihren Kindern aber nicht über ihre Erlebnisse sprechen können oder wollen, verstehen ihre Kinder sie nicht. Auch Schlaflosigkeit kann »vererbt« werden. Wenn die Eltern von Albträumen geplagt werden und Angst vor dunklen, geschlossenen Räumen haben, kann sich das auf ihre Kinder übertragen, die durch die nachts in der Wohnung herumwandernden Eltern im Schlaf gestört werden.

Eltern, die oft mit ihren Kindern über ihre Kriegserlebnisse sprechen, können Ängste in ihnen wecken. Studien zeigen, dass Kinder von schwer kriegstraumatisierten Eltern überdurchschnittlich oft an Depressionen und psychosomatischen Beschwerden leiden. Was wiederum deren Kinder beeinflussen kann. Traumata erreichen so auch noch die Enkel der Kriegskinder: Auswirkungen der schlimmen Kriegserlebnisse sind auch in der dritten Generation wahrnehmbar.

Lieber Väti, ich habe große Sehnsucht nach Dir, Dein Mausezähnchen

Briefwechsel zwischen Wolf-Elmar (Wolti), elf Jahre, und Brigitte (Mausezähnchen), acht Jahre, aus Wernigerode in der sowjetischen Besatzungszone und dem Vater in amerikanischer Kriegsgefangenschaft

Wolf-Elmar und sein Vater | 1936

31.3.46
Mein liebes, kleines Brigittchen!
Mein Mausezähnchen!
Gestern hat Väti seit langer, langer Zeit zum ersten Mal Post bekommen und dabei lag auch ein richtiger Brief von Dir. Ich habe mich natürlich sehr gefreut, dass Du schon schreiben kannst, dass es Dir gut geht und du ein liebes kleines Mädchen bist. Schreib mir, mein Mausezähnchen, das wäre für Väti eine große Freude!
Dir ein sehr liebes Küsschen von Deinem getreuesten Väti.

18.5.46
Lieber Väti!
Nun bist Du schon so lange nicht mehr bei uns. Ich habe an meinem Geburtstag einen Brief von Dir gekriegt. Ich habe viele Bücher gekriegt. Es war an meinem Geburtstag sehr schön. Ich musste immer an Dich denken, weil Du so lange nicht mehr bei uns gewesen bist. Nun wünsche ich dir weiter viel Glück und Gottes Segen.
Dein Wolti oder Dein Oberlümmel!

31.5.46
Lieber Väti!
Wie geht es Dir? Tante Lotto macht den Garten schön. Sie hat schon viel gepflanzt. Salat hat sie gepflanzt und Mohrrüben gesät. Tante Lotto hat mir einen Stachelbeerbusch geschenkt. Ich sitze in der Schule in der besten Abteilung. Im Zeugnis hatte ich eine 1 und eine 2 und eine 3. Ich geh in den Kindergottesdienst, da sind Gruppen eingeteilt. Jungs zu Jungs und Mädchens zu Mädchens. Ich und Wolti üben bei dem Herrn Kantor Klause für Pfingsten im Chor. Ich hoffe, dass Du bald nach Hause kommst.
Viele Grüße Dein Mausezähnchen.

24.6.46
Mein geliebtes Mausezähnchen!
Da kommt doch neulich ein richtiger großer Brief an mich, und der Väti wundert sich schon mächtig, wer ihm da wohl schreibt, und als er den Brief aufmacht, ja, kuck mal an, da ist er von meinem Brigittchen! Und so schön sauber geschrieben!

Väti hat sich sehr gefreut, und ich danke Dir recht schön, mein Herzel, für diesen Gruß. Der Inhalt Deines Briefes hat mich auch sehr gefreut, ganz besonders das, was Du über Deine Zeugnisse schreibst. Bleib Du nur weiter fleißig und ordentlich in der Schule, Du siehst ja selbst, wie Mutti sich plagen muss, damit ihr in die Schule gehen könnt. Mein Brigittchen, es ist doch fein, dass Du so nett im Chor mitsingst, und ich freue mich schon darauf, Dich und auch Wolti singen zu hören. Hast Du Deinen Stachelbeerstrauch denn auch schön gepflegt und begossen? Bald werden nun die Beeren reif sein, und dann kannst Du ja futtern! Bleib Du mir gesund und brav. Es wird schon bald dazu kommen, dass wir uns wiedersehen. Sehr viele liebe Grüße.
Stets Dein getreuer Väti.

Juli 46
Mein geliebtes Mausezähnchen!

Nun wirst Du schon acht Jahre alt und feierst wieder einmal Deinen Geburtstag, der sicher fein verlaufen wird. Ich bin mit Dir betrübt darüber, dass ich ihn nicht mit Dir feiern kann. Aber das holen wir nach, sobald ich daheim bin, nicht wahr? Dann machen wir's uns gemütlich, und Du erzählst mir alles, was Du erlebt hast und was Dich bewegt, und ich muss Dir ja auch viel erzählen. Nochmals viel, viel Gutes, mein Brigittchen, und viele liebe Grüße zum Geburtstag! Gott schütze Dich, mein Mausezähnchen! Grüß die Brüder!
Getreulichst Dein Väti.

23.10.46
Lieber Väti!

Wie geht es Dir? Ich habe große Sehnsucht nach Dir. Hoffentlich kommst Du bald nach Hause, dann wird es wieder sehr schön. Ich habe eine kleine Freundin in unserem Haus gefunden. Ich gehe jeden Tag mit ihr zur Schule und manchmal spiele ich mit ihr mit Puppen. Unsere Familie sammelt für Belotin jeden Tag zwei Schüsseln voll Eicheln. Tante Lotto sammelt immer im Eichwald schon für die nächsten Tage vor, dann sammelt sie einen großen blanken Wassereimer voll. Und Wolti sammelt an einem Tag eine große Zinkwanne voll. Wolti und Tante Lotto sind die beiden fleißigsten von allen. Wolti kriegte einen kleinen Belotinkuchen, weil er so fleißig gesammelt hat.
Viele Grüße von Deinem Mausezähnchen.
Das Belotin ist wie Kakao und so süßbitter. Wir machen Suppen und Kuchen davon.

1.12.46
Lieber Väti!

Ich gratuliere Dir zum Geburtstag! Dass Du gesund bleibst. Hoffentlich kommst Du bald nach Hause. Mein Hoffen ist immer noch, dass Du zu Weihnachten kommst. Ich bin manchmal so traurig, dass Du nicht da bist. Ich freue mich schon, wenn Du nach Hause kommst. Dann erzählst Du mir wieder schöne Geschichten. Wir haben den ersten Advent sehr schön gefeiert, ich konnte es morgens früh gar nicht mehr erwarten, weil Wolti einen hübschen Adventskranz gemacht hat.

Viele Grüße Dein Mausezähnchen. Tausend Küsse von der ganzen Familie.

1.12.46

Lieber Väti!

Ich gratuliere Dir herzlich zum Geburtstag. Ich bin sehr traurig, dass Du noch immer nicht bei uns bist. Es ist wahrscheinlich schon das vierte Weihnachten ohne Dich. Ich habe für Mutti drei Geschenke, welche sehr nutzvoll sind. Weihnachten kommt Großvater zu uns. Auf diesen Augenblick freu ich mich, aber viel, viel mehr auf den Moment, wo Du kommst. Du kannst Dir gar nicht denken, wie wir feiern, wenn Du kommst. Bei uns ist von der evangelischen Kirche ein Aufruf an die Völker erlassen, doch die deutschen Gefangenen zu entlassen.

Ich grüße Dich herzlich, Dein Oberlümmel

16.12.46

Ihr Lieben alle!

Ich kann Euch gar nicht sagen, welch große Freude Ihr mir gemacht habt mit den Geburtstagsbriefen, die gestern in meine Hand kamen. Sie waren verzögert worden durch Civil-Zensur in Stuttgart hier. In den Festtagen und zum Jahreswechsel werden meine Gedanken andauernd bei Euch sein. Möchte das neue Jahr die Familie wieder vereinen. Ich hatte um meinen Geburtstag herum die Hoffnung, doch noch zum Fest bei Euch sein zu können, aber das ließ sich nicht einrichten. Diese Enttäuschung zu überwinden, fiel mir schwer. Aber es ist nun geschehen und ich warte ruhig auf den gegebenen Zeitpunkt. Habt noch einmal sehr vielen Dank für all Eure Liebe. Ich wünsche Euch ein frohes und gesegnetes Fest, bin in treuester Liebe Euch verbunden, *Euer Väti.*

17.2.47

Mein liebes Mausezähnchen!

Was machst Du denn jetzt, wo so viel Schnee bei Euch liegt, wenn Du rausgehst? Rodelst Du? Hier in meinem Lager pfeift der Nordostwind tüchtig und fegt den Schnee zu hohen Wehen zusammen, so dass man manchmal bis an die Knie einsinkt, wenn man durchstapfen muss. Dabei ist es ziemlich kalt. Nur mittags in der Sonne ist's schön warm. Da merkt man eben, dass nun bald das Frühjahr kommen wird und mit ihm die Vögel und Blümchen. Von Mutti habe ich gehört, dass Du mir einen schönen Waschlappen zu Weihnachten genäht hast. Er ist zwar noch nicht hier, aber ich kann ihn gut gebrauchen. Hab tausend Dank, Brigittchen, für Deine Arbeit und Mühe. Bald hoffentlich werde ich wieder bei Euch sein. Behüt Dich Gott!

Dich, mein Mausezähnchen, hat sehr lieb Dein getreuer Väti

2.6.47

Mein geliebtes Mausezähnchen!

Weißt Du noch, dass Väti Dich früher immer so genannt hat? Denk mal an, heute Nacht habe ich wieder einmal so lebhaft von Dir geträumt, dass ich Dir das gleich erzählen muss. Weißt Du, mein Brigittchen, Du musst nicht traurig sein, dass wir noch immer getrennt voneinander leben müssen. Bald nämlich wird auch diese Zeit vorbei sein, und dann werden wir uns umso mehr freuen, wieder und für immer miteinander leben zu können. Freu Dich schon mit mir auf die Zeit, wo Du und ich wieder zusammen leben können. Da erzählen wir uns was, gehen miteinander spazieren und werden es uns überhaupt so glücklich und schön miteinander machen wie es nur geht. Gott behüte Dich, mein Töchterchen!

Getreulichst Dein Väti.

Der Vater mit Brigitte | 1938

4.8.47

Mein lieber Oberlümmel!

Mutti schickte mir die Abschrift Deines Zeugnisses, teilt mir mit, dass Du versetzt bist und dass Du Dich nicht nur freigeschwommen, sondern sieben Mal vom Drei-Meter-Brett gesprungen bist. Nun wünsche ich Dir recht vergnügte Ferien und Erfüllung vieler Deiner Wünsche. Ich würde jetzt gerne mit Dir ein paar schöne Wanderungen machen, wir würden im Zelt oder im Heu kampieren, vielleicht abkochen, und ich würde Dir manches Schöne zeigen können. Außerdem würden wir uns herrlich unterhalten können. Das alles wollen wir recht bald nachholen!

Dein Dich sehr lieb habender Väti.

26.12.47

Brief der Mutter an die Großmutter aus dem Gefangenenlager, in dem die Familie zu Weihnachten wiedervereint war:

Mein liebes Tümschen!

Zuerst einmal sind wir natürlich einfach tief dankbar und glücklich. Es ist jeden Tag wieder aufs Neue ein Staunen und ein inniges Gefühl der Dankbarkeit in uns. Wir sitzen warm und alle fünf beisammen und sind so glücklich. Ich habe manchmal das Gefühl, es ist alles ein unglaublicher Traum, und ich denke, dass es gar nicht wahr sein kann, dass wir wirklich wieder vereint sind. Wir sind innerlich immerzu in einer großen Begeisterung, das merkt man an den Kindern. Elmar ist auch süß mit den Dreien. Man sieht ihn richtig diese Zeit in vollen Zügen genießen, er tobt mit ihnen und erzählt ihnen Geschichten. Wir singen zusammen, und es ist eigentlich dauernd ein Gelächter und Gejubel, vor allem abends, wenn sie ins Bett gehen.

Es ist immer wieder einfach ein Wunder, dass wir uns so nahe sind. Es ist, als seien all die Jahre nicht gewesen, die Jahre der völligen Trennung und Verbindungslosigkeit.

Sei tausendmal umarmt, Dein Dich liebendes Hildchen.

1938 Geburt in Berlin
1956 Ausbildung als Auslandskorrespondentin
1960 Bibliothekarin
1973–1979 Studium der Archäologie
1997 Promotion
seit 1984 Fundraising für gemeinnützige Organisationen

Brigitte Treumann   Sehnsucht nach dem Vater

Welche Erinnerungen hat man tatsächlich an die eigene frühe Kindheit? Was »erinnert« man nur, weil es von anderen erzählt wurde oder durch Fotografien und Briefe im Gedächtnis ist?

Brigitte Treumann war ein Jahr alt, als der Krieg begann. Von da an sah sie ihren Vater nur noch selten bei seinen kurzen Fronturlauben. »Die Erlebnisse verwischen sich im Nachhinein ein bisschen, aber was ich sehr genau erinnere, ist ein ständiges, unterschwelliges Gefühl von Trauer und Sehnsucht in meiner Kindheit, weil ich ihn vermisste.«

Früheste Erinnerungen an den Vater

Die Familie lebte in Stettin, der Garnisonsstadt des Regiments des Vaters. Um die Erinnerung an den Vater bei den Kindern wach zu halten, erzählte ihnen die Mutter immer wieder von ihm, zeigte Fotos und las aus seinen Briefen vor. »Obwohl er nicht da war, spielte er eine große Rolle in unserem Leben, weil meine Mutter so viel von ihm sprach.

Ich habe aus diesen frühen Jahren zwei konkrete Erinnerungen an ihn. Die eine ist, dass ich mit meiner Mutter und meinem älteren Bruder Wolf-Elmar auf dem Bahnhof stehe. Es ist kalt. Wir frieren und warten sehnsüchtig, dass der Zug mit dem Vater bald kommt. Die zweite Erinnerung ist an Weihnachten 1942. Da stand er plötzlich braungebrannt an unserem Gartentor. Er kam vom Afrika-Feldzug nach Hause. Alle jubelten. Es war eine tolle Überraschung. Dieses Weihnachtsfest war ein wirkliches Freudenfest.«

Leben in Südpommern

Im Mai 1943 verbrachte der Vater einen kurzen Urlaub mit der Mutter in Baden-Baden. Die drei Kinder blieben mit dem Kindermädchen zu Hause. Aus der Zeitung erfuhren die Eltern zu ihrem Entsetzen von einem schweren Bombenangriff auf Stettin. »Uns ist nichts passiert, denn wir wohnten am Stadtrand. Inge, unser Kindermädchen, ist mit uns ans Fenster gegangen, wir sahen die Bomben und das Feuer. Danach gab es weder Wasser noch Strom. Da hat sie uns Kinder gepackt und ist mit uns zu ihrem Vater gefahren, der Bahnwärter auf dem Land war. Dort haben wir gewohnt, bis unsere Eltern uns abholten.«

Das Leben in Stettin wurde immer schwieriger. Deshalb zog die Mutter im Sommer mit Inge und den drei Kindern zu Freunden auf das Gut Rörchen in Südpommern.

»Der Gutsbesitzer war ein Regimentskamerad meines Vaters. Seine Frau war eine enge Freundin meiner Mutter. Diese Frau war sehr großzügig. Sie nahm viele Verwandte, Freundinnen und Bekannte mit ihren Kindern auf, die in einer ähnlichen Situation waren wie wir. Wir lebten dort in Frieden, weitab vom Kriegsgeschehen, hatten genug zu essen und ein Haus voller Kinder. Eigentlich hätte es herrlich sein müssen, aber ich habe mich da nicht wohlgefühlt. Zum einen war ich wahrscheinlich eifersüchtig, weil wir unsere Mutter nicht mehr für uns alleine hatten, denn sie schloss sich sehr eng ihrer Freundin an. Zum anderen hatte ich Sehnsucht nach meinem Vater. Ich fühlte mich allein in diesem großen Haus und seinen vielen Bewohnern. Deshalb habe ich mir einen Fantasiefreund zugelegt. Ich nannte ihn Peter Made. Ihm passierte immer genau das, was mir auch geschah. Als bei uns der Stier ausbrach, riss sich auch bei ihm ein Stier los, wenn ich mir das Knie aufschlug, fiel auch er hin.

Mein Bruder ging in die Dorfschule. Auf dem Heimweg lauerten ihm oft die Dorfkinder auf und haben ihn verdroschen. Ich wurde dort im Herbst 1944 eingeschult. Diese schreckliche Schule hat mein Unwohlsein in Rörchen nur verstärkt.«

Die Männer kommen und verschwinden
Im Gutshaus lebten nur Frauen mit ihren Kindern. Gelegentlich kam einer der Ehemänner oder männlichen Verwandten für einen kurzen Fronturlaub zu Besuch.

Wolf-Elmar und Brigitte mit ihrem Vater in Stettin | 1942

»Wenn einer der Männer kam, herrschte ein hysterischer Jubel. Sie wurden begrüßt wie die heimkehrenden Kämpfer der *Ilias*. Nach wenigen Tagen verschwanden diese Männer in Uniform wieder. Die Frauen blieben in Angst und Sorge um sie zurück. Es kam auch ein 18-jähriger Soldat zu Besuch, ein Verwandter der Gutsbesitzerin. Ich himmelte ihn an. Einige Zeit später bekam ich aus den Gesprächen der Erwachsenen mit, dass er gefallen war. Es herrschte eine merkwürdige, bedrückende Atmosphäre zwischen Bangen und Hoffen auf das nächste Lebenszeichen.

Ich erinnere mich nicht, in dieser Zeit Angst gehabt zu haben. Aber ich habe viel geweint. Denn ich vermisste meinen Vater. Ich fand es auch nicht normal, dass der Großvater, den ich sehr liebte, nicht da war.«

Fremdarbeiter
Geschätzt elf bis 13 Millionen Zwangsarbeiter, auch Fremdarbeiter genannt, arbeiteten während des Krieges im Deutschen Reich und in den besetzten Gebieten. Dabei handelte es sich um Zivilisten, Kriegsgefangene und KZ-Häftlinge. Sie ersetzten die Männer an der Front. Während Zivilisten teilweise anständig behandelt wurden und einen geringen Lohn erhielten, galt für die KZ-Häftlinge die Nazi-Devise: »Vernichtung durch Arbeit«.

Die einzigen, ständig auf dem Hof lebenden Männer waren Fremdarbeiter. »Felix, den polnischen Gärtner, liebte ich besonders und tippelte immer hinter ihm her. Er war ein bisschen der Vaterersatz für mich.«

Flucht aus Pommern

Im Januar 1945 rückte die Rote Armee nach Deutschland vor. Die Gutsbesitzerin wollte den Hof und die Arbeiter nicht im Stich lassen. Die Mutter wollte bei ihrer Freundin bleiben, aber in einem Brief ermahnte die Großmutter sie, die Kinder in Sicherheit zu bringen. Schweren Herzens fuhr sie mit den drei Kindern und dem Kindermädchen ab.

»Ende Januar brachte uns die Gutsbesitzerin in der Kutsche zur Bahn. Wir stiegen in einen völlig überfüllten Güterwagen und fuhren nach Berlin. Das war die Rettung in der sprichwörtlich letzten Minute. Nur kurze Zeit später waren die Russen in

Brigitte auf Gut Rörchen | 1944

Rörchen und haben die Freundin meiner Mutter ermordet. Wer weiß, ob wir überlebt hätten, wären wir dageblieben.

In Berlin empfing uns Großmutter in ihrer Rotkreuz-Uniform am Bahnhof. Damit war für mich die Welt wieder in Ordnung. Ich liebte sie heiß und innig, und wenn ich in ihrer Nähe sein konnte, war alles gut. Sie war der Fels in der Brandung. Dabei war Berlin ein einziger Trümmerhaufen. Das Haus meiner Großeltern in Schöneberg war kaum mehr bewohnbar. Meine Großmutter stieg bei Angriffen aufs Dach und warf die Brandbomben herunter. Sie pflegte auch ein gutes Verhältnis zur örtlichen Feuerwehr. Ganz Berlin brannte, aber die kamen immer zu ihr zum Löschen. Trotzdem war das Haus weitgehend zerstört. Dort konnten wir nicht bleiben.«

Großangriff auf Halberstadt

Die Familie fuhr deshalb nach einigen Tagen weiter zur Schwägerin der Großmutter, die mit ihrem Sohn in Halberstadt lebte. Denn die mittelalterliche Kleinstadt im nördlichen Harzvorland war ihrer Meinung nach sicher.

»Das ist die Ironie der Geschichte. Wir fühlten uns sicher, stattdessen fuhren wir direkt ins Inferno. Unsere Tante hatte eine kleine Wohnung am Stadtrand von Halberstadt. Ich erinnere noch, dass meine Großmutter eines Tages einen Kuchen aufgetrieben hatte. Kaum stand er auf dem Tisch, fiel eine Bombe in der Nähe. Die Fensterscheiben flogen ins Zimmer. Die Frauen klaubten seelenruhig die Scherben aus dem Kuchen. Dann wurde gegessen. Sie hatten die Einstellung: Schlimmer kann es nicht mehr kommen. Als ob meine Mutter eine Ahnung gehabt hätte, schickte sie meinen Bruder und mich nicht in die Schule. Sie wollte nicht, dass wir in die Innenstadt gehen.

Wie Recht sie hatte, zeigte sich am 8. April. Mitten am Tag begann der Großangriff auf Halberstadt. Wir rannten alle zu einem nahe gelegenen Bierlokal, denn das hatte einen großen Keller. Auf dem Weg kamen wir an einem Lastwagen vorbei, der von einer Bombe getroffen war. Die Leute lagen sterbend auf der Straße. In der Nähe war ein Lazarett, das war auch getroffen. Man trug die zum zweiten Mal verwundeten Soldaten hinaus. Sie lagen stöhnend und schreiend vor Schmerzen auf ihren Tragen. Mein älterer Bruder war mit unserem Cousin vorausgerannt. Als der Bombenhagel immer stärker wurde, flüchteten sie in irgendeinen Keller. Aber mein Bruder wollte zu seiner Mutter. Das hat den beiden Jungen das Leben gerettet. Im Keller wären sie umgekommen.«

Die Familie stürzte in letzter Minute in den Bierkeller. Als der Angriff vorüber war, war Halberstadt vollkommen zerstört, das Haus der Tante hatte kein Dach mehr.

Rettung auf der Landstraße

Jetzt gab es für die Familie nur noch einen Zufluchtsort: das Haus der Urgroßmutter in Wernigerode. Aber der Hauptbahnhof war zerstört, es fuhren keine Züge mehr. Die Großmutter nahm deshalb mit ihren Enkeln eine Bummelbahn vom unversehrten Harzbahnhof.

»Die ganze Stadt lag in Schutt und Asche, aber der Zug fuhr pünktlich auf die Minute ab. Wir fuhren bis nach Blankenburg und kamen dort bei Verwandten unter. Meine Mutter und meine Tante packten noch die verbliebenen Habseligkeiten in der Wohnung ein und kamen dann nach.«

Von Blankenburg aus gab es keinerlei Transportmöglichkeiten nach Wernigerode. Die Mutter zögerte, knapp zwanzig Kilometer mit drei kleinen Kindern zu Fuß zu gehen. Denn auf den Landstraßen wimmelte es von Flüchtlingen, Ausgebombten und Soldaten mit allem Kriegsgerät, die vor den heranrückenden US-Truppen zurückwichen. Trotzdem marschierten sie los. Unterwegs hielt plötzlich ein Kübelwagen der Wehrmacht neben ihnen. Darin saß der Vater. »Wir haben es damals als Wunder betrachtet, dass mitten in der größten Not mein Vater erschien und uns rettete.«

Die Geschwister Wolf-Elmar und Brigitte in Wernigerode | 1947

Der Vater war mit seiner Truppe von den Amerikanern vom Rhein bis in den Südharz getrieben worden. »Als er vom Angriff auf Halberstadt hörte, erbat er zwei Tage Urlaub und fuhr nach Wernigerode, um dort nach uns zu suchen. Weil wir nicht dort waren, fuhr er nach Halberstadt und fand an der Tür des zerstörten Hauses unsere Nachricht: *Wir sind in Blankenburg.*

Er fuhr uns und unser Gepäck in zwei Fuhren nach Wernigerode. Meine alte Urgroßmutter war sehr erstaunt, als plötzlich ihre ganze Familie zur Tür hereinquoll. ›Kinderchen, was macht ihr denn hier?‹, fragte sie und nahm uns liebevoll auf.

Aber auf die Freude, meinen Vater so unverhofft wiederzusehen, folgte am nächsten Tag der Abschiedsschmerz, denn er musste zu seiner Truppe zurück. Der Krieg ging seinem Ende entgegen.

>»Mit meinem jüngeren Bruder habe ich damals oft Vater, Mutter, Kind gespielt. Ich war die Mutter und er war der Sohn. Der Vater fehlte. Er war immer verreist. So spiegelte sich unsere Lebenswirklichkeit in unseren Spielen.«

BRIGITTE TREUMANN | 2. FEBRUAR 2012

Meine Mutter war völlig außer sich vor Sorge und Kummer um ihn. Das war das einzige Mal, dass ich sie verzweifelt habe weinen sehen. Meine Großmutter sprach mit ihr: ›Nimm dich zusammen, du hast drei Kinder, um die musst du dich kümmern.‹ Dabei hatte sie selbst auch große Sorgen. Ihr Mann und einer ihrer Söhne waren ebenfalls irgendwo an der Front, ihr zweiter Sohn war vermisst. Ich denke, wir Kinder waren einerseits eine Last für die Erwachsenen, denn es war bei der schweren Lage nicht leicht, uns zu versorgen. Andererseits waren wir ein Grund, sich nicht völlig dem Schmerz hinzugeben, sondern weiterzumachen, auf eine bessere Zukunft zu hoffen.«

Der Vater wurde zwei Tage nach seiner Abreise von den Amerikanern gefangen genommen.

Wernigerode: eine Oase

Das Haus der Urgroßmutter hatte einen großen Garten. Die Frauen gruben ihn um und bauten Obst und Gemüse an.

»Die Versorgung mit Lebensmitteln war sehr schwierig. Wir standen ganze Nächte abwechselnd beim Pferdemetzger an, denn da gab es die doppelte Ration auf Fleischmarken. Wir hatten ständig Hunger. Mein älterer Bruder klaute Birnen vom Baum, die genau abgezählt waren, das gab Ärger.

Mein jüngerer Bruder kletterte in den Pflaumenbaum, um heimlich zu naschen. Wir sind in den Harz gefahren und haben Holz geschlagen. Jeder bekam ein Kontingent, das konnten wir dort holen.

Ich habe mich in Wernigerode völlig sicher gefühlt. Auch als die Amerikaner abrückten und das Gebiet den Sowjets übergaben. Der Einzug der Russen ging, soweit ich mich erinnere, zivilisiert vonstatten. Es waren ja nicht mehr die Kampftruppen, sondern Besatzungssoldaten. Die waren abgeschirmt von uns. Einmal lag ein betrunkener Soldat im Straßengraben, aber sonst habe ich kaum einen Russen gesehen.

Wir lebten nun in der Sowjetzone. Von unserem Vater, dem Onkel und dem Großvater gab es monatelang kein Lebenszeichen. Die entsetzlichen Hungerwinter standen bevor. Aber ich habe von den Ängsten und Sorgen der Erwachsenen wenig mitbekommen. Dazu war ich mit meinen sieben Jahren noch zu klein. Außerdem ist man als Kind mit sich selbst beschäftigt. Ich ging wieder in die Schule, nachmittags habe ich Hausaufgaben gemacht und mit meinen Brüdern und meinen Freundinnen gespielt. Im Winter sind wir im Harz rodeln gewesen. Für mich war das Haus in Wernigerode ein Paradies. Es empfing uns wie eine Oase den müden Wanderer.«

Ein Lebenszeichen vom Vater

»Nur ein Kummer blieb: Ich vermisste meinen Vater.« Dass er in Gefangenschaft war, erfuhr die Familie nach Monaten der Ungewissheit über Umwege. Ein Briefwechsel war erst ab Januar 1946 möglich, zunächst über Verwandte, die in Göttingen in der englischen Zone lebten, da die Post nicht von der amerikanischen in die sowjetische Zone gelangte.

»Seine Briefe waren ein Fest. Er schrieb natürlich meistens an unsere Mutter, sie las uns dann vor. Aber er schrieb auch an uns. Er schrieb so liebevoll, nahm so viel Anteil an unserem Leben, ging auf uns ein, auf unsere kleinen und großen Nöte und Freuden. Dadurch war er für mich ganz lebendig. Es schien trotz der langen Trennung eine durchgängige enge Verbindung zwischen uns Kindern und dem Vater zu bestehen.«

Der Vater kam Anfang 1947 in ein Lager der *Historical Division* der amerikanischen Armee, wo er mit anderen Offizieren den Verlauf des Krieges dokumentierte. Dort war er sehr viel freier und bekam gegen Ehrenwort sogar Urlaub, um seine Frau zu treffen. Allerdings musste sie die gefährliche Reise zu ihm auf sich nehmen. Denn er konnte nicht in die sowjetische Zone reisen.

Es war auch möglich, den Vater im Lager zu besuchen. Mit der Mutter fuhren die Kinder einmal hin. »Wir gingen über die Grenze, was streng verboten war, aber sie war damals noch durchlässig. Die Russen haben zwar aufgepasst, aber es war möglich, durch den Wald zu schleichen.«

Mitten in der Nacht gehen sie los. Sie haben es schon fast geschafft, da tritt plötzlich ein junger russischer Soldat hinter einem Baum hervor. Die Mutter fürchtet das Schlimmste, denn was sie nachts mit zwei kleinen Kindern in der Nähe der Grenze macht, ist offensichtlich. Der zwölfjährige Wolf-Elmar hat in der Schule bereits Russischunterricht. Er stellt sich schützend vor Mutter und Schwester und erklärt mit seinen paar Brocken Russisch: ›Wir wollen zu Papa.‹ Darauf dreht sich der Russe um. Als die Mutter sich bei ihm mit einer Zigarette bedanken will, winkt er ab. ›Frau, du gehen.‹ So erreichen sie sicher die englische Zone. Dort besorgen sie sich falsche Papiere, um in die amerikanische Zone zu kommen.

Das lang ersehnte Wiedersehen

Im Januar 1948 sollte der Vater aus der Gefangenschaft entlassen werden. Um nicht noch ein Weihnachtsfest getrennt zu verleben, bat er die Amerikaner, seine Familie für einige Wochen im Lager aufnehmen zu können. Die Bitte wurde gewährt.

»Tante Lötti brachte uns drei Kinder über die Grenze. Die Erwachsenen wussten inzwischen durch viele Schmuggelgänge, wo und wann die russischen Grenzpatrouillen aufpassten. Es ist ein nebliger Novembertag. Wir müssen über eine Brücke. Da steht ein Wachhäuschen der Russen. Die Brücke ist die Grenze. Vor uns, auf der englischen Seite, liegt eine Allee. Plötzlich sehe ich aus der Ferne eine hohe Gestalt in einem abgewetzten alten Militärmantel auf uns zukommen. Mein Vater! Ohne an die Gefahr zu denken, reiße ich mich von Tante Löttis Hand los, renne und werfe mich ihm in die Arme.«

Der Vater fährt mit den Kindern ins Lager. Die Mutter schmuggelt noch Gepäck und Möbel zu einem Bauern in die englische Zone, dann kommt auch sie. Die Familie ist wiedervereint.

Das erste gemeinsame Weihnachten im Gefangenenlager | 1947

»Wir hatten im Lager eine wunderbare Zeit. Endlich waren wir wieder zusammen. Die amerikanischen Soldaten schenkten uns Süßigkeiten. Weihnachten war ein rauschendes Fest. Es gab ungeheure Mengen zu essen. Nach den Hungerjahren haben wir uns total überfressen, eine solche Fülle an Lebensmitteln waren wir ja nicht mehr gewöhnt. Mein kleiner Bruder biss in eine Apfelsine, ohne sie zu schälen. Denn so etwas Exotisches kannten wir nicht. Das war das Ende einer Ära. Aber auch der Anfang von einem sehr schwierigen Jahr, das vor uns lag.«

Der schwere Neubeginn

Die Familie bezog zwei Dachkammern in einem Haus in Schäftlarn, südlich von München.

»Natürlich waren die Freude und die Dankbarkeit riesengroß, dass wir wieder als Familie zusammenlebten. Aber wir führten die jämmerlichste, ärmste Existenz. Die Realität war grimmig. Mein Vater hatte zunächst keine Arbeit, meine Mutter war schwanger. Beide wurden krank. Die Zimmer waren winzig, die sanitären Anlagen ließen mehr als zu wünschen übrig. Es war ein einziges Elend. Der evangelische Pfarrer im Nachbarort rief im Gottesdienst auf, der Flüchtlingsfamilie zu helfen. Da kam eine Frau und unterstützte meine Mutter im Haushalt.

Im Nachhinein weiß ich, dass meine Eltern unter einem irrsinnigen Stress standen und wahrscheinlich beide eine Art inneren Zusammenbruch hatten. Sie wussten nicht, wie es weitergehen sollte, wie und womit sie ihre Kinder ernähren sollten. Außerdem waren sie sicherlich total erschüttert durch alles, was sie mitgemacht hatten. Dazu mussten sie den Abstieg aus einer großbürgerlichen Existenz in bitterste Armut verkraften. Meinem Vater sind unsere primitiven Lebensumstände wahnsinnig auf die Nerven gegangen. Es war für alle schwierig. Mein Vater hatte jahrelang ohne Familie in einer reinen Männerwelt gelebt. Er musste sich erst wieder an ein Leben mit Frau und Kindern gewöhnen. Und für uns Kinder, vor allem für meinen älteren Bruder, war es nicht einfach, dass plötzlich der Vater da war und seinen Platz als Familienoberhaupt beanspruchte. Da gab es oft Reibereien. So war es eine merkwürdige Zeit von gleichzeitig großem Glück und großer Not.«

Die Familie findet wieder zusammen

Die Lage besserte sich, als der Vater eine Anstellung bei einer Bank in München fand.

»Jeden Morgen fuhr er in die zerbombte Stadt. Dann kam die Währungsreform und es gab wieder etwas zu kaufen in den Läden. Unser Leben normalisierte sich, als wir 1949 nach München zogen. Allmählich verbesserte sich auch unsere materielle Situation. Trotzdem waren wir immer noch arm wie die Kirchenmäuse. Zu meinem elften Geburtstag war die Unterhaltung für meine Freundinnen und mich, dass mein Vater uns aus dem *Doppelten Lottchen* von Erich Kästner vorlas. Wir fanden das alle wunderbar. Wir waren eben nicht verwöhnt. Heute würden sich Kinder mit so einem Unterhaltungsangebot nicht mehr zufriedengeben.«

Als Brigitte in München in die Schule kam, traf sie auf viele Klassenkameradinnen, deren Väter gefallen waren.

»Da habe ich begriffen, was für ein riesiges Glück wir gehabt hatten. Abgesehen von einem Gehörschaden war Vater gesund zurückgekommen. Er hätte fallen oder schwer verwundet sein können. Als Kind nimmt man ja die Umstände als gegeben hin. Erst durch das Schicksal der anderen Kinder wurde mir damals bewusst, dass es nicht selbstverständlich war, ihn wiederzuhaben. Ich hing dann noch mehr an ihm und habe das Zusammensein mit ihm ganz bewusst genossen.

Währungsreform

Die D-Mark wurde am 20. Juni 1948 in den drei westlichen Besatzungszonen eingeführt. Jeder erhielt zunächst 40 D-Mark in bar. Mit der neuen kaufkräftigen Währung füllten sich die Läden wieder. Die Währungsreform gilt als der Beginn des Wirtschaftswunders in der Bundesrepublik.

Meine Mutter war manchmal ungeduldig. Mein Vater hatte mehr innere Ruhe. Ich konnte stundenlang mit ihm im Park spazieren gehen und über alles reden, was mein Kinderherz bewegte. Es war ihm nie langweilig und mir auch nicht. Er hat die Rolle des Vaters voll und ganz angenommen.

Ich sehe es als das große Verdienst meiner Eltern, dass unsere Familie nicht nur wieder zusammenwuchs, sondern auch eine sehr eng verbandelte Familie wurde. Natürlich ging das nicht ohne Reibungen und Konflikte, aber die Liebe und innere Bindung zwischen den beiden war so stark, dass sie es gemeinsam geschafft haben. Für sich selbst als Ehepaar, aber auch als Eltern mit uns Kindern. Das war eine große menschliche Leistung von beiden. Ich sehe das als beachtlichen Erfolg.«

Taufe des jüngsten Bruders im Oktober in Schäftlarn | 1948

Brigitte Treumann

Von einer behüteten, sorgenfreien
Kindheit konnte im Krieg und in den
Nachkriegsjahren keine Rede sein.
Brigitte Treumann erinnert sich
an ständige Abschiede und eine
unstete Existenz, die ihre Spuren
hinterlassen hat.

Brigitte Treumann | Februar 2012

Wie haben Sie als Kind das kriegsbedingte Chaos erlebt?

BT – Meine Kindheit war geprägt von den vielen Um-zügen. Kaum hatten wir uns irgendwo eingelebt, mussten wir wieder weiterziehen. Und das waren ja keine gemütlichen, organisierten Umzüge. Wir flohen immer wieder unter Lebensgefahr. Kaum waren wir an einem Ort, der uns etwas Schutz bot, wie eine Oase auf einer entbehrungsreichen Wanderschaft voller Katastrophen, ging es wieder weiter.

War es schwierig, immer wieder an einen neuen Ort zu kommen?

BT – Die meisten Schwierigkeiten ergaben sich für mich aus den häufigen Schulwechseln. Ich kam auf irgendeine schreckliche Dorfschule, dann ging ich monatelang nicht zur Schule, dann kam die nächste furchtbare Dorfschule. Wenn ich über meine Grund-schuljahre nachdenke, ist es ein Wunder, dass ich keine Analphabetin bin.

Was war für Sie als Kind in dieser Zeit das Schlimmste?

BT – Ich habe sehr unter den ständigen Abschieden gelitten. Immer wieder musste ich mich von Men-schen verabschieden, die ich liebte, ohne zu wissen, ob ich sie je wiedersehe. Die Gefahr zu sterben war damals für alle groß, nicht nur für die männlichen Ver-wandten an der Front. Selbst das Wiedersehen mit meinem Vater in der amerikanischen Zone war mit einem schweren Abschied verbunden. Denn meine innig geliebte Großmutter blieb zunächst in Wernige-rode in der Sowjetzone. Es war entsetzlich für mich, sie zurückzulassen. Mit Abschieden umgehen zu kön-nen ist für mich ein Lebensthema geworden.

Wie war es, als protestantisches, norddeutsches Flüchtlingskind im katholischen Bayern zu leben?

BT – Wir kamen in einen winzigen Ort mit einer großen Benediktinerabtei. Mein älterer Bruder und ich fanden die katholischen Riten sehr seltsam und haben sie nachgemacht. Wenn keiner guckte, haben wir uns auch hingekniet und bekreuzigt. Aber das war lustig und exotisch.

Die Katastrophe war, dass wir auf die Dorfschule gehen mussten. Auf dem Mars hätte ich es nicht merkwürdiger gefunden. Lehrer und Kinder sprachen Dialekt, und ich habe kein Wort verstanden. Mein Lehrer war ein fürchterlicher Mensch, der Freude daran hatte, mich zu quälen. Er rief mich in der Klasse nach vorne. Dann hat er ein Wort gesagt und mich aufgefordert: ›Jetzt sag du es. Wir wollen hören, wie die Saupreußen das aussprechen.‹ Ich stand mit meinen zehn Jahren wie versteinert vor der Klasse.

Wie haben Sie die ständigen Wechsel verkraftet?

BT – Ich habe früh gelernt, mich auf mich selbst zu verlassen und unabhängig zu sein. Meine Eltern haben mir auch viel zugetraut. Als anämisches, dünnes Kind haben sie mich 1948 für drei Monate zu einer ehemaligen Lehrerin meiner Mutter in die Schweiz geschickt. Dort sollte ich aufgepäppelt werden. Mein Vater hat mich im total zertrümmerten Münchener Hauptbahnhof in einen Zug gesetzt und dann fuhr ich los. Ich hatte einen Zettel um den Hals, wer ich bin und wohin ich soll. An den Bahnhöfen, an denen ich umsteigen oder übernachten musste, kümmerte sich eine Rotkreuz-Schwester um mich. Aber ansonsten war ich Zehnjährige allein unterwegs. Da hätte ja sonst was passieren können. Zum Glück erreichte ich wohlbehalten das Emmental.

Da kam dann der nächste Schock: Ich verstand mal wieder nichts, denn die Bauern, bei denen ich lebte, sprachen natürlich nur Schwyzerdütsch. Aber sie waren so nett mit mir, dass ich bald kein Heimweh mehr hatte und es wunderbar fand, auf ihrem Hof mit den vielen Tieren zu leben. So habe ich neben all dem Schrecken und der Todesangst in den Jahren auch immer wieder sehr positive Erfahrungen gemacht. Ich habe gelernt, dass ich viel Schönes erleben kann, wenn ich unterwegs bin. Meine große Abenteuer- und Reiselust hat sicherlich darin ihren Ursprung.

Hat die Kriegs- und Nachkriegszeit bei Ihnen Spuren hinterlassen?

BT – Es hat sich erst später bei mir ausgewirkt. Solange alles chaotisch, gefährlich und mühsam war, habe ich es gut verkraftet. Der Zusammenbruch, wenn man es so nennen kann, kam bei mir erst später, im Herbst 1949. Damals begann für uns wieder ein normales Leben. Wir hatten in München eine Wohnung. Mein Vater hatte Arbeit gefunden. Es gab wieder ausreichend zu essen. Ich ging regelmäßig zur Schule. Alles war wieder in Ordnung. Und dann brach ich zusammen. Ich war monatelang ständig krank. Diese pausenlosen Wechsel, diese ständigen Veränderungen waren einfach zu viel. Innerhalb eines Jahres war ich erst behütet bei der Großmutter in Wernigerode, dann im Gefangenenlager, danach in Bayern auf dem Dorf und dann auch noch in der Schweiz. Jedes Mal musste ich mich als kleines Kind zurechtfinden. Da muss man schon ein sehr starkes Naturell haben, um das ohne Knacks zu überstehen. Ich hatte wahrscheinlich einen und der machte sich ein Jahr später bemerkbar.

Wenn ich bedenke, wie behütet Kinder heute aufwachsen. Über jeden Schritt wachen die Eltern, damit ja nichts passiert. Und dann überlege ich, was uns Kindern durch die Umstände damals zugemutet wurde. Es ist ein Wunder, dass wir seelisch halbwegs intakt unsere Kindheit überstanden haben.

Starke Frauen

Barbara Müseler in Berlin

In den Kriegs- und Nachkriegsjahren waren die Frauen auf sich gestellt. Ihre Männer, Väter, Brüder und Onkel waren an der Front, und wenn sie das Glück hatten zu überleben, anschließend zum Teil jahrelang in der Gefangenschaft. In dieser Zeit mussten Mütter sich und ihre Kinder allein durchbringen. Und das unter widrigsten Bedingungen: im Bombenhagel, auf der Flucht, in den Ruinen der Städte oder in Notunterkünften auf dem Land. Die Lebensmittelversorgung war katastrophal, es gab kaum Heizmaterial im Winter. Viele hatten alles Hab und Gut verloren und nur das nackte Leben gerettet. In dieser schweren Stunde haben die Frauen bewiesen, welche Kraft in ihnen steckt. Sie haben als Trümmerfrauen die Ruinen beseitigt, jeden Job angenommen, sich unter teilweise primitivsten Umständen zurechtgefunden und ihre Kinder erzogen, denen sie Vater und Mutter in einem sein mussten. Wenn es darauf ankam, haben sie, um das Leben ihrer Kinder zu sichern, geschmuggelt, gelogen und gestohlen, oder, wie man es damals nannte, etwas »organisiert«. Mit ihrer Energie und ihrem Pragmatismus haben sie für ihre Kinder wieder einen halbwegs normalen Alltag geschaffen und einen Neuanfang nach dem Krieg ermöglicht. Der Beitrag der Frauen am Wiederaufbau des völlig zerstörten Landes und einer moralisch schwer belasteten Nation kann nicht hoch genug eingeschätzt werden.

»Wir sind mit einer starken Müttergeneration aufgewachsen. Diese Frauen hatten die Einstellung: Wir haben keine Zeit, Verlorenem nachzutrauern. Die Kinder müssen in die Schule, sie brauchen etwas zu essen. Wir müssen nach vorne schauen. Sie mussten überleben und haben die unmöglichsten Tätigkeiten gemacht. Mir ist es schon als Kind seltsam erschienen, warum diese tüchtigen Frauen, wenn ihre Männer aus der Gefangenschaft zurückkamen, wieder zurücksteckten und nur noch Hausfrauen waren.«

ELEONORE VON ROTENHAN | 25. AUGUST 2011

»Mein Vater kam zum zweiten Mal aus einem verlorenen Krieg nach Hause. Die Heimkehr war für ihn schwer, denn die Rollen hatten sich vertauscht. Er war arbeitslos, meine Mutter verdiente und war inzwischen selbstständig geworden. Sie hatte jahrelang alles dirigiert. Da kam mein Vater sich das erste halbe Jahr wie das fünfte Rad am Wagen vor.«

THERESE BRABAND | 26. JUNI 2011

»Meine Großmutter Barbara Müseler hat gestanden wie ein Mann, denn die Männer waren nicht da. Aus ihrer großbürgerlichen Existenz in Berlin gerissen, hat sie uns in Wernigerode versorgt. Sie ging in den Harz Bäume fällen, sie sammelte Eicheln im Wald oder schmuggelte Cognac-Flaschen über die Grenze, um sie in der englischen Zone gegen Lebensmittel einzutauschen. Das tat sie völlig selbstverständlich, sie hat sich nie beklagt. Im Gegenteil, sie war der Kraftquell der Familie. Die Frauen, neben meiner Großmutter meine Mutter, meine Tanten und selbst meine alte Urgroßmutter, haben damals ungeheure körperliche und seelische Anstrengungen erbracht, um sich und uns Kindern das Leben zu erhalten. Sie haben es geschafft, dass wir Kinder unseren Alltag für normal hielten, uns keines Mangels bewusst waren. Sie haben die Familie zusammengehalten.

Frauen sind so unglaublich flexibel, so unglaublich willens, sich anzupassen. In solchen Ausnahmesituationen funktionieren sie wahrscheinlich besser als Männer. Männer erscheinen und machen irgendetwas Tolles. Aber es sind die Frauen, die für das tägliche Überleben sorgen, die sich nicht gedemütigt fühlen, wenn sie Ähren lesen müssen oder Kartoffeln klauen, wie es meine Mutter ohne zu zögern tat. Mein Vater wäre gestorben vor Verlegenheit, wenn er das hätte tun müssen. Diese Frauen in meiner Familie sind mir ein ständiger Wegweiser in meinem Leben. Sie sind ein inneres Vorbild, eine Kraftreserve, aus der ich nach den vielen Jahren bis heute schöpfe.«

BRIGITTE TREUMANN | 2. FEBRUAR 2012

Barbara Müseler (links) und Marlotte von Wissmann bei einer Pause vom Holzfällen im Harz | 1947

Lernen in Ruinen

Ab den 1950er-Jahren entwickelte sich die Bundesrepublik zu einer der führenden Wirtschaftsnationen der Welt. Die junge Generation, die wesentlich dazu beitrug, das durch den Krieg völlig zerstörte Land aufzubauen, hatte dafür eigentlich die denkbar schlechtesten Voraussetzungen: Denn für die meisten Kinder war die Schulzeit während des Krieges und in den unmittelbaren Nachkriegsjahren chaotisch und schwierig.

Während des Krieges war im Unterricht ein nationalsozialistisch geprägtes Menschen- und Geschichtsbild gelehrt worden. Auch die Freizeit war von der Partei organisiert. So mussten Jungen ab zehn Jahren Mitglied im *Jungvolk* sein, ab 14 in der *Hitlerjugend*. Die Mädchen waren entsprechend erst im *Jungmädelbund* und danach im *Bund deutscher Mädel* organisiert. In den nationalsozialistischen Organisationen wurden die Kinder und Jugendlichen im Sinne des Regimes beschäftigt und erzogen.

Im Verlauf des Krieges mussten immer mehr Jugendliche die gefallenen Soldaten an der Front ersetzen. Am 25. September 1944 wurden für den *Volkssturm* auch noch 16-jährige Jungen zu den Waffen gerufen. Nach einer kurzen Ausbildung mussten sie gegen erfahrene Kampftruppen in den Krieg ziehen. Die wenigsten überlebten ihren ersten Einsatz. Mädchen wurden zum Ernteeinsatz in der Landwirtschaft kommandiert.

Nach Kriegsende fand eine Auseinandersetzung mit dem Nationalsozialismus im Unterricht kaum statt. Dabei brach für viele Jugendliche, die im Glauben an Hitler und den Nationalsozialismus erzogen worden waren, nach dem Ende des Dritten Reiches ihr Weltbild zusammen. Auch über den Krieg wurde in der Schule selten gesprochen. Dabei hatten die Schüler ihn hautnah miterlebt. Sie hatten während der Bombenangriffe in Kellern und Bunkern gehockt, die Zerstörung ihrer Heimat und den Tod von Verwandten und Freunden erlebt, waren geflohen oder vertrieben worden. Viele hatten nur das nackte Leben gerettet. Jetzt saßen sie in Lumpen, hungrig und im Winter frierend in der Schule. Ein Drittel der Berliner Schüler besaßen keine Schuhe, 20 Prozent aller deutschen Schüler waren nach dem Krieg unterernährt. Um die schlimmste Not zu lindern, führten die Alliierten Schulspeisungen ein, damit die Kinder wenigstens eine warme Mahlzeit am Tag erhielten.

Schulgebäude in den Städten waren zerstört oder als Lazarette beschlagnahmt worden. Der Unterricht fand in Ruinen oder Notunterkünften statt. Die Klassen waren wegen der vielen Flüchtlingskinder völlig überfüllt. 50 Schüler in einer Klasse waren keine Seltenheit. Es gab kaum Lehrmaterial, da die meisten Schulbibliotheken verbrannt oder geplündert waren. Viele der noch vorhandenen Bücher durften wegen ihrer nationalsozialistischen Inhalte nicht mehr verwendet werden. Wegen der Papierknappheit gab es keine Schulhefte. Die Schüler schrieben ihre Hausaufgaben auf Zeitungspapier und Zettel.

Dazu hatten die meisten große Wissenslücken. Denn während des Krieges war der Schulbesuch immer wieder wegen Bomben- oder Fliegeralarm unterbrochen und im Chaos des Kriegsendes ganz eingestellt worden. Die Flüchtlingskinder hatten monatelang keine Schule besuchen können. Viele Lehrer waren gefallen. Der Lehrermangel wurde noch verstärkt, weil die meisten überlebenden Lehrer wegen ihrer Parteizugehörigkeit zunächst Berufsverbot erhielten.

Diejenigen, die während des Krieges ein Notabitur gemacht und dann als Soldaten eingezogen worden waren, mussten die Abiturprüfungen wiederholen. Ihr Abschluss wurde nicht anerkannt.

In den Schulen und Universitäten saßen Kinder und Jugendliche, die Dinge erlitten und gesehen hatten, die kein Mensch, erst recht kein Kind erleben sollte. Aber eine Aufarbeitung der Vergangenheit fand im Unterricht nicht statt. Sie wurde konsequent verdrängt.

Einschulung | 1941

1932	Geburt in Marburg
1947	Mittlere Reife
1949–1952	Ausbildung als Anwalts- und Notariatsgehilfin
1953–1956	tätig in der Pharmaindustrie
1956–1969	Geschäftsführerin der Evangelischen Studentengemeinde Hamburg
1969–1973	Aufbau ZVS für die Rektorenkonferenz
1973–1975	Mitarbeit bei der ZVS
1975–1992	Stellv. Leiterin des akademischen Auslandsamtes (Univ. Stuttgart)

Renate Pfeiffer   Chaotische Schuljahre

Der Krieg und die schwierigen Umstände in der Nachkriegszeit haben verhindert, dass Renate Pfeiffer Abitur machen und studieren konnte.

»Die Lehrer waren an der Front und wurden durch Aushilfen ersetzt, es gab keine Hefte, keine Schulbücher, die Schule war immer wieder über Monate unterbrochen. Viel lernen konnte man unter den Umständen nicht. Im Grunde ist es ein Wunder, dass meine Generation, die in dieser wahnsinnigen Zeit zur Schule ging, überhaupt Lesen und Schreiben gelernt hat.«

In der Volksschule
Die Familie lebte in Kirchhain in der Nähe von Marburg. Als Renate in die Schule kam, hatte der Zweite Weltkrieg bereits begonnen. Die Lehrer und der Schuldirektor waren als Soldaten eingezogen worden. Die Kinder wurden von Lehrern unterrichtet, die pensioniert oder wehruntauglich waren, sowie von Hilfskräften.

»Mein erster Lehrer war ein alter Mann. Wir hockten in den Bänken, und er saß vorn und brüllte uns vom Katheder aus an. Mein erster Eindruck von der Schule war, dass das etwas ganz Schreckliches ist. Danach hatten wir eine Lehrerin, die wird so um die 60 Jahre alt gewesen sein. Sie hatte die merkwürdigsten Allüren, kontrollierte, ob wir saubere Unterwäsche trugen und wie unser Pausenbrot belegt war. Einmal in der Woche wurde die ganze Klasse von ihr verhauen. Wir mussten uns auf den Tisch legen und dann schlug sie mit einem Peitschenstiel zu. Es war einfach nur grauenhaft und gelernt habe ich bei den beiden so gut wie nichts. Zum Glück hatte ich zu Hause eine heile Welt und liebevolle Eltern. Ich weiß nicht, wie ich ohne diesen Ausgleich sonst die Schule überstanden hätte. Für zwei Jahre hatten wir dann Unterricht bei einem jungen Mädchen, das weder eine höhere Schulbildung noch ein Studium absolviert hatte. Bei ihr haben wir auch kaum etwas gelernt.

Danach hatten wir eine Hausfrau als Lehrerin. Sie war die Mutter einer Freundin und sehr nett. Sie hat mir dann auch bestätigt, dass ich die Reife zur Höheren Schule hatte.«

Nationalsozialistische Erziehung

Die Schüler mussten morgens vor dem Unterricht auf dem Schulhof zum Fahnenappell antreten. »Wir haben Nazi-Lieder wie das Horst-Wessel-Lied gesungen und mussten die Hand zum sogenannten deutschen Gruß heben. Erst danach begann der Schultag.«

Im Geschichtsunterricht lernten die Kinder nur das, was in das nationalsozialistische Geschichtsbild passte. »Wir hörten von den alten Germanen, Friedrich der Große war auch erlaubt, und dann natürlich alles über Adolf Hitler, Horst Wessel und den Hitlerjungen Quex. Wir hatten ein Geschichtsbuch, das so komprimiert war. Andere historische Themen gab es nicht.«

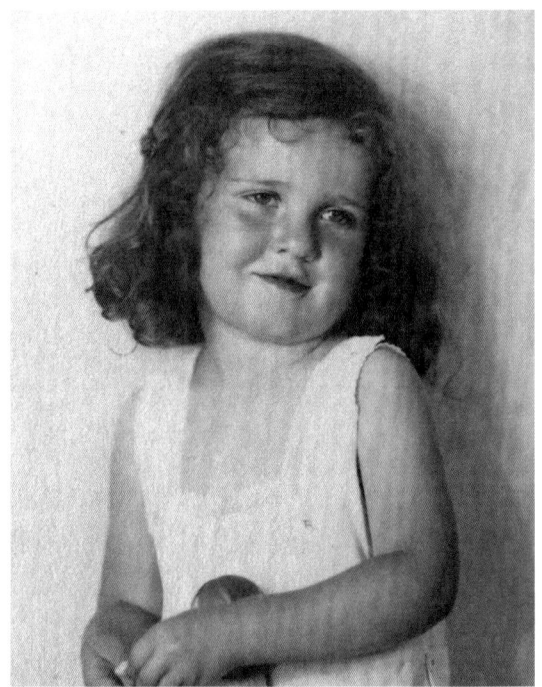

Renate Pfeiffer mit drei Jahren

Ab dem zehnten Lebensjahr erhielten die Schüler eine nationalsozialistische Erziehung. Auch Renate Pfeiffer musste zum Jungmädelbund.

»In unserer Kleinstadt wurde das sehr ernst genommen. Wir mussten zweimal die Woche zum Dienst, der bestand aus Informationsstunden. Da ging es natürlich immer um Adolf Hitler, außerdem mussten wir viel marschieren. Weil ich die Einzige in meiner Klasse war, die zur Höheren Schule gehen sollte, wurde ich Führer-Anwärterin im Jungmädelbund. Es war Winter und sehr kalt. Wir sollten im Schnee auf dem Schulhof marschieren und uns dann hinlegen und wieder aufstehen. Weil ich nicht mitgemacht habe, wurde ich als Vaterlandsverräterin beschimpft und sofort degradiert. Aus war es mit Führer-Anwärterin. Meine ein Jahr ältere Schwester, die auch Führer-Anwärterin war, erzählte zu Hause empört, dass ich mich ganz schlecht verhalten hatte. Meine Mutter hat das lächelnd hingenommen. Sie hat dazu nichts gesagt. Das war klug, denn so kleine Mädchen konnte sie nicht politisch aufklären. Die Gefahr war viel zu groß, dass wir in der Schule etwas ausplauderten.«

Die Mutter sorgte aber dafür, dass Renate so wenig wie möglich zum Dienst beim Jungmädelbund gehen musste. Da sie vier Kinder hatte, galt sie als kinderreich. Damit war es erlaubt, für die Tochter Entschuldigungen zu schreiben, weil sie zu Hause helfen müsse.

Beschuss auf dem Schulweg

1942 beendete Renate die Volksschule. Da es in Kirchhain kein Gymnasium gab, fuhren sie und ihre ältere Schwester mit dem Zug nach Marburg zur Schule.

»Das erste Jahr war noch ziemlich normal. Aber dann spürten wir den Krieg immer deutlicher. Es fuhren keine Personenwagen mehr, sondern nur noch Güterwagen. Mit Röcken konnten wir nicht in diese Viehwaggons steigen. Deshalb nähte meine Mutter uns Skihosen.«

Trotz der warmen Hosen kamen die Schwestern im Winter völlig durchgefroren in Marburg an. Die Fahrt war nicht ungefährlich. »Wenn Tiefflieger kamen, hielt der Zug, wir sprangen raus und legten uns in den Graben. Dann schoss es. Irgendwann fuhr der Zug dann wieder weiter. Aber es konnte auch passieren, dass wir Fahrschüler deshalb nicht nach Marburg kamen.«

Ein normaler Unterricht war kaum mehr möglich. Ein Teil des Schulgebäudes war zum Lazarett umfunktioniert worden. Bei Bombenalarm mussten die Schüler das Gebäude verlassen und in umliegende Häuser flüchten, da die Keller der Schule nicht genügend Schutz boten. »Marburg ist nicht viel bombardiert worden. Aber bei einem Bombenangriff ist ausgerechnet meine Lieblingslehrerin getötet worden.«

Der Schulweg wird zu gefährlich

Im Laufe des Krieges wurde es für Renate und ihre Schwester immer schwieriger, zur Schule zu fahren.

»Wenn Züge fuhren, waren sie mit Militär belegt. Da durften wir nicht mitfahren. Dann wurde einer unserer Lehrer, der auch in Kirchhain lebte und nach Marburg pendelte, bei einem Angriff auf unseren Zug sehr schwer verwundet. Da hat meine Mutter uns nicht mehr fahren lassen. Der Schulweg war zu gefährlich. So sind wir ab 1944 nicht mehr aufs Gymnasium gegangen.«

Die Schwestern besuchten stattdessen die Hauptschule in Kirchhain. »Mein Lehrer war ein grässlicher Nazi, der hat nur über Hitler unterrichtet und wie wunderbar der Führer ist. Ich habe diese Schule überhaupt nicht ernst genommen. Denn eigentlich war es völlig sinnlos hinzugehen.

Aufmarsch des Bundes Deutscher Mädel | 1935

Lesen, Schreiben und Rechnen hätte ich zu Hause sicherlich besser gelernt.

Sonntags mussten wir Schüler zur Jugendfilmstunde, das war Pflicht. Uns wurden Heimatfilme gezeigt oder Durchhaltefilme mit Zarah Leander. Dieser Dienst ging um 9.30 Uhr los. Um 11 Uhr begann aber der Kindergottesdienst und meine Mutter verlangte, dass wir in die Kirche gingen. Das war für meine Schwester und mich nicht einfach. Denn zum einen mussten wir mitten im Film gehen, wenn es gerade besonders spannend war, zum anderen waren wir die Einzigen, die gingen.«

Die Schwestern mussten aber nur ein Jahr in die Hauptschule. »1945 gab es keine Schule mehr.«

Wieder auf dem Gymnasium

Der Unterricht im Gymnasium begann erst wieder 1946, wenn auch unregelmäßig. Da das Schulgebäude immer noch als Lazarett genutzt wurde, mussten die Klassen auf Räume der Universität ausweichen.

»Wir hatten Unterricht im Hörsaal der Anatomie, solange die Studenten fehlten, denn von denen waren viele gefallen oder in Gefangenschaft. Wir versammelten uns vor dem Gebäude. Dann kam ein Hausmeister und begleitete uns in den Hörsaal. Er hat aufgepasst, dass wir unterwegs keine Leichen in Formaldehyd oder andere furchtbare Sachen sahen.

Ich kann mich nicht erinnern, ob unsere Lehrer überzeugte Nazis gewesen waren. Ich weiß auch nicht mehr, ob sie während der Hitlerzeit das Parteiabzeichen trugen. Aber vielleicht erinnere ich mich auch nur nicht, weil es normal war. So viele trugen das Parteiabzeichen, da hat man nicht mehr darauf geachtet.

Jedenfalls wurde über die Nazi-Herrschaft, die Ermordung der Juden und den ganzen furchtbaren Krieg im Unterricht nicht gesprochen. Stattdessen mussten wir die amerikanische Verfassung auswendig lernen, wir waren ja in der amerikanischen Zone.«

Exkurs: Geschichtsunterricht in der Nachkriegszeit

Eleonore von Rotenhan berichtet: »Über die unmittelbare Vergangenheit, die Geschichte des Dritten Reiches, wurde im Unterricht nie gesprochen. Das zeigte sich in zweierlei Hinsicht: Zum einen haben uns die Lehrer behandelt, als hätten wir Kinder kein Schicksal hinter uns. Bomben, Flucht, gefallene oder gefangene Väter waren kein Thema. Das lag vielleicht daran, dass alle mehr oder weniger das Gleiche erlebt hatten, Lehrer und Schüler. Es war nichts Außergewöhnliches, das alles mitgemacht zu haben. Darum wurde es auch nicht als nötig erachtet, darüber zu sprechen.

Zum anderen waren auch viele Lehrer ideologisch verstrickt. Alle Lehrer waren Mitglieder der NSDAP. Da gab es bestimmt viele, die nicht unter Zwang, sondern aus Überzeugung beigetreten waren. Die hatten natürlich keinerlei Interesse, kritisch über den Natio-

nalsozialismus zu reden. Nach dem Krieg herrschte akuter Lehrermangel, denn viele waren gefallen, in Gefangenschaft oder sie hatten Berufsverbot. Um dem abzuhelfen, konnten nach Artikel 131 Grundgesetz ab Mai 1951 auch belastete Lehrer wieder eingestellt werden. Ich hatte in meiner Abiturklasse so einen ›131er‹ als Geschichtslehrer. Er hat sich gehütet, etwas Antisemitisches oder Nazi-Parolen vor uns auszusprechen. Aber er hat uns ganz offen gesagt: ›Wenn eure Schulzeit zu Ende ist, bin ich mit dem Unterricht am 30. Januar 1933 angekommen. Über das, was danach kam, unterrichte ich euch nicht.‹ Genau so war es auch. Unser Geschichtsunterricht endete mit dem Tag von Hitlers Machtergreifung. Die Auseinandersetzung mit dem Dritten Reich begann für unsere Generation erst mit der Studentenbewegung 1968.«

Hausaufgaben auf Zeitungsrändern

Nach dem Krieg gab es weder Hefte noch Bücher. Die meisten Schulbibliotheken waren zerstört. Lehrmaterialien der Nazis durften nicht mehr verwendet werden. Die Lehrer schrieben den Schulstoff an die Tafel, den die Schüler dann abschreiben oder auswendig lernen mussten. Außerdem herrschte großer Papiermangel. Schulhefte gab es nicht mehr. Die Schüler benutzten die unbedruckten Ränder von Zeitungen, um darauf ihre Hausaufgaben zu schreiben.

»Wir waren in der Situation privilegiert, denn mein Vater hatte in seiner Kanzlei noch Papiervorräte, die konnten wir verwenden. Das waren zwar nur lose Blätter, aber wir waren zufrieden. Damals herrschte ein großer Wissens- und Bildungshunger. Nach all der Zeit wollten wir etwas lernen. Wir freuten uns, dass wir endlich wieder Unterricht hatten.«

Hunger und Sorgen

Aber Renate konnte nur wenige Jahre zur Schule gehen, denn ihre Mutter erkrankte schwer an Krebs und hielt sich oft in Kliniken und Sanatorien auf. Die 15-Jährige musste zu Hause bleiben, um unter schwierigsten Verhältnissen den Haushalt mit sechs Personen zu führen. Die Familie lebte inzwischen in einer Notwohnung bei einem Pastor, da ihr Haus von den Amerikanern beschlagnahmt worden war.

»Wir hatten in dem Pfarrhaus zwei zusammenhängende Zimmer. Eins hatte einen Herd, das war unsere Wohnküche, im anderen schliefen meine Eltern und meine jüngste Schwester. Mein Bruder schlief in einer Rumpelkammer des Pastors, und meine ältere Schwester und ich übernachteten auf dem Dachboden. Der konnte nicht geheizt werden. Im Winter war es so kalt, dass unser Atem auf der Bettdecke gefror. Es gab ein Plumpsklo und im Flur

Kinder stehen vor der Schule zur Essensausgabe an. | 1946

ein eisernes Becken mit einem Wasserhahn. Da die Jauchegrube nicht für so viele Personen ausgelegt war, durften wir das gebrauchte Wasser nicht in dieses Waschbecken schütten, sondern mussten alles – das Badewasser, den Kaffeerest – runter auf die Straße zum Gully tragen.

Wenn am Wochenende gebadet wurde, stellten wir eine Zinkwanne in die Wohnküche. Dann haben wir vom Türpfosten eine Leine gezogen zum Schrank und darüber ein Betttuch gehängt. Dahinter haben wir dann gebadet. Eines Abends sitze ich in der Badewanne. Da klopft es an die Tür und ein Freund meiner Eltern kommt zu Besuch. Ich sitze hinter dem Tuch in der Badewanne und gebe keinen Mucks von mir, keinen Planscher. Meine Eltern lassen sich nichts anmerken und versuchen nur, das Gespräch möglichst schnell zu beenden, damit ich aus der Wanne komme. Es gab schon komische Situationen. Aber insgesamt war es eine schreckliche Zeit, in der wir gehungert und gedarbt haben.«

Das vorzeitige Ende der Schule

Allmählich verbesserten sich die Lebensumstände der Familie. Deshalb beschlossen die Eltern 1950, dass Renate ab September wieder ins Gymnasium gehen sollte, um Abitur zu machen. Aber im August erlitt ihr Vater einen Herzinfarkt und starb. Wieder musste Renate die Schule verlassen. Sie machte eine Lehre, um möglichst schnell Geld zu verdienen.

»Ich habe natürlich sehr bedauert, dass ich nicht mehr zur Schule gehen konnte. Ich habe noch eine Weile versucht mitzuhalten, zu Hause die Schulbücher zu studieren, den Stoff zu lernen, aber das war eine solche Überforderung, das konnte ich nicht lange durchhalten.

So habe ich wegen des Krieges und der schrecklichen Umstände in den Jahren danach kein Abitur machen, nicht studieren können. Meine Mutter starb 1952. Ab da war ich die Alleinverdienerin der Familie.«

Karriere als Autodidaktin

»Ich habe in einem Pharmaunternehmen in Marburg in der Rechnungsabteilung gearbeitet. Das war eine stumpfsinnige Arbeit, aber ich hatte keine Wahl. Meine ältere Schwester machte ihre Ausbildung und verdiente kein Geld, meine sechs Jahre jüngere Schwester ging noch zur Schule. Das Unternehmen hat sich sehr anständig verhalten. Als es von unserer Not erfuhr, hat es meinen Schwestern den Mittagstisch finanziert. Das war eine enorme Hilfe.

Ich habe damals furchtbar unter dem Absturz aus einer gutbürgerlichen Existenz gelitten. Meine Eltern fehlten mir, auch die kulturell anregende Atmosphäre in meinem Elternhaus. Wenn ich abends nach Hause kam, war ich so unglücklich und fertig, dass ich erst eine Stunde Klavier gespielt habe. Die Musik hat mich dann wieder aufgebaut.

Ich war froh, als mir eine Freundin eine Stelle bei der Studentengemeinde in Hamburg vermittelte. Dort habe ich mich von der Sekretärin zur Geschäftsführerin hochgearbeitet. Meine kleine Schwester zog zu mir und so konnte ich ihr das Studium ermöglichen.

Wichtiger als der bessere Verdienst aber war, dass ich bei dieser Arbeit wieder geistige und intellektuelle Anregungen erhielt. Denn wenn ich Vorträge und Seminare organisierte, hatte ich Kontakt mit Professoren, mit denen ich mich austauschen konnte.

So habe ich mir als Autodidaktin mit eiserner Energie das Wissen und die Fähigkeiten erworben, um leitende Aufgaben verantwortlich und erfolgreich zu meistern. Trotzdem wurde ich später benachteiligt, indem man mir wegen der fehlenden Schul- und Universitätsabschlüsse die mir zustehende Besoldung vorenthielt. Aber ich habe damit nicht gehadert, sondern das Beste daraus gemacht. Ich habe beruflich viel erreicht und Erfolge gehabt. Ich hatte das große Privileg, die Arbeit machen zu können, die mir Freude macht, und darauf kommt es letztendlich an.«

1926 Geburt in Heinebach (Hessen)
1943 Notabitur
1947–1949 Ausbildung zum Fotografen
seit 1949 Freiberuflicher Fotograf
1988 Professor an der Hochschule der Künste, Berlin
1999 Initiator der 1. Triennale der Photographie, Hamburg
2003–2006 Gründungsdirektor des Hauses der Fotografie, Hamburg

F.C. Gundlach   Statt Schule an die Front

»Ein Krieg ist ein entsetzliches Verbrechen, das furchtbare Opfer abverlangt. Mich hat immer die ungeheure Leidensfähigkeit der Menschen beeindruckt, wie sie ihr Schicksal selbst unter schlimmsten Bedingungen, ständiger Todesangst, massiver Zerstörung und furchtbaren Verlusten, menschlich und materiell, noch meisterten.

Gleichzeitig habe ich nie verstanden, wie die Hysterie über Hitler bis zum Schluss anhalten konnte. Da sind die Russen 400 Meter von der Reichskanzlei entfernt, und er sitzt im Bunker und lässt immer noch Leute erschießen. Selbst in dieser Situation haben manche immer noch gesagt, dieser Massenmörder sei ihr Führer. Das ist unbegreiflich.«

F.C. Gundlach erlebte seine Kindheit und Jugend im nationalsozialistischen Deutschland und im Krieg. Wie so viele seiner Altersgenossen wurde er als 17-jähriger Schüler zunächst Flakhelfer und dann Frontsoldat.

Judenverfolgung und Rassismus

F.C. Gundlach wuchs in einem Dorf in Hessen auf. Im Haus gegenüber wohnte eine jüdische Familie mit drei Kindern. Der Sohn war sein Spielgefährte.

»Am 9. November 1938 wurde ich abends durch Lärm geweckt. Ich schaute aus dem Fenster und sah fassungslos, wie das Haus der Familie verwüstet wurde. Diese armen Leute hatten kaum Geld. Jetzt wurden ihre wenigen Habseligkeiten zerstört, die Möbel aus den Fenstern geworfen. Wir kannten sie doch gut, haben mit den Kindern gespielt, und jetzt das. In der Zeit danach kam die Frau, wenn es dunkel war, an unsere Hintertür. Meine Mutter hatte mit ihr ein Klopfzeichen verabredet. Wir Kinder waren natürlich neugierig und wollten wissen, wer klopft. Aber meine Mutter hat uns immer weggeschickt. Sie wollte nicht, dass wir Zeugen werden, wie sie der jüdischen Nachbarin Lebensmittel gibt.«

Auf dem Hof der Familie arbeitete ein junger polnischer Zwangsarbeiter. »Meine Mutter hat

Eugen, vermutlich hieß er Jewgenij, behandelt wie uns auch. Er aß mit uns am Tisch. Eines Abends kommt der Dorfpolizist zur Tür herein. Er sieht uns alle zusammen Abendbrot essen und beginnt zu schreien, der Pole dürfe nicht mit uns an einem Tisch sitzen. Eugen musste vor aller Augen weinend seinen Teller nehmen und sich an einen anderen Tisch setzen. Als der Polizist weg war, hat meine Mutter sofort gesagt: ›Der Eugen isst jetzt wieder bei uns am Tisch.‹«

Als Schüler im Krieg

1943 endete für F.C. Gundlach der Schulbesuch. Er wurde mit 17 Jahren Luftwaffenhelfer und mit seiner ganzen Klasse an eine Flakbatterie im nahe gelegenen Kassel versetzt. Die Nächte verbrachten die Jungen an den Kanonen im Unterstand.

Jugendliche Infanteristen der Wehrmacht im Kriegseinsatz | 1945

»Die Besatzung jeder Kanone waren zwölf Mann, jeweils vier Soldaten, vier russische Kriegsgefangene und vier Jugendliche. Wenn die Bombergeschwader die Reichsgrenze überflogen, gab es Alarm. Dann wurden wir aus den Betten gerissen und mussten an das riesige Geschütz.«

In der Nacht vom 22. Oktober 1943 wurde die eng bebaute Kasseler Innenstadt fast vollständig zerstört. Die Royal Air Force hatte in der Stadt einen Feuersturm entfacht. Strategisches Angriffsziel der Briten waren die in der Stadt gelegenen Henschel-Werke, denn die Lokomotivfabrik produzierte Panzer.

F.C. Gundlach erlebte den Großangriff aus nächster Nähe von seiner Flakstellung aus.

Trotz ihres Einsatzes im Krieg sollten die Jungen ihre Schulbildung fortsetzen. »Am Nachmittag kam ein Lehrer und versuchte uns zu unterrichten. Aber wir waren todmüde und haben den Unterricht nicht mehr ernst genommen. Wir erhielten dann als Schulabschluss ein Notabitur.

Es war eine sehr harte Zeit. Ich kam das erste Mal direkt mit dem Krieg in Berührung. Wenn sich der Himmel über Kassel rot färbte, wussten meine Eltern, dass ihr Sohn mittendrin steckt.«

Ein Flieger ohne Flugzeug

Nach drei Monaten Arbeitsdienst wurde F.C. Gundlach im Juli 1944 zur Luftwaffe eingezogen. Er absolvierte die Grundausbildung zunächst in Westpreußen, dann in Sachsen. »Es war der reinste

>»Wir wurden an die Front geschickt, dabei waren wir völlig unerfahren und noch halbe Kinder. Das war eine sehr bittere Erfahrung. Ein Menschenleben war nichts mehr wert. Sie haben uns einfach verheizt.«

F.C. GUNDLACH | 5. OKTOBER 2011

Irrsinn. Wir machten ein Training genau nach Vorschrift, als ob ringsherum nichts wäre. Wir wurden zu Fliegern ausgebildet, dabei gab es kaum mehr Flugzeuge in Deutschland, die wir irgendwann hätten fliegen können.«

Im Ausbildungslager brach eine Diphtherie-Epidemie aus. Obwohl F.C. Gundlach infiziert war, erkrankte er nicht. »In manchen Momenten im Leben greift das Schicksal entscheidend ein. Meine geheilten Kameraden wurden zur Luftkriegsschule nach Breslau versetzt. Die meisten haben den Kampf um Breslau nicht überlebt. Ich blieb in Sachsen, weil ich positiv auf Diphtherie getestet wurde. Dort machten wir immer noch Dienst, als ob wir irgendwann einmal fliegen würden.«

Flak

Die Flugabwehrkanonen (Flak) dienten dem Abschuss feindlicher Flugzeuge. In den Städten wurden dafür Flaktürme gebaut, um ein freies Schussfeld über den Dächern zu haben. Ab 1943 wurden zur Bedienung der Flak Jugendliche eingesetzt.

Jugendliche als Kanonenfutter

Als im Januar 1945 der russische Großangriff auf Deutschland begann, wurden die Jugendlichen ohne weitere Ausbildung unterschiedlichsten Infanterie-Bataillonen zugeteilt.

»Wir kommen in ein Dorf. Es liegt Schnee, die Sonne strahlt. Es heißt, im Nachbardorf wären die Russen, das müssten wir zurückerobern. Wir werden in Gruppen aufgeteilt. Es gibt drei Panzer. ›Rennt hinter den Panzern her, die schützen euch‹, heißt es. Wir laufen los. Die Russen lassen uns bis auf 500 Meter herankommen, dann beginnen sie zu schießen. Die anderen Soldaten haben feldgraue Uniformen, einige haben sich Betttücher umgebunden. Aber wir haben doch keinerlei Erfahrung, uns hat keiner gewarnt. Wir tragen unsere dunkelblauen Luftwaffe-Uniformen. Auf dem Schnee sehen wir aus wie Fliegen auf einer weißen Wand. Wir sind leichte Beute. Die Panzer drehen ab und lassen uns im Stich. Ich liege stundenlang flach auf dem Boden, denn wer auch nur den Kopf hebt, wird erschossen. Unter mir schmilzt der Schnee, ich bin klatschnass und friere. In Todesangst warte ich, bis es dunkel wird. Dann schleiche ich vorsichtig zurück. An diesem Nachmittag stirbt die Hälfte meiner Kameraden.«

An der Front

F.C. Gundlach wurde anschließend Melder und musste Nachrichten zwischen verschiedenen Armee-Einheiten überbringen.

»Ich war stundenlang zu Fuß unterwegs. Plötzlich steht ein junger russischer Soldat vor mir, genauso alt wie ich. Wir starren uns einen Moment an. Wir sind beide völlig schockiert, dann drehen wir uns gleichzeitig um und laufen weg.«

Ein paar Wochen später wurde F.C. Gundlach zusammen mit einem erfahrenen Landser einge-setzt, um in einem Wärterhäuschen an einer Bahnstrecke Wache zu halten.

»Mitten in der Nacht sagt der Landser zu mir, er müsse mal austreten, und geht weg. Nach einiger Zeit denke ich: Der bleibt aber lange weg. Ich warte noch eine Weile, dann denke ich: Hier stimmt etwas nicht. Ich gehe ihm nach und sehe: Er ist abgehauen. Der wollte nur noch überleben. Wahrscheinlich hat er sich gedacht, der dumme Junge kapiert sowieso nichts, und hat mich meinem Schicksal überlassen. Ein Menschenleben war doch damals nichts mehr wert. Ich stand vor der Front und musste zurückgehen, um die deutschen Linien zu erreichen. Da fingen die Deutschen an, auf mich zu schießen. Sie hielten mich für einen Russen. Aber irgendwie habe ich mich verständlich machen können und kam sicher zu der deutschen Truppe.«

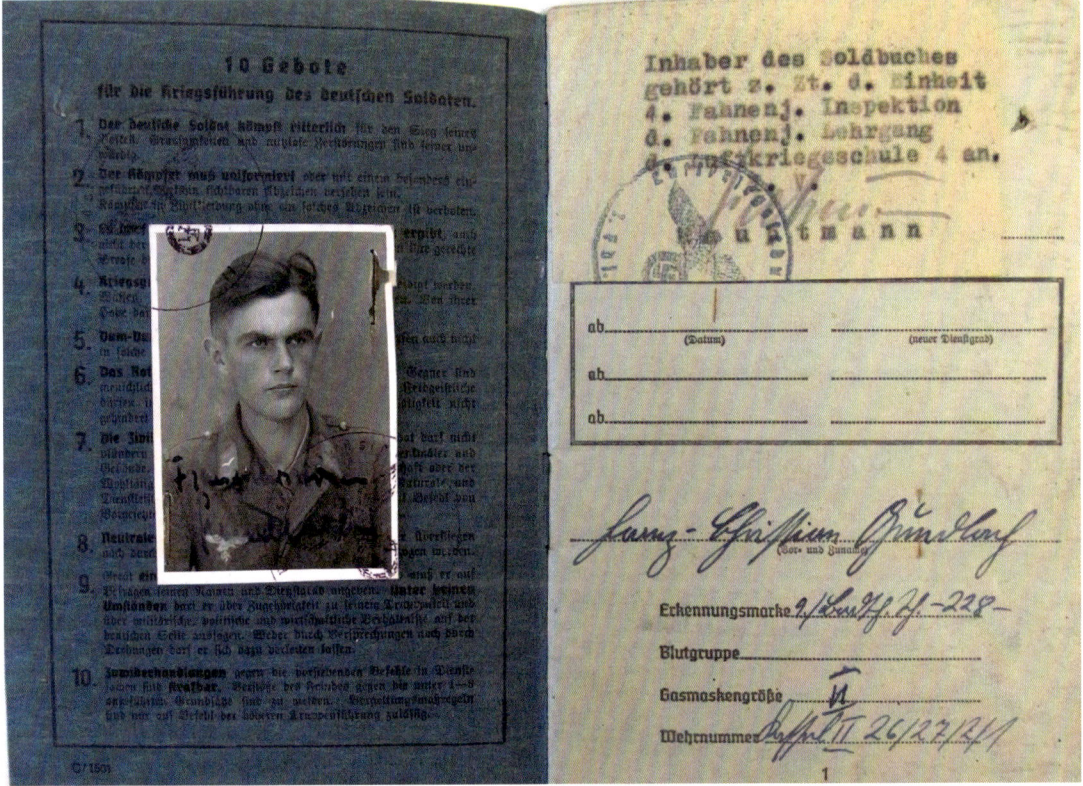

Soldbuch von F.C. Gundlach | 1944

Die Verwundung bringt die Rettung

Schließlich wurde F.C. Gundlach nach Breslau verlegt, das schon unter Beschuss war. »Ich komme eines Abends in das Kompaniezelt, da sagt plötzlich einer zu mir: ›Dein Schuh ist voller Blut.‹ Ich hatte einen Granatsplitter in der Wade und hatte die Schmerzen überhaupt nicht bemerkt. Diese Verwundung war wieder ein solch rettender Schicksalsmoment. Wäre ich nicht verwundet worden, hätte ich in der Festung Breslau kämpfen müssen. Da wäre ich höchstwahrscheinlich umgekommen. Aber so wurde ich mit einem Lazarettzug nach Thüringen transportiert. Dort blieb ich einen Monat lang, bis die Wunde verheilt war.«

F.C. Gundlach zeichnete aus Heimweh in der Gefangenschaft sein Elternhaus

Ein Haus voller Flüchtlinge

Anschließend erhielt F.C. Gundlach Erholungsurlaub. Zu Hause hatte sich viel verändert.

»Wir hatten ein relativ großes Haus. Das war voll belegt mit Flüchtlingen, die uns zugeteilt wurden. Kaum zogen einige ab, kam der nächste Schwung. Erst kamen die Flüchtlinge aus dem Osten, dann die Vertriebenen aus dem Sudetenland. Es war nicht immer einfach, mit den wildfremden Menschen unter einem Dach zu leben. Zu uns in den Ort kamen viele Flüchtlinge aus Marienbad. Sie waren bis vor Kurzem wohlhabende Leute gewesen. Über Nacht besaßen sie nichts mehr und mussten nun in zwei Zimmern auf dem Bauernhof hausen. Bei uns lebte auch eine Engländerin, die heimlich den englischen Sender BBC hörte und uns erzählte, wie die Lage wirklich war. Sie hörte, dass die Amerikaner in Connefeld seien, nur drei Kilometer von Heinebach entfernt. Ich ging zum Telefon und rief beim Bürgermeisteramt in Connefeld an. Eine Stimme antwortete mir auf Englisch. Da wussten wir, dass es stimmte.«

Mit 19 in die Gefangenschaft

Offiziell galt F.C. Gundlach trotz seiner Jugend als Soldat. Um der drohenden Gefangennahme zu entgehen, machte er sich in Zivilkleidung auf den Weg zu Verwandten in einem Nachbardorf.

»Die Amerikaner fuhren durch das Dorf und riefen: ›Wer deutsche Soldaten versteckt, wird erschossen.‹ Meine Verwandten haben mich versteckt, aber die Nachbarn im Ort hatten natürlich mitbekommen, dass ich da war. Deshalb bin ich mit meinem Onkel aufs Bürgermeisteramt gegangen, denn es hieß, wir bräuchten uns nur zu melden, dann sei alles erledigt. Aber sie haben mich sofort als Kriegsgefangenen kassiert. Ich war 19 Jahre alt. Wir wurden in ein Lager gefahren. Da waren Tausende Soldaten auf einer Weide eingepfercht. Es gab weder Stühle noch Bänke. Es war April und es goss in Strömen. Wir konnten uns nicht setzen, denn die nasse Wiese war bald völlig verschlammt. Zu essen bekamen wir nichts. Als wir in ein anderes Lager transportiert wurden, waren wir schon doppelt so viele Gefangene.«

Im Gefangenenlager in Frankreich

Die nächste Station war ein Lager in Rennes in der Bretagne. Die Alliierten waren völlig überfordert mit der Versorgung von Hunderttausenden von gefangenen deutschen Soldaten.

»Es war ein großes Kriegsgefangenenlager und völlig überbelegt. Wir schliefen dicht gedrängt in Zelten auf dem nackten Boden. Wer Glück hatte, konnte sich mit einem Mantel zudecken. Auf einen Meter kamen drei Mann. Wenn sich einer im Schlaf drehte, mussten sich alle anderen auch bewegen. Neben mir lag Hugo, ein Junge aus Westfalen. Er hustete ununterbrochen. Ich habe mir nichts dabei gedacht. Erst später habe ich verstanden, dass er offene Tuberkulose hatte. Da hatte ich mich bereits angesteckt.

Die Amerikaner gaben uns Gefangenen wenigstens etwas zu essen. Wir bekamen immer mal eine Scheibe Brot. Komischerweise gab es ausreichend Toilettenpapier. Ich habe es genutzt, um Tagebuch zu führen. Mit winziger Schrift habe ich Seite um Seite beschrieben. Nicht nur mit dem, was mir widerfuhr. Aus Heimweh habe ich mein Eltern-haus gezeichnet. Ich habe mir auch gegen den ständig nagenden Hunger Rezepte aus-gedacht für Kuchen und Torten.«

Die Gefangenen er-fuhren erst einige Tage nach der Kapitulation, dass der Krieg beendet war und Deutschland in Zonen aufgeteilt werden würde. F.C. Gundlach wusste nicht, ob Heinebach dann im Westen oder Osten Deutschlands liegen würde. Die Grenze zur Sowjetzone lag tatsächlich nur 40 Kilometer weiter östlich.

In offenen Güterwaggons wurden die Gefange-nen in ein anderes Lager transportiert. »Es war in-zwischen Mai und warm, wir bekamen nichts zu essen und was schlimmer war – nichts zu trinken.

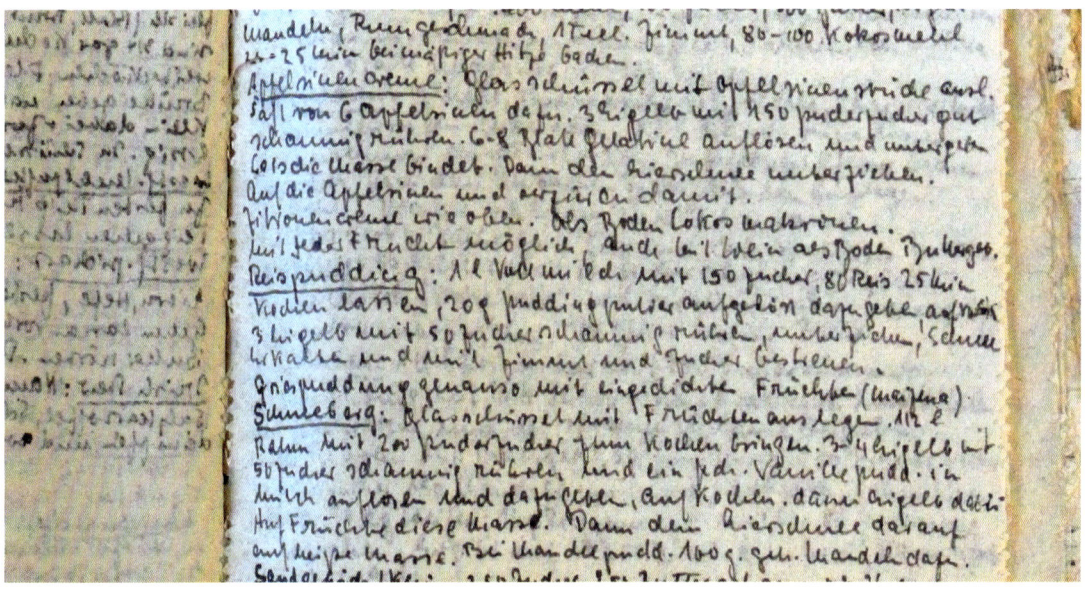

Gegen den Hunger dachte sich F.C. Gundlach in der Gefangenschaft Rezepte aus.

Irgendwo hielt der Zug zwei Stunden. Wir haben gebrüllt, dass wir Durst hatten. Damals gab es zum Befüllen der Dampflokomotiven große Wasserhähne an den Bahnhöfen. Die Franzosen haben den Hahn aufgedreht und den Zug drunter durch fahren lassen. Wir waren alle klatschnass, aber immer noch durstig.«

Deutsche Kapos

»Ich kam in ein Lager in der Auvergne, das berüchtigt war, denn hier starben die Leute wie die Fliegen. Wir waren voller Läuse und furchtbar schwach. Wenn ich noch 90 Pfund gewogen habe, war es viel. Wenn man Fieber bekam, wusste man: Morgen bist du tot. Dort bin ich auch Hugo wieder begegnet. Er sah sehr schlecht und krank aus. Er hat mir ein kleines Päckchen gegeben, das sollte ich seinen Eltern bringen. Zwei Tage später ist er gestorben.

Die Franzosen übergaben die interne Verwaltung des Lagers deutschen Kapos. Sie waren brutal und haben uns behandelt wie die letzten Schweine. Während wir hungerten, waren sie gut genährt und missbrauchten ihre Machtposition. Es herrschten entsetzliche Zustände.

Erst später habe ich erfahren, warum dieses Lager so besonders schrecklich war. Denn ganz in der Nähe liegt der Ort Oradour. Dort hatte die SS einen grauenhaften Massenmord begangen, alle Bewohner, vom Baby bis zum Greis, bestialisch ermordet und das ganze Dorf zerstört. Es ist in Frankreich das Symbol für die Verbrechen der Nationalsozialisten.«

Exkurs: Studium in der Sowjetzone

Peter Onderka berichtet: »Wir waren aus Schlesien nach Weimar geflohen. Ich hatte ein Notabitur aus dem Krieg, aber das galt nicht mehr. Um studieren zu können, musste ich das Abitur nachmachen. Ich kam in eine Klasse, die bestand nur aus Jungen wie mir, die alle noch eingezogen worden und eigentlich zu alt für die Schule waren. Es ging aber gut, weil die Lehrer Verständnis für uns hatten. Sie waren selbst im Krieg gewesen und wussten, was wir hinter uns hatten. So habe ich 1947 Abitur gemacht.

Danach bewarb ich mich für ein Medizinstudium. Ich versuchte es jedes Semester und jedes Mal passierte das Gleiche: Der Zuständige in der Verwaltung fragte nicht nach meiner Qualifikation. Er hatte nur eine Frage: ›Was war Ihr Vater von Beruf?‹ ›Beamter.‹ ›Raus!‹ In der Sowjetzone durfte ich als Kind der bürgerlichen Schicht nicht studieren. Gefördert wurden nur Arbeiter- und Bauernkinder.

Ich habe dann begonnen, als ungelernter Krankenpfleger im Krankenhaus zu arbeiten. So kam ich meinem Traumberuf Arzt wenigstens ein bisschen nahe. Eines Tages besichtigte ein russischer Offizier, ein Chirurg, das Krankenhaus. ›Wollen Sie nicht Arzt werden?‹, fragte er mich. ›Doch, das ist mein größter Wunsch.‹ ›Wieso studieren Sie dann nicht Medizin?‹ ›Weil ich als Bürgerlicher nicht zugelassen werde.‹ ›Geben Sie mir Ihren Namen, Sie hören von mir.‹ Kurz darauf rief mich der Mann, der mir an der Uni Jena wiederholt den Studienplatz verweigert hatte, zu sich. ›Ich freue mich, dass wir einen Platz für Sie gefunden haben, Sie können gleich anfangen.‹ Danach wurde ich allerdings von Professoren und Kommilitonen schräg angeschaut. Alle wussten, dass mir ein russischer Offizier den Studienplatz besorgt hatte. Wahrscheinlich dachten sie, ich sei ein Spitzel der Sowjets.

1949 war die DDR gegründet worden. Nun sollte ich in die sozialistische Jugendorganisation FDJ eintreten. Als der politische Druck 1951 immer größer wurde, bin ich in den Westen geflohen und habe mein Medizinstudium in Heidelberg beendet.«

Als bei F.C. Gundlach die Tuberkulose ausbrach, kam er zunächst in ein französisches Gefangenenlazarett. Anschließend wurde er wieder den Amerikanern übergeben. Völlig unterernährt, mit 40 Grad Fieber, der Tuberkulose und einer schweren Rippenfellentzündung kam er im Frühjahr 1946 in einen Lazarettzug nach Göppingen.

»In der Nacht wurde ich von Getrampel im Waggon wach. Der Kamerad über mir war gestorben. Jetzt trugen sie seinen Leichnam hinaus. Es war für mich schon völlig normal, dass Menschen um mich herum starben. Das war eine alltägliche Erfahrung.«

In dem Lazarett für amerikanische Kriegsgefangene behandelten deutsche Ärzte die Kranken.

»Ich hatte einen Arzt, der sehr nett zu mir war. Eines Nachts kommt er zu mir an mein Bett, drückt mir Tabletten in die Hand und erklärt mir ganz genau, wie ich sie einnehmen soll. Am nächsten Tag habe ich erfahren, dass er in der Nacht geflohen ist.«

Bis dahin hatten F.C. Gundlachs Eltern kein Lebenszeichen von ihrem Sohn erhalten. Eine Krankenschwester schmuggelte seinen Brief an die Eltern aus dem Lager und schickte ihn nach Heinebach. So erfuhren die Eltern, dass er noch lebte und wo er war.

»Post gab es nicht, aber die Amerikaner waren etwas toleranter als die Franzosen. Sie haben erlaubt, dass Leute von außen Briefe mit einem Stein beschwert über den Lagerzaun warfen. Eines Tages fand ein Gefangener so einen Zettel, kam zu mir und sagte: ›Dein Vater steht draußen.‹ Ich war so schwach, ich konnte nicht gehen. Auf einen Kameraden gestützt, habe ich mich zum Zaun geschleppt. So konnte ich meinen Vater wenigstens kurz sehen. Zwei Wochen später kam meine Mutter. Sie war eine sehr tatkräftige, patente Frau. Sie hat sich ein Zimmer im Ort genommen und gesagt: ›Ohne meinen Jungen gehe ich hier nicht weg.‹ Sie kam jeden zweiten Tag an den Zaun. Mir ging es all-

mählich besser und ich konnte sie sehen. Aber miteinander reden war nicht einfach. Wir standen etliche Meter voneinander getrennt zwischen anderen Leuten, die ebenfalls versuchten, sich schreiend mit ihren Angehörigen zu verständigen.

Eines Tages hieß es plötzlich, ich würde morgen entlassen. Wie meine Mutter das erreicht hat, weiß ich bis heute nicht. Die Bedingung war nur, dass ich auf eigenen Füßen das Lager verlassen musste. Ich konnte noch immer kaum laufen, ich hatte ja wochenlang gelegen. Mit mühsamen Schritten bin ich zum Lagertor gekommen. Ich ging hindurch und kippte wenige Schritte später um.«

Die Mutter hatte einen Krankenwagen organisiert, der ihn in die nahe Heinebach gelegene Lungenheilstätte Melsungen brachte. Dort sollte die Tuberkulose ausheilen. »Es gab keine modernen Medikamente, keine Antibiotika. Wir wurden mit den primitivsten Methoden behandelt. Aber sie wirkten. Nach einem halben Jahr konnte ich die Heilstätte verlassen.«

Die zerstörte Martinskirche in Kassel. Foto von F.C. Gundlach aus seiner Studienzeit.

Das Notabitur zählt nicht

F.C. Gundlach wollte entweder Architektur oder Geologie studieren. Während des Krieges hatte es geheißen, das Notabitur berechtige später zum Studium. Das galt nun nicht mehr. F.C. musste wieder in die Schule gehen und das Abitur nachholen. Aber nach wenigen Wochen gab er auf. »Ich hatte in den vergangenen Jahren so viel erlebt. Nun sollte ich mit viel jüngeren Schülern gemeinsam die Schulbank drücken. Das ging nicht.«

F.C. Gundlachs dritter Berufswunsch war Fotograf. Er verließ die Schule und bewarb sich an der privaten Lehranstalt für moderne Lichtbildkunst in Kassel, wo er angenommen wurde. Jeden Tag fuhr er in das völlig zerstörte Kassel. Auch die Lehranstalt war in einem ausgebrannten Gebäude untergebracht. Nur das Erdgeschoss war provisorisch für den Unterricht hergerichtet. Kameras waren vorhanden, aber es gab kaum Chemikalien für das Entwickeln der Bilder und nur wenig Fotopapier.

»Wir mussten das Material selbst besorgen, es ertauschen oder erbetteln. Der Vater einer Mitschülerin hatte einen Fotoladen. Der kriegte manchmal Papier. Dann hat sie uns etwas davon mitgebracht.«

Das Gebäude konnte nicht geheizt werden. Es gab keine Kohlen. »Wenn es zu kalt war im Winter, machte die Schule für ein paar Wochen zu. Das nannten wir Kohleferien.«

Der Beginn einer großen Karriere

»Der Ausbildungsplatz in Kassel war entscheidend für mein ganzes Leben. Die meisten Schüler waren bereits Fotografenmeister, die schon eine ganze Menge wussten. Ich war der einzige Amateur.

Dabei kann eine Ausbildung nur Handwerk beibringen. Einen gewissen kreativen Impuls muss man selbst mitbringen. Aber mit Talent und einer kreativen Intuition allein kommt man auch nicht weit. Man braucht auch Können und Wissen. Das haben mir die Ausbildung und die anschließende Assistenz bei verschiedenen Fotografen vermittelt.

1951 bin ich nach Paris gegangen. Trotz allem, was ich in der französischen Gefangenschaft erlebt hatte, wollte ich unbedingt in diese Stadt, denn Paris war damals der kulturelle Mittelpunkt der Welt. Mein Vater war strikt dagegen. Er wollte, dass ich in seine Fußstapfen trete und den elterlichen Gasthof mit Kino in Heinebach übernehme. Aber ich wusste, dass das nicht das Richtige für mich war. Ich wollte als Fotograf arbeiten. In Paris hatte ich keinerlei Probleme mit den Franzosen. Ressentiments wegen der Vergangenheit habe ich nicht zu spüren bekommen. Ich hatte dann sogar bald meine erste Ausstellung.

Ich schickte meine Bilder von Paris aus an die Zeitschrift *Film und Frau*. Später fuhr ich nach Hamburg und stellte mich in der Redaktion vor. Das war ein entscheidender Moment in meinem Berufsleben, denn die meinten: ›Wir haben das Gefühl, Sie können Mode fotografieren. Wir möchten das gern mit Ihnen ausprobieren.‹ So ist es dann auch gekommen, ich wurde Modefotograf.«

»Die 1950er-Jahre waren nicht spießig«

»Ich sehe die 1950er-Jahre positiv. Sie waren überhaupt nicht spießig, wie im Nachhinein gern behauptet wird. Ganz im Gegenteil. Es war eine Zeit des Aufbruchs.

Wir hatten eine entsetzliche, düstere Zeit hinter uns. Meiner Generation ist nichts erspart geblieben. Ganz Deutschland lag in Trümmern, alles war kaputt. Wir standen vor dem Nichts, wir waren am Ende. Und dann gab es wieder Hoffnung. Da war doch alles, was man sich erarbeitete, eine Freude. Es ging allmählich wieder aufwärts. Neue Möglichkeiten taten sich auf. Wir wollten die Welt erkunden, uns Wissen aneignen. Um jedes neu erschienene Buch haben wir uns gerissen. Damals waren wir hungrig. Das hat enorme Kräfte freigesetzt. So haben wir Schritt für Schritt dieses Land und gleichzeitig uns ein neues Leben aufgebaut. Dabei mitzuwirken, diese Aufbruchstimmung mitzuerleben, war bewegend und inspirierend.«

Fotoarbeit von F.C. Gundlach aus seiner Studienzeit: »Kindheit in Trümmern«

Register

Dieses Buch ist den 21 Zeitzeugen gewidmet, die mir die Geschichte ihrer Kindheit und Jugend anvertraut haben, sowie Karola Parry und Sabine Zürn, ohne die dieses Buch nicht entstanden wäre.

Bildnachweis

o = oben, u = unten, r = rechts, l = links, M = Mitte

Umschlag Vorderseite: akg-images/Gert Schütz

Bibliografische Information der Deutschen Bibliothek

Die Deutsche Bibliothek verzeichnet diese Publikation in der Deutschen Nationalbibliografie; detaillierte bibliografische Daten sind im Internet über **http://dnb.ddb.de** abrufbar.

3 2 1   C B A

© 2015 Ravensburger Buchverlag Otto Maier GmbH, Postfach 1860, 88188 Ravensburg
Alle Rechte, auch die des auszugsweisen Nachdrucks, der fotomechanischen Wiedergabe und der Übersetzung, vorbehalten

Wir danken dem Luchterhand Literaturverlag für die freundliche Abdruckgenehmigung des Gedichts von Hans Sahl (Seite 5). Aus: Hans Sahl, Die Gedichte.
© 2009 Luchterhand Literaturverlag, München, in der Verlagsgruppe Random House GmbH

Redaktion: Sabine Zürn

Printed in Germany

ISBN 978-3-473-55375-4

www.ravensburger.de

MIX
Aus verantwortungsvollen Quellen
FSC® C114500